Teacher Education Series

京师教师教育论丛　第四辑
丛书主编　朱旭东

澳大利亚教师教育变革研究

袁　丽　著

Research on Teacher
Education Reform in
Australia

北京师范大学出版集团
北京师范大学出版社

丛书编委会

顾问 顾明远 许美德（加）

主任 钟秉林

主编 朱旭东

编委会成员（中文以姓氏拼音为序）

陈向明 管培俊 李子建 卢乃桂 庞丽娟

石中英 王嘉毅 叶 澜 袁振国 钟秉林

周作宇 朱小蔓 朱旭东 朱永新

Christopher Day   Ken Zeichner   Lin Goodwin

John Loughran   Lynn Paine   Qing Gu

目 录
CONTENTS

第一章　澳大利亚教师教育变革研究的缘起与意义   1
  第一节　研究的缘起与问题的提出　　2
  第二节　研究的意义　　4
  第三节　相关研究的文献综述及概念界定　　7
  第四节　研究方法与思路　　22

第二章　教师教育的移植与职业指导型课程的出现：19世纪早、中期至19世纪80年代   25
  第一节　早期教师教育的移植　　25
  第二节　教师教育职业指导型课程的出现　　43
  第三节　早期教师教育与职业指导型课程出现的影响因素　　49
  本章小结　　52

第三章　教师教育的本土化发展及职业实用型课程的构成：19世纪90年代至20世纪20年代   54
  第一节　教师教育在国家教育体系内的巩固与本土化发展　　55
  第二节　职业实用型课程的构成　　65
  第三节　职业实用型课程构成的影响因素　　70
  本章小结　　75

第四章　教师教育的单轨制进程及专业能力型课程的形成：20世纪30年代至80年代　77

第一节　教师教育发展的滞缓阶段　77
第二节　教师教育的恢复和发展阶段　81
第三节　教师教育实现在单轨制高等教育中的一元化　85
第四节　专业能力型课程的形成　90
第五节　教师教育一元化进程与专业能力型课程形成的影响因素　102
本章小结　109

第五章　教师教育标准化时代的到来及专业标准型课程的实践：20世纪90年代以来　110

第一节　教师教育标准化时代的到来　110
第二节　专业标准型课程的实践　156
第三节　教师教育标准化及专业标准型课程实践的影响因素　175
本章小结　185

第六章　结　语　187

参考文献　202

附录一　NSGITE　207

附录二　ANFPST　224

附录三　专业标准型课程实践阶段不同类型教师教育课程的结构与内容　229

附录四　文中部分缩写检索　235

第一章 澳大利亚教师教育变革研究的缘起与意义

教师教育被称为"教育发展的航母",教师教育的发展与改革成功与否决定了整个教育、教学发展与改革的成败。当前,我国教师教育进入了重要的历史转型阶段,正在经历从相对封闭的师范教育体系向更加开放的教师教育体系的变革;同时,也经历着从关注教师数量的增长到注重提高教师教育质量的变革。教师教育课程的改革对教师教育改革有关键性的作用,因此,教师教育课程改革研究对教师教育有着重要的理论与实践意义。研究者们指出我国的教师教育课程实践存在着一系列问题。例如,课程观念保守,体系封闭性强、开放性不够,学历教育特征突出、专业发展性教育的特征比较弱。课程设置的目标意识不强,以知识为主的学历课程占主要部分,注重学科的知识体系和课程的知识传承价值,而忽视师范生的职业适应性和专业发展的价值。课程结构存在一定的缺陷,我国当前的职前教师教育课程主要由通识课程、学科专业课程和教育专业课程三个模块构成,20世纪80年代以来,虽然增加了选修课程和社会实践的数量,但其主体结构并没有改变;课程内容也需要做出调整,职前教师教育课程观念滞后、内容陈旧、脱离实际的问题仍然存在,学科专业课程尤甚,现在的一些课程从知识体系到具体内容甚至同20世纪60年代的没有太大的不同,等等。[1][2] 作为我国职前教师培养的主体力量,各师范院校、

---

[1] 参见鲍文丽:《我国教师教育课程存在的问题及对策研究》,硕士学位论文,东北师范大学,2007。

[2] 参见杨文芳:《基于教师专业发展的职前教师教育课程设置研究——以重庆市本科阶段教师教育课程设置为例》,硕士学位论文,重庆师范大学,2006。

教育学院等高等教育师资培养机构，全面提高教师教育质量、推进教师教育课程改革与发展显得日益重要和紧迫。针对这些问题和教师教育改革的需要，中华人民共和国教育部（以下简称"教育部"）在2005年启动了"教师教育课程改革工程"，主要内容包括制定并颁布相关标准，构建现代教师教育体系，建设教师教育国家精品课程资源库，推进教师教育人才培养模式的完善，建立教师教育质量评估制度等。2011年教育部颁布了中华人民共和国成立以来第一个《教师教育课程标准（试行）》，并提出了关于大力推进我国教师教育课程改革的意见，这一系列政策性行动是21世纪以来我国在教师教育领域做出的积极探索。

如何学习借鉴外国教育政策和实践一直是国际比较教育研究领域的一个核心主题[1]，比较教育研究的任务之一即从各国实际出发，研究世界教育发展中的重大国际性教育问题，找寻发展过程中的共同特点、规律及其总趋势，并进行科学的预测，以便根据本国的特点和其他的具体条件取长补短，充分发挥教育的最佳作用。当前，改革教师教育及其课程已经成为世界上大多数国家教师教育发展的普遍趋势，我们应该针对我国当前教师教育发展及推进教师教育课程改革的急迫需要，充分发挥比较教育研究的认识性、借鉴性、预测性、发展性功能。"他山之石，可以攻玉。"本书通过对澳大利亚职前教师教育发展及教师教育课程实践的梳理和研究，探寻其发展特点和可资借鉴的意义，从而为我国当前的职前教师教育及其课程改革带来启发，这是本书的基本立意。

第一节 研究的缘起与问题的提出

澳大利亚的师资培训始于19世纪早、中期，从宗主国直接移植的小导生制成为培养小学教师的主要模式，到20世纪20年代，随着教师培训学校的兴起，澳大利亚才出现了专门的教师教育，但这时的教师教育尚处于初级阶段，课程设置较为简单，以职业实用为目的。直到20世纪50年代，随着澳大利亚的中小学教育的迅速发展，高等教育结构改革引起了教师教育的变化，教育理论的研究和传播得到更多的重视，教育思潮的影响更加活跃地渗入了教师教育的领域，并在短短的几十年中产生了重大的变革。有关澳大利亚教

---

[1] 参见[英]大卫·菲利普斯：《比较教育中的教育政策借鉴理论》，钟周译，载《清华大学教育研究》，2006(2)。

师教育课程开发、改革的理论与实践研究取得了较大的成就。特别是20世纪七八十年代以来，澳大利亚政府在技术理性主义等思想的影响下改革了原有的教师教育课程体系，更加注重师范生的专业性和能力发展，在继承和吸收传统课程文化的基础上，引进国内外先进的教育理论和实践，加强大学与中小学的合作伙伴关系，使教师教育课程设置在人文学科和自然学科之间、工具性课程和知识性课程之间、专业学科和教育学学科之间保持了一定的平衡和张力，朝既尊重教育理论又注重教育实践、既有基础又有提高空间的方向发展，这有利于教师入职后实际教学能力的提高。特别值得重视的是，近20年来澳大利亚的教师教育迎合了20世纪80年代以来世界主要教师教育改革的潮流，使教师教育步入了标准化的时代，课程的变革也具有了专业标准型的特点。

澳大利亚的教师教育经过了从19世纪30年代到20世纪50年代100多年迂回曲折的发展，到20世纪后半叶进入了全面振兴的阶段，仅用了四五十年的时间就形成了完整的教师教育体系，在诸多方面实践了对当今世界教师教育改革与发展研究来说仍然具有意义的一些课题，可以说，在国际上树立了一个"起步保守、发展积极"的典型。笔者认为，澳大利亚教师教育的历史发展及课程变革的经验对我国的教师教育改革具有重要的借鉴价值。然而，通过查阅相关文献发现，我们对澳大利亚教师教育发展的研究尚不够充分和系统，这就成为编写本书的一个重要动因。

培养教师的核心内容就是教师需要具备怎样的知识与能力。自20世纪80年代以来，教师知识与能力的发展成了世界教师教育研究的一个焦点问题，特别是在教师专业化的大背景下，教师知识的重要性日益凸显。教师教育课程是体现教师知识的重要性、显性及合法性的重要因素，对不同时期教师教育课程的研究是获知不同时期对于"什么样的人可以当教师？""教师应该具备怎样的知识？"等问题答案的路径。因此，就理论上而言，课程的变化能够反映不同时期对教师培养要求的变化。从我国教师教育研究文献的现状来看，我国对机构、组织、宏观制度等因素的关注相对较多，而对微观的、对教师培养来说最为核心的课程体系的关注尚显不足。同时，由于教师教育历史阶段性的发展背景和当时的课程实践本身是建构课程体系的基础，因此，本书关注的核心问题如下。

第一，澳大利亚职前教师教育呈现出怎样的发展轨迹？

第二，在发展轨迹中，教师教育课程实践是如何变革的？变革的基本特点是什么？

第三，澳大利亚不同时期的职前教师教育课程实践变革受到哪些因素的影响？

第四，澳大利亚的职前教师教育课程在不同阶段的具体的课程目标、课程结构和内容、课程实施、课程评价方面呈现怎样的特点和变革趋势？

第五，澳大利亚职前教师教育课程变革中表现出的经验对于我国教师教育课程改革、实施职前教师教育课程标准具有哪些借鉴意义？

第二节 研究的意义

一、理论意义和学术意义

从理论意义的角度来看，通过文献研究可以发现，大多数对于教师教育课程的研究是从教师专业化的角度及教师教育制度设计的角度进行分析和探讨的。一方面，由于教师教育历史性的发展和当时的课程实践本身是建构课程体系的基础，因此，基于对教师教育历史性的发展以及对当时的课程实践的梳理和分析，我们将在一定程度上深化和拓宽有关教师教育课程的研究。另一方面，不同时期的教师教育思想、机构变迁、教育政策的影响等，是影响教师教育课程实践变革的重要因素。因此，本书拟在进行教师教育历史发展和课程分析的同时，跳出课程分析的微观层面，从宏观的教师教育思想和中观的教师教育政策影响层面来考察课程变迁的影响因素。多角度多层面地理解和把握课程，有助于拓展研究视野、丰富研究内涵，为课程研究增添新的视角和方法。

从学术意义的角度来看，本研究涉及教师教育的比较研究和课程的比较研究，这将对丰富比较教育研究的内容做出一些贡献。

二、实践意义

关注教师专业地位和教师专业发展，是联合国教科文组织一贯的诉求，是发达国家教师教育发展的共同轨迹，也是我国教师教育发展的关键所在，是我国教育改革的一个重要课题。从我国教师教育改革与发展的历程来看，我国经历了从注重教师数量的增长到关注教师教育质量提高的过程。1985年《中共中央关于教育体制改革的决议》把发展教师教育作为发展教育事业的战略措施,这一举措大大提高了教师的数量。1993年《中华人民共和国教师法》确认了教师的专业地位,随后的一系列政策法规建立了教师质量的保障制度,特别是1999年颁布的《关于师范院校布局结构调整的几点意见》对师范院校的布局进行规划和调整,使原有的"旧三级"逐步提升到"新二级",教师教育层次结构的完善提升了教师培养的质量。培养层次结构的完善必然带来教育内容本身即教师教育课程的调整与改革。教育部在2005年启动了"教师教育课程改革工程",主要内容包括制定颁布了相关标准,构建现代教师教育体系,建设教师教育国家精品课程资源库,推进教师教育人才培养模式的发展,建立教师教育质量评估制度等。2011年,教育部终于在实施改革工程六年的基础上颁布了《教师教育课程标准(试行)》,并提出了关于大力推进我国教师教育课程改革的意见。随着我国教师教育体制从单一、定向的封闭型培养模式向多元、开放型培养体制的转变,教师教育课程改革的实践需要借鉴他国转型过程中有益的经验。

三、政策借鉴意义

20世纪80年代以来,我国政府对教师教育课程的设置已有一系列的政策调整和实施。教育部1981年颁布的《高等师范院校四年制本科文科三个专业教学计划(试行草案)》规定,公共基础课(外语、政治、体育)占教学总时数的20%,专业课占65%,教育类课程占15%。1986年国家教委(国家教育委员会,后更名为"中华人民共和国教育部")制定和颁布了《关于加强和发展师范教育的意见》,要求高等师范学校根据基础教育发展的要求,合理调整专业设置和教学计划、精简教学内容、减少课程门类、严格控制教学时数,使学生有更多的时间进行自学,从而改革陈腐的传统教学方法,加强教育专业课程和教育实践的改革,建立稳定的实习基地和实习点。1994年国家教委印发《高等师范学校学生的教学技能培养训练大纲(试行)》,这是高等师范院校提高教学质量的重要评价依据,也是指导高等师范院校课程与教学改革的文件。1995年国家教委颁布了《高等师范专科教育二、三年制教学方案(试行)》,要求各试点学校根据要求,自行制订教学计划。1996年年底教育部颁布《关于师范教育改革和发展的若干意见》,强调各级各类师范院校要启动面向21世纪的课程体系和教学内容改革,把培养师范生的全面素质作为教学改革的重点。改革开放以来,我国的师范教育进入了大发展时期,教师教育课程日益成为国家和教育者的关注点。1999年6

月颁布的《中共中央国务院关于深化教育改革全面推进素质教育的决定》提出:"加强和改革师范教育,大力提高师资培养质量;调整院校的层次和布局。"21世纪以来,我国社会、经济的发展和基础教育领域的一系列改革,呼吁教师教育要全面提高教育质量、大力推进课程改革。事实上,教育部已经采取了一系列措施对教师教育进行改革,教师教育课程的改革也提到议事日程之上。例如,鼓励综合性高等学校和非师范类高等学校参与到培养、培训中小学教师的工作中来,在有条件的综合性高等学校试办(教师)教育学院等。就此,教育部提出了由传统师范教育向现代教师教育转型的决策,当前全国已有160多所综合大学成立了教育学院(或教育科学学院、教师教育学院),同时,许多师范大学为适应这一转型,成立(或合并、重组)教育学院或者教师教育学院。2006年11月,教育部师范教育司组织召开了教师教育课程教学改革专题座谈会,主题是"师范院校如何适应基础教育新课程改革的要求",意在大力推进人才培养模式的改革和课程教学改革,全面提高教师培养的质量。教育部2007年工作要点中也指出:"加强教师教育改革和发展,开展师范生免费教育的试点,引导各地建立鼓励优秀人才当教师的新机制。大力推进教师教育课程与教学改革,颁布和试行《教师教育课程标准》,加强教师培养专业指导和质量评估。"2011年10月,教育部颁布了《教师教育课程标准(试行)》,并提出了关于大力推进我国教师教育课程改革的意见。

综上可见,我国政府对教师教育课程的实施保持着积极探索和改革的态度。纵观国际社会,教师教育课程的实施和改革在发达国家已积累了较丰富的经验,特别是在教师教育政策影响下,课程实施已形成了各具特色的较为成熟的模式。当前,在教育理念和教育政策等方面受国际化因素影响的同时,国际教师教育课程研究领域里的重要认识也在相互借鉴、相互学习,如教师教育专业化、教师教育标准化等。那么,就我国的教师教育政策的制定和实施而言,我国必将不断学习他国在相同领域里教师教育政策中可资借鉴之处。澳大利亚教师教育政策和课程的变迁,体现了一个具有多元文化的移民国家敏锐地把握教育发展和教师教育变革最新动向的能力,并能主动调整政策导向,以适应最新的国际发展趋势。这种迅速应变的积极心态和政策实施的能力值得我们进一步考察并挖掘其借鉴意义。

第三节 相关研究的文献综述及概念界定

在确定了选题和研究问题后，笔者进行了相关文献的搜集和整理工作，通过对中国学术期刊网、Google Scholar、JSTOR、百度、维基百科等公共搜索引擎，澳大利亚联邦教育部网站、澳大利亚各州或地区教育局网站、澳大利亚相关教育机构网站、我国教育部网站等公共机构网站，澳大利亚国家图书馆、维多利亚州州立图书馆、莫纳什大学图书馆及其相关数据库等的搜索和查询，搜集了期刊论文、专著、学位论文等基本文献，文献的呈现时间大约为20世纪三四十年代至今。在此基础上，本书对国内外的相关研究进行了文献综述。

一、中国学者对澳大利亚教师教育的研究综述

总体上来说，我国学者对澳大利亚教师教育及教师教育课程的研究从20世纪80年代初开始相对比较集中，至90年代初期出现了更多的关注，到目前已出现了相关选题的学位论文。从研究内容上来说，研究主要集中在三个方面。

(一)有关澳大利亚教师教育发展历史的研究

我国学者已有的研究中对澳大利亚教师教育发展的历史有比较概括的介绍，认为澳大利亚教师教育史主要分为三个历史阶段：殖民地时期的师范教育(18世纪末—1901年)、联邦成立后50年的师范教育(1901—1950年)、20世纪50年代至今的师范教育改革。[1] 大部分陈述澳大利亚教师教育历史阶段的国内研究者都采用这种时间段划分法。[2] 这种划分方法的主要依据是澳大利亚的教师教育历经从移植宗主国模式到全面振兴形成自己体制的过程[3]，以1901年联邦的成立和20世纪五六十年代教师教育的改革为划分点。学者们提出由于殖民历史和保守主义传统的影响，前两个阶段澳大利亚教师教育

---

[1] 参见鞠彦华：《澳大利亚的师范教育—上》，载《高等师范教育研究》，1990(1)。
[2] 参见陈振隆：《澳大利亚教师教育课程的历史发展与改革研究》，硕士学位论文，福建师范大学，2009。
[3] 参见鞠彦华：《澳大利亚的师范教育—下》，载《高等师范教育研究》，1990(2)。

的变革只是结构性的,而非文化范畴的。① 重大的变革在于第三个阶段,特别是经过20世纪80年代末澳大利亚中小学教育的改革和90年代霍华德领导的联合党执政后的政策调整后,澳大利亚的教师教育有了显著的变革,学者们从不同角度对相应的内容进行了描述。②③ 在专著方面,也有不少学者对澳大利亚教师教育的历史做了回顾,如成有信编的《十国师范教育和教师》(1990)、王斌华著的《澳大利亚教育》(1996)、雷晓春编著的《澳大利亚师范教育》(1991)、朱旭东主编、马蕾执笔的《新比较教育》(2008)第二章"澳大利亚走向新世纪的教育体系变革"。

以上文献可以作为对澳大利亚教师教育历史发展的描述性梳理资料,当然,这些文献在整体介绍中也贯穿了对教师教育机构、教师培养的制度、培养内容、教师教育改革等的介绍。

(二)有关澳大利亚教师教育改革与实践的研究

我国学者对澳大利亚教师教育改革的研究在时间段上主要集中在20世纪80年代以后,比较集中的对其改革的主要内容的研究可列简表1-1。

表1-1 我国学者对澳大利亚教师教育改革的研究

研究者	发表时间	澳大利亚20世纪80年代后的教师教育改革的内容
鞠彦华	1990	教育行政管理变革;学位制度的修正与改革;课程模式的改革;强化实习的培养模式的改革;对教师入职后的帮助。④
王斌华	1992	机构变革;课程模式调整;学位授予的改革;各州建立自治性质的师范教育委员会。⑤
王金秀	1997	中小学教育改革带来的师范教育的挑战;新科学技术在中小学的应用带来的师范教育的挑战。⑥

---

① 参见谷贤林、彭岚:《90年代澳大利亚师范教育的变革》,载《比较教育研究》,2000(4)。
② 参见谷贤林、彭岚:《90年代澳大利亚的师范教育的变革》,载《比较教育研究》,2000(4)。
③ 参见王金秀:《澳大利亚师范教育考察之思考》,载《贵州师范大学学报》(社会科学版),1997(2)。
④ 参见鞠彦华:《澳大利亚的师范教育—下》,载《高等师范教育研究》,1990(2)。
⑤ 参见王斌华:《澳大利亚师范教育和教师职业地位》,载《外国教育资料》,1992(3)。
⑥ 参见王金秀:《澳大利亚师范教育考察之思考》,载《贵州师范大学学报》(社会科学版),1997(2)。

续表

研究者	发表时间	澳大利亚 20 世纪 80 年代后的教师教育改革的内容
张贵新 张连玉	1998	学位授予的改革；端连发课程模式；各州建立自治性质的师范教育委员会。①
谷贤林 彭 岚	2000	财政上的用者支付改革；政策上的分权与减少控制；以中小学为基地的培养模式改革；"能力至上"运动推动下的课程模式的改革。②
牛道生	2002	高等教育学院兴起；加大教师教育拨款；提升学位教育取代文凭教育。
马蕾	2008	用者支付；分权与减少控制；课程改革；新世纪教师培训计划。③

以上文献在对澳大利亚教师教育 20 世纪 80 年代以后的改革进行描述和分析的基础上，基本上以借鉴的态度肯定了这些改革的成果，认为这些来自澳大利亚的改革经验是对世界范围内教师教育改革与发展的积极实践。

(三)有关澳大利亚教师教育课程发展的研究

20 世纪 90 年代中期以来，我国学者对澳大利亚教师教育关注的焦点在课程研究上。王金秀(1997)通过实地考察提出澳大利亚教师教育课程的改革是应对基础教育改革的挑战；潘海燕、李其国(1997)重点介绍了澳大利亚大学课程改革的原则、课程设置的过程与结果、课程的质量管理体制；谷贤林(2001)探讨了澳大利亚教师教育课程改革的社会政治、经济背景、内容及亟待解决的问题；安妮·黑克琳·胡森、张家勇(2003)、朱旭(2005)、代林利(2006)探讨了澳大利亚教师教育课程的质量保障体系。对不同类型的澳大利亚教师教育课程的研究者也分别做了评介，钟玉林(1996)从学科角度阐述了澳大利亚学科教师的课程设置及培养途径；朱水

---

① 参见张贵新、张连玉：《澳大利亚师范教育改革与教师培训考察纪实》，载《中小学教师培训》(中学版)，1998(1)。

② 参见谷贤林、彭岚：《90 年代澳大利亚师范教育的变革》，载《比较教育研究》，2000(4)。

③ 参见朱旭东：《新比较教育》，30～64 页，北京：高等教育出版社，2008。

萍(2006)以个案考察为例详尽评述了实践课程在澳大利亚教师教育课程中的地位和意义。

另外,从教师专业发展及教师专业发展标准的角度探讨澳大利亚教师教育课程的现状和特点也是研究者们选取的一个研究切入点。海桦(2003)从教师专业化的角度阐述了澳大利亚教师教育课程开发的理论依据;吴琳玉、谌启标(2009)对澳大利亚2002年推行的专业体验计划进行了详细介绍,在对这一职前教师教育模式进行评价时,作者特别强调这一模式转变注重专业技能评价和教师专业发展的规律;刘红(2004),刘辉(2004)也分别从澳大利亚教师专业发展机制的角度涉及有关教师教育课程的内容;邓丹(2011),袁丽、黄运红(2011)等研究者分别对澳大利亚教师教育标准化的最新发展从职前教师教育课程国家认证体系和教师教学专业发展标准的视角进行了分析和述评。

综上来看,我国学者的研究在这三个方面主要呈现出描述性和历史线性研究的特点,尚缺乏对发展的阶段性特点进行归纳和较系统的述评。

二、澳大利亚学者对其教师教育的研究综述

澳大利亚学者对教师教育及教师教育课程的研究从关注的焦点来看,主要集中在以下四个方面。

(一)关于澳大利亚教师教育的发展与变革历史的研究

澳大利亚学者对澳大利亚教师教育150多年的历史发展进行了阶段性的划分,可以总结为"大三段划分法"和"重大事件划分法"。

所谓大三段划分法就是指将150多年分为三个历史阶段:殖民地时期的师范教育(18世纪末—1901年)、联邦成立后50年的师范教育(1901—50年代中期)、20世纪50年代至今的师范教育改革。如前所述,这种划分方法的主要依据是澳大利亚的教师教育历经移植宗主国模式到全面振兴形成自己体制的过程。塔尼亚·阿斯普兰(Tania Aspland)以这种分法概括了澳大利亚教师教育的基本特点[①],如表1-2所示。

---

① Tania Aspland,"Changing Patterns of Teacher Education in Australia,"Education Research and Perspectives,2006(02),: pp. 140-163.

表 1-2　阿斯普兰概括澳大利亚教师教育的基本特点

时间段	教师教育课程模式	有关教师及教师培养的理念
1850—1950s	小导生制（pupil teachers）	职业定向（vocational orientation）
1950s—1988	师徒带教模式（apprenticeship model）	技艺型教师（craft of teacher）
1988 后	多元化的培养模式	学术型培养：探索、教与学、整合、应用学习（scholarly approach：discovery、teaching and learning、integration、application）

与此划分采用类似理念的一个重要研究者是伯纳德·许亚姆斯（B. K. Hyams），他把从1850年到1950年的澳大利亚教师教育划分为四个阶段，也就是将三段划分法中的第一个阶段进行了更为详尽的划分和分析，如表1-3 所示。

表 1-3　许亚姆斯澳大利亚的教师教育阶段划分

时间段	教师教育课程模式的实施机构	教师教育体系建立的状态
1850—1880s	小导生制	体系建立的基础阶段
1880s—1920s	师徒带教模式及教师培养学校的兴起	师范教育体系的初步建立
1920s—1950	师范教育模式及教师学院的建立	师范教育体系的巩固与发展

所谓重大事件划分法是指依据重大教育改革对教师教育的影响对第二次世界大战以后的时间进行划分。约翰·奈特（John Knight）等①以工党上台后的改革作为划分依据，分析了从第二次世界大战后到20世纪90年代教师教育的变革，如表1-4 所示。

---

① John Knight，Bob Lingard，et al.，"Reforming Teacher Education Policy under Labor Government in Australia 1983-93,"British Journal of Sociology of Education，1994(4)，pp.451-466.

表 1-4 澳大利亚教师教育重大事件划分法

时间段	有关教师的理念	有关教师教育的理念	对教师的定位描述
第二次世界大战后到20世纪80年代早期	教学是提供实质性服务的专业化过程；摆脱控制教师工作的"督导模式"；同时关注发展以中小学为基地的教师教育课程模式和部分教师许可自治(licensed teacher autonomy)。	大学或高等教育学院里的教师教育优于教师学院里的教师培训；教育部对教师的直接控制减弱；更多3~4年制的职前教师教育；向学位及证书教育的转型；教师教育课程的范围和优级水平得到了拓宽和提升，包括对特殊教育的关注；持续重点建构所有教师的专业教育与发展；对教师教育者提出高学历水平。	受过良好教育的专业人(educated professional)
20世纪80年代早期后	依据国家框架组织课程；(确立)国家级的教师注册制度和教师自治规则；通行"教师学业制模式"和"教师许可制模式"(articled teacher scheme & licensed teacher scheme)。	实践优先于理论；更加聚焦能力与技能而非正式的文凭；需增强实地工作而非长时间的职前准备过程；教师教育的重心从职前教育转向在职教育；加强对职前及继续教师教育的质量、内容、结构的标准化建设与理性贡献；教师资格的跨州认证；对教师教育者和教育学院提出更高的责任要求；教师教育者同国家、雇用者、教师联合会的面对面直接关系。	有能力的从业者(competent practitioner)

唐·加登(Don Garden)通过对墨尔本教师培训学院从教师培训学校到州立大学一百多年发展史的研究，从个案研究的研究角度揭示了澳大利亚教师教育机构的变迁及其影响因素。[①] 另外，艾伦·巴尔坎(Alan Barcan)根据社会文化以及社会意识形态的三次大转变，从教师的培养类型和培养机构的规模两个

---

① Don Garden, *The Melbourne Teacher Training Colleges, from training institution to Melbourne state college 1870—1982*, Richmond, Heinemann Education Australia, 1982, pp. 116-125.

角度将20世纪70年代之前的100年划分为三个阶段并对其特点加以分析。①其他文献，包括安格斯(Angus)和罗伯逊(Robertson)(1975)的《澳大利亚教育史资源：1788—1970》，伯纳德·许亚姆斯(1979)的《澳大利亚职前教师培训的历史：1850—1950》；艾伦·巴尔坎(1980)的《澳大利亚教育史》，都对澳大利亚教师教育的历史做了相关探析，以20世纪80年代作为阶段性的划分标志，究其原因是80年代一系列重大教育政策的实施带来的变革。

以上这些研究为从历史发展的角度了解澳大利亚教师教育的变革提供了清晰的线索，同时也为探究历史现象发展的背后动因提供了一定的背景资料和观点。

(二)关于澳大利亚教师教育多元培养模式的研究

澳大利亚教师教育的培养模式经过上百年的发展，形成了多元的培养模式，研究者们关于澳大利亚教师教育培养模式的探讨是伴随着对澳大利亚教师机构变迁的讨论展开的，从时间上来看主要是关于20世纪中叶以来的培养模式的讨论。1990年，澳大利亚国家就业、教育和培训委员会发表的"教师教育的形成：一些建议"对教师教育的培养模式做了相关探讨，研究报告认为四年制的职前教师培养模式在当时的意义很有限。三年制的职前教师准备才符合当时社会的发展要求，它有利于尽快缓解学校师资不足的压力并因此节省了教育经费。在此之后，关于是否延长师资培养年限成为澳大利亚教育界争论的焦点，萨克斯(J. Sachs)和格朗德沃特·史密斯(Groundwater Smith)②在澳大利亚教学与教师教育杂志上发表的《澳大利亚教师教育的变化》以及科廷科技大学教育学院米尔(Mill)③在教师教育研讨会上发表的《专业发展学校的角色》等都认为应当适当延长教师教育的年限。这些研究者指出，直到20世纪90年代以后，澳大利亚才逐渐普遍接受将四年制的基本培训为教师教育的基本学制，各高校根据自身特点，多样化地采用了"3+1""2+2""4+1""4+2"的教师教育培养模式。以维多利亚州为

---

① Alan Barcan, "Social, Cultural and Ideological Influences on the Training of Australian Teachers, 1870—1970", Education Research and Perspectives, 1989(2).

② 祝怀新：《封闭与开放——教师教育政策研究》，262页，杭州，浙江教育出版社，2007。

③ 祝怀新：《封闭与开放——教师教育政策研究》，262页，杭州，浙江教育出版社，2007。

例，维多利亚教学协会在 2007 年 3 月颁布的教师教育课程认证标准指出，职前教师至少需要接受相当于四年的全日制教育方可入职。

(三)关于澳大利亚教师教育政策变革的研究

澳大利亚教师教育的发展同政策的变革密不可分，因此关于教师教育政策变革的研究是该国教师教育研究的重要组成部分。这一本土性研究从呈现形式上可以分为两种类型：第一种是政府机构或政府机构资助教育研究机构出台的有关教师教育政策研究的报告，这些报告都是由富有经验的教师教育研究者对当时执行的有关教师教育的政策或措施的评价或反思，分析当下的政策变革之必要和意义，最后提出政策变革的相关对策和措施。这一类型的研究报告虽然多为政府或政府授权相关研究机构所为，但无一不是基于对已有政策的研究和讨论提出的新政策或策略，因此也可将其视为对政策进行研究的文本。第二种是从纯粹学术研究的角度对已有或正在酝酿、实施的政策进行分析、讨论和批判的论文。

1. 教师教育政策研究报告

有关澳大利亚教师教育政策的研究贯穿于 20 世纪 50 年代以来大大小小的教育政策报告中，它是了解澳大利亚教师教育政策变迁的重要文本形式。其中，有代表意义和重要影响的研究报告有"穆雷报告"(The Murray Report)、"马丁报告"(The Martin Report)、"斯旺森报告"(The Swanson Report)、"威廉姆斯报告"(The Williams Report)、"教师教育的形成：一些建议"(The Shape of Teacher Education：Some Proposals)、"21 世纪学校教育的国家目标""21 世纪的教师：制造差异"(Teachers for the 21st Century：Making the Difference)。

2. 教师教育政策研究论文

从学术的角度研究和探讨教师教育政策的论文主要集中在 20 世纪 80 年代以后。其中既有对联邦层面的探讨，也有对州或地区层面的分析讨论。

首先，对联邦层面政策的研究。迈克尔·戴森(Michael Dyson，2003)比较集中地论述了自第二次世界大战以来整个澳大利亚教师教育在一系列政策的影响下呈现出强化教学专业性和教师教育标准化的趋势。他认为，要形成更加具有共同意志的专业群体，以及负责任的综合资源，以促进教师教育的发展；从政策层面上来看，要整合州与州、大学与大学的分裂状态，要有相互认同的知识和学习，发展出复合型的教师教育理论和实践模式。凯文·哈里斯(Kevin Harris，1989)探讨了澳大利亚教师教育从20世纪70年代到90年代末的转变，着重分析了教师教育大学化、合作伙伴培养模式等的变革意义，其中对教师教育完全进入大学体系后的变革分析是对这一时期高等教育单轨制政策实施情况的研究。马尔科姆·维克(Malcolm Vick，2006)则就当前教师教育领域中的重要概念"合作伙伴关系"从联邦和州的政策、策略文本的角度进行了分析和解读。

其次，对各州教师教育政策的研究。伯纳德·许亚姆斯从不同的研究角度分析澳大利亚不同州的教师教育，其中都涉及相关时期教师教育政策的实施和影响，从分析昆士兰课程评估委员会在20世纪80年代的角色转换入手，探讨了这一阶段教师教育政策在课程认定方面的变革，提出了无论评估机构还是作为评估对象的大学，都要将更多的努力集中于标准内容和工作的质量；从分析维多利亚州教师教育自治问题入手，探讨了有关州政府及其政策在20世纪六七十年代的实施情况和影响。罗伯特·卡尼(Robert Carney)[1]也在相关研究中探讨了地区政策对教师教育的影响。

综上，教师教育政策的研究在第一种政策研究报告中主要总结和批判了已经实施的政策和策略，对政策实施的方向进行论证和规划；在第二种研究论文中主要从不同的研究问题入手对涉及政策实施和影响的部分进行了总结并分析了其影响。

(四)关于教师教育课程发展的研究

有关教师教育课程发展的研究的研究者代表有安妮·贾思曼(Anne Jasman)[2]、塔尼亚·阿斯普兰[3]以及劳伦斯·英格瓦森(Lawrence Ingvarson)的研究小组[4]。塔尼亚·阿斯普兰对整个澳大利亚近百年的教师教育进行了梳

---

[1] Robert Carney,"Teacher Education in the Northwest Territories: Cultural Inclusion, Cultural Imperialism and Teacher Autonomy,"History of Education Review, 1988(1), pp. 5-38.

[2] Anne Jasman,"Initial Teacher Education: Changing Curriculum, Pedagogies and Assessment,"Change: Transformations in Education, 2003(2), pp. 1-22.

[3] Tania Aspland,"Changing Patterns of Teacher Education in Australia,"Education Research and Perspectives, 2006(2), pp. 140-163.

[4] Lawrence Ingvarson, Adrian Beavis, et al., Pre-Service Teacher Education in Australia: A Mapping Study of Selection Processe, Course Structure and Content and Accreditation Processes. Melbourne: ACEReSearch, 2004.

理和分析，特别分析了 21 世纪以来澳大利亚教师教育课程明显地将教学法的专门知识和实习(应用)结合在一起，这符合博雅(Boyer，1990)定义的学术性工作。① 他认为澳大利亚教师教育的课程发展经历了三个阶段：早期职业导向的教师培养，到技艺导向的教师培养，再到学术导向的教师培养。安妮·贾思曼对进入 21 世纪以后澳大利亚教师教育课程的转变进行了分析，认为专业化(professionalization)、标准化运动(standards movement)、解制(deregulation)和过度管制(over-regulation)都是影响这一阶段课程变革的主要因素，教师教育的标准化运动是同教师专业化(professionalization of teachers)以及教师专业主义(teacher professionalism)的发展结合在一起的，教师教育课程要成为专业标准和教师专业发展的桥梁。劳伦斯·英格瓦森的研究小组则全面考察了截至 2004 年澳大利亚 37 所大学里正式设立的职前教师教育课程，除了分析师范生的选入、课程结构与内容外，还重点分析了代表性课程被专业标准的覆盖情况，为其他研究者提供了一定的当代澳大利亚职前教师教育课程研究的数据分析资料。同年，劳伦斯·英格瓦森等人还在澳大利亚教育研究协会(Australian Council for Educational Research，ACER)的资助下发表了研究报告"维多利亚州的教师教育课程"②，对维多利亚州大学的职前教师教育课程做出了外部评估。

综上，这方面的研究并非多产，并且主要集中于 21 世纪以后的课程特点分析，但是研究者提供的划分依据和课程变革影响因素的分析思路值得借鉴。

(五)关于教师教育课程开发与评价的研究

同样是课程研究，但是这类研究有别于上一个类型，它把重点集中在课程的开发和评价上，并且这类研究有显著的增长趋势，同时也多呈现于政府机构或政府机构资助的教育研究机构出台的有关教师教育政策的研究报告中。

1999 年澳大利亚联邦教育部颁布的"21 世纪学校教育的国家目标"指出要进一步推动教师教育课程及相关评估的发展，再一次强调了教师教育课程评

---

① Tania Aspland, "Changing Patterns of Teacher Education in Australia," *Education Research and Perspectives*, 2006(2), p. 159.

② Lawrence Ingvarson, Adrian Beavis, et al., *Teacher Education Courses in Victoria: Perceptions of Their Effectiveness and Factors Affecting Their Impact*, Melbourne, ACEReSearch, 2004.

价的重要性。此后,出现了较多有关教师教育课程标准、课程开发理念的文件和研究报告。2001年,联邦教育部颁布的教师教育文件《21世纪的教师——联邦政府教师质量行动》,提出了提高教师质量的具体行动,包括职前教师教育课程的设置、在职教师的培训等。此后,为了支持这项计划,联邦教育、科学和培训部及各教育团体又接连颁布了一系列行动计划和研究报告。2003年,联邦教育部在以往工作的基础上,颁布了《联邦高质量教师计划——2003年行动纲领》,2004年,联邦教育、科学和培训部又颁布了《澳大利亚的联邦政府高质量教师计划——2004-2005指南》。这一切为教师教育课程的开发与改革奠定了理论和政策上的基础。安妮·贾思曼在澳大利亚教师教育论坛上发表的《职前教师教育的变化:课程,教学与评估》、唐·安德森(Don Anderson)撰写的《澳大利亚高等教育质量保障体系》以及澳大利亚教育委员会在2006年发布的《教师职业准备的国家质量认证》咨询文件等,都对教师教育课程的评估和教师教育本身的质量保障体系作了探讨。除此之外,1990年,特尼(Turney)和瓦特(Watt)发表《教师教育的困境》、联邦教育部于2003年发布的调查报告"澳大利亚的教师:澳大利亚的未来"、伊恩·史密斯(Ian Smith)的《澳大利亚中小学和大专院校的课程设置》、ACER负责的澳大利亚政府资助的研究项目"教师质量报告"成果之一——《昆士兰中心大学学习管理专业本科课程评估》[1]等,都对教师教育课程的开发情况作了相关的探讨和评价。

三、概念界定与研究方法

(一)概念界定

1. 教师教育

教师教育是指目前世界各国较为通用的包括教师的培养、教师的任用、教师的进修三个阶段的教育。[2] 本书关于教师教育的概念界定在教师的培养阶段,即针对培养中小学教师的职前教师教育阶段。

本书采用的这一概念术语同英文中的"teacher education"相对应,同时涵盖以下术语的含义:职前教师教育(pre-service teacher education \ preparation)、师范生教育或实习教师教育(student teacher education \ training)、初

---

[1] Lawrence Ingvarson, Adrian Beavis, et al., An Evaluation of the Bachelor of Learning Management at Central Queensland University. Sydney: ACEReSearch, 2005.

[2] 参见陈永明:《现代教师论》,27页,上海,上海教育出版社,1999。

任教师教育(initial teacher education \ training)。在中文资料检索和比较研究过程中也使用了"师范教育"(normal education)这一术语。

2. 课程

联合国教科文组织的《教育技术用语词汇》指出"课程即指在某一特定学科或层次的学习和组织"①。有些组织则把课程定义为"囊括儿童在校期间应具备的全部经验，并包含教育目标、教育目的、课程、教学活动、师生关系、人力物力资源以及所有影响学校师生关系的调查"②。学者们依据一定的教育哲学和心理学知识，根据一定的价值取向揭示了课程的本质。例如，国外学者列举出有代表性的课程概念，包括学习方案、学习内容、有计划的学习经验、在学校领导下已经获得的经验、预期的学习结果的构造系列、书面的活动计划以及蔡斯对课程目标的阐释，认为课程目标应包括课程的总体目标即教育目的、课程的总体目的、学科的(或领域的)课程目标和课堂教学目标。③我国学者将其定义为教学科目、有计划的教学活动、预期的学习结果、学习经验、社会文化的再生产、社会改造。④ 著名的泰勒原理则更多地阐述了课程编制的过程：选择目标、选择学习经验以达到这些目标、组织学习经验并评价学习结果。⑤ 课程的定义有的侧重课程的结果，有的侧重课程活动的过程或程序，有的在课程计划的层次上研究问题，有的则在课程实施的水平上进行探讨。⑥

本书在已有定义的基础上认定课程是具有特定功能、特定结构、开放性知识、能力和经验的实践体系，而实践体系通常由要素构成，一般包含目标、内容和过程。⑦ 因此，基于对课程的构成要素的探讨，从实践体系的角度来定义，

---

① [伊朗]拉塞克、[罗马尼亚]维迪努：《从现在到2000年教育内容发展的全球展望》，转引自杨荣昌：《教师继续教育课程体系研究》，博士学位论文，华东师范大学，2006。

② [伊朗]拉塞克、[罗马尼亚]维迪努：《从现在到2000年教育内容发展的全球展望》，转引自杨荣昌：《教师继续教育课程体系研究》，博士学位论文，华东师范大学，2006。

③ 参见[美]蔡斯：《课程的概念与课程领域》，转引自瞿葆奎：《教育学文集 课程与教材(上)》，245~268页，北京，人民教育出版社，1996。

④ 参见施良方：《课程理论——课程的基础、原理与问题》，3~7页，北京，教育科学出版社，1996。

⑤ 参见[瑞典]T. 胡森、[德]T. N. 波斯尔斯韦特：《教育大百科全书第7卷 课程 教育技术》，109页，张斌贤等译，重庆，西南师范大学出版社，2006。

⑥ 参见杨荣昌：《教师继续教育课程体系研究》，博士学位论文，华东师范大学，2006。

⑦ 参见杨荣昌：《教师继续教育课程体系研究》，博士学位论文，华东师范大学，2006。

课程包括课程目标、课程结构和内容、课程实施、课程评价的动态要素。

课程目标是指通过课程实施需要达到的结果，可以分为两类：用来描述学校教育的结果和更为具体地描述在特定单元、某一学科课程或某一特定概念所要达到的结果。① 本书的概念界定为两个层次：一是各门学科在各个阶段要达到的总体目标；二是单门课程的具体目标。

课程结构是指按照课程目标设计和课程组织形式使各部分有机联系在一起。

课程内容是指各部分的具体实在体现，包括科目、课程、教科书、教材等。

课程实施是指把设计好的课程结构和内容付诸实践的过程，是达到预期目标的基本途径。

课程评价是指课程开发及管理者、实施者或参与者对单一课程或总体课程计划(包括目标、结构、内容、实施等)做出社会价值判断。

通过文献阅读可以看出"课程"一词在英文中有多个对应词汇，但其内涵是有区别的，对澳大利亚相关文本中有关课程词汇的内涵进行辨析，其主要有以下区别，如表 1-5 所示。

表 1-5 "课程"英文词汇概念内涵辨析

英文词汇	中文翻译	内涵理解
Subject	科目	授课的具体内容，如教育史课(Education History)、体育课(Physical Education)等。
Course	课程	由多个科目组成的教授和学习的内容，多以学期或学年为单位，如第一年的课程(Year 1 Course)。
Curriculum	总课程	由多个课程组成的教授和学习的内容，多以学制为单位，如小学教育专业三年制课程(3 Years Curriculum of Primary School Education)。
Program	总课程的整体内容	包括总课程的目标、结构与内容、实施、评价。

本书将"课程"翻译为 Program，主要是由于这一词汇在澳大利亚相关文本中是 Program。

---

① 参见杨荣昌：《教师继续教育课程体系研究》，博士学位论文，华东师范大学，2006。

3. 教师教育课程

结合对课程概念的理解和参照，本书的教师教育课程从培养级别来看，主要针对各个阶段职前本科生及其以下级别的课程，内容包括职前教师教育的课程(course / curriculum)，职前教师教育的教材(teaching material)，职前教师培养、教师教育项目的内容(program /program content)。

4. 教师教育思想

本书涉及一定的思想研究，因此，首先看"思想""教育思想"的概念。"思想"一词在《辞海》中作为名词的解释是："思维活动的结果，属于理性认识。亦称'观念'"①。"观念"一词的解释：第一，看法、思想，思维活动的结果；第二，译自希腊语 idea，通常指思想。有时亦指表现或客观事物在人脑中留下的概括的印象。它在西方各哲学流派中有不同的含义。第一，在客观唯心主义哲学中，常译作理念或"客观理念"。柏拉图用以指永恒不变而为现实世界之根源的独立存在的、非物质的实体。在康德、黑格尔等人的哲学中，指理性领域内的概念。康德称之为"纯粹理性的概念"，指从知性产生而超越经验可能性的概念，如"上帝""自由"等。黑格尔认为观念是自在自为的真理——概念和客观性的绝对统一。第二，在主观唯心主义哲学中，观念通常被归结为主体的、感觉与印象或产生世界的创造本原。它是事物的"含义"或者"本质"。第三，在英国经验主义哲学中，观念指人类意识或思维的对象，即感觉与知觉。唯物主义的经验论者洛克认为观念来自对外界事物或者内心活动的观察；唯心主义的经验论者贝克莱认为外界事物是"观念的集合"或者"感觉的组合"。第四，在休谟哲学中，观念指回忆起来的印象或者想象到的印象。②

"教育思想"在《教育大辞典》中被释为：对教育现象的认识。它主要包括教育主张、教育理论、教育学说等，大致可以分为两个层次，一层是较为零星的、不太系统的教育思想，如人们对教育总体或某方面的片段的初步看法、想法、主张、要求与建议等；另一层是较为系统和严密的教育思想，如人们在总结前人经验的基础上，经过深入探索、反复检验、整理改进而提出的教育理论、教育学说。③

结合对"思想""教育思想"的概念分析，本书将"教师教育思想"界定

---

① 辞海编辑委员会：《辞海》，4763 页，上海，上海辞书出版社，1999。
② 参见辞海编辑委员会：《辞海》，1306 页，上海，上海辞书出版社，1999。
③ 参见教育大辞典编纂委员会：《教育大辞典》，41 页，上海，上海教育出版社，1990。

为对教师教育现象和规律的理性认识。它包括反映在教师教育研究中的对教师教育现象和规律的归纳、总结、评论、预测等的著作、言论、决策,主要是那些通过文献综述得出的已被总结或证明对教师教育和教师教育的已有研究产生影响的理性认识,研究者通常会使用"教师教育理论""教师教育思潮""教师教育观念""教师教育理念"等相关术语表达,其对应的英文术语为"teacher education(training、prepare)theory""teacher education(training、prepare)idea""teacher education(training、prepare)ideology""teacher education(training、prepare)thought""teacher education(training、prepare)framework"。

5. 教师教育机构

"机构"一词在《辞海》中的解释:第一,各组成部分间具有一定的相对运动的装置,能传递、转换运动或实现某种特定的运动;第二,泛指工作机关或工作单位,也指机关、单位的内部组织。① 教育机构是指进行各种教育工作的场所和教育管理机关,狭义的教育机构是指各级各类学校。② 本书所述的教师教育机构是指培训教师的各级各类学校,英文的对应词汇有"teacher education(training) institute(college/school)""teacher college(school)""school(department/faculty)of education"。

6. 教师教育政策

政策是"国家、政党为实现一定历史时期的任务和目标而规定的行动依据和准则"③。我国教育理论界从这一概念出发,将教育政策界定为"党和政府在一定历史时期为教育工作制定的基本要求和行动准则"④。本书的教师教育政策参考叶澜教授关于教育政策的界定,"政府或政党制定的有关教师教育的方针、政策,主要是某一历史时期国家或政党的总任务、总方针、总政策在教师教育领域内的具体体现"⑤,主要的文本表现形式包括政策文本,法律、法规文本,发展及改革纲要,政府、政党的教育报告等,考察其中与教师教育相关的部分和内容。

---

① 参见辞海编辑委员会:《辞海》,1510页,上海,上海辞书出版社,1999。
② 顾明远:《教育大辞典》,752页,上海,上海教育出版社,1998。
③ 辞海编辑为委员会:《辞海》,3355页,上海,上海辞书出版社,1979。
④ 张焕庭:《教育辞典》,763页,南京,江苏教育出版社,1989。
⑤ 叶澜:《教育概论》,148页,北京,人民教育出版社,1991。

第四节 研究方法与思路

本书主要采用文献分析、历史研究、比较研究、个案研究及访谈法,其中,比较研究又分为纵向比较和横向比较。所谓纵向比较是指对某一现象在不同时期的发展状况进行观察、追踪、测量,从而对其在不同时期内所发生的变化做比较的研究。① 本书试图对不同时期的澳大利亚教师教育课程实践的演变做出纵向的比较,解读不同时期教师培养要求的转变,以及体现出的教师教育课程的基本特点。所谓横向比较是指通过对某一时期不同国家、地区、民族等各种教育理论或实际中发现的问题进行对比,分析形成这种结果的原因,揭示影响结果的条件和因素,找出一些共同特征和差异性,从而对教育问题的发展趋势和一般规律做出比较和评价。② 对当前的社会科学研究者来说,在比较社会研究发展的大趋势下,横向比较研究具有重要的意义。基于对澳大利亚教师教育的历史性比较研究,首先,本书不能忽略澳大利亚作为一个联邦制国家的基本国情,不能忽略各州或地区以及各族群间发展的不均衡性,因此,要尽可能地在同一时期的发展描述上兼顾到地域和族群的差异,尽可能地做出横向的比较性分析。其次,由于不同时期教师教育机构的变迁,教师教育课程在不同机构中的设置和实施也体现出变迁的差异性,值得比较和辨析。再次,也不能忽略澳大利亚曾作为英国殖民地及长期以来受到宗主国文化影响的状况,特别是对其早期阶段教育现实做出本土文化因素和英属文化因素的横向比较分析将揭示出变迁的因素。最后,通过比较澳、中两国教师教育及其课程变革的经历与共性,本文试图对我国教师教育的发展提出一定的启示。

本书的研究思路主要体现在以下三个方面。首先,澳大利亚教师教育和课程实践的发展经历了阶段性的变革,呈现出阶段性的发展特点和趋势。澳大利亚教师教育的课程实践经历了四个发展阶段。第一,19世纪早中期至19世纪80年代,早期教师教育的移植与职业指导型课程的出现。第二,19世纪90年代至20世纪20年代,职前教师教育在国家教育体系内的发展及职业实用型课程的形成。第三,20世纪30年代至80年代,职前教师教育实现在高

---

① 参见陈时见:《教育研究方法》,114 页,北京,高等教育出版社,2007。
② 参见陈时见:《教育研究方法》,114 页,北京,高等教育出版社,2007。

等教育中的单轨制及专业能力型课程的推进。第四，20世纪90年代以来，职前教师教育进入标准化时代及专业标准型课程特点呈现出来。本书拟对前三个阶段的教师教育发展历史和课程实践变革进行梳理和分析，重点发掘和分析第四阶段的发展，拟选取墨尔本大学教育学院、迪肯大学教育学院等院校的职前教师教育课程为研究样本，对澳大利亚教师教育课程实践的发展方向进行分析。墨尔本大学教育学院成立于1923年，是澳大利亚老牌大学最早成立教育学院的代表之一，同时，在发展过程中它合并过其他的教师学院和高级教育学院的部分，像同类老牌大学一样，该校的学术文化传统在于有更多的历史经验可供借鉴并具有更强的利用过去的能力[1]，因此它在教师教育课程的实践上既有保守的历史发展成分，又具有创新的革新尝试部分。迪肯大学正式成立于1974年，是澳大利亚新生代大学的典型代表，其教育学院也可被视为新生代教育学院的典型，这一类学校的学术文化特点在于在社会科学和人文科学的发展中更具有开放和创新精神。这两所大学的教育学院代表了澳大利亚教师教育变革的两种发展路径，这可以构成本文的分析案例。

其次，阶段性的教师教育发展和课程实践变革主要受到了教师教育思想和教师教育政策实施的影响。本书的基本假设认为，课程实践是教师教育体系中的基础因素，课程的变革受到多因素的影响。思想—政策—课程，这种从宏观到微观层面的传导机制，是引发课程变化的主要路径。从上述的四个历史阶段来看，澳大利亚的教师教育发展及其课程变革受到了保守主义、进步主义与新教育运动、技术理性主义与教育批判主义、结构功能主义的影响；同时，教师教育发展和课程实践经历了从早期的移植政策、巩固国家公立教育体系到高等教育一体化、教师教育专业化和教师教育标准化的政策影响的历程。本书在尽可能充分理解和掌握澳大利亚教师教育历史发展和课程变革的基础上，试图从宏观的教师教育思想的影响和中观的政策实施的影响来进行解释，并在这个解释路径下归纳出澳大利亚教师教育课程变迁的基本特点和教师教育思想的历史演变。

最后，在研究和分析澳大利亚教师教育及其课程发展轨迹和特点的基础上，本书提出对我国职前教师教育及课程发展的启示。

根据上述研究思路，本研究的分析框架如图1-1所示。

---

[1] [澳]西蒙·马金森、马克·康西丹：《澳大利亚企业型大学的权利结构、管理模式与再创造方式》，162页，周心红译，杭州，浙江大学出版社，2007。

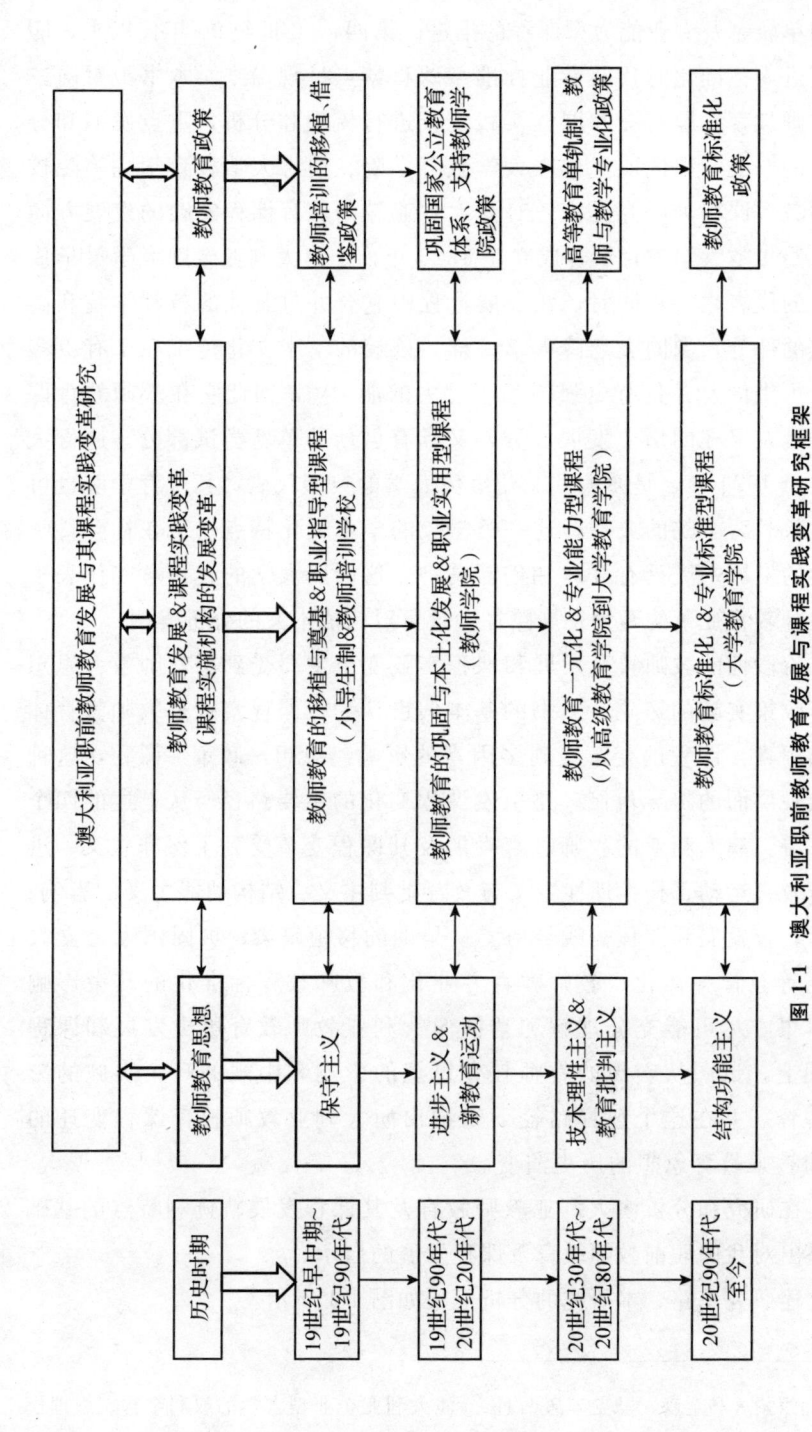

图 1-1 澳大利亚职前教师教育发展与课程实践变革研究框架

第二章 教师教育的移植与职业指导型课程的出现：19世纪早、中期至19世纪80年代

澳大利亚的教师教育始于19世纪早期，主要是澳大利亚作为殖民地从宗主国吸取和移植其经验和模式。澳大利亚在移植、推广的过程中经历了教会、殖民政府、个人等力量的相互作用，以及对不同模式的尝试和发展，体现出以师徒制为核心的示范学校和以培训学院为代表的早期师范学校两种教师培训模式以及相应的课程。早期教师教育的培训机构与课程的出现以满足当时对教师职业的需求为宗旨，课程上表现为职业指导型的特点。

第一节 早期教师教育的移植

教育借鉴是近、现代以来，不同国家、民族和地区借鉴他国的经验来寻求解决本土问题的一个重要方式。从比较教育研究的角度来看，自1817年法国教育家朱立安首次提出比较教育的借鉴功能以来，在随后近百年间世界范围内的比较教育研究都指向国际教育思想、政策、内容的借鉴，被称为比较教育发展史上以借鉴为主要特点的第一阶段。可见，在整个19世纪，教育借鉴已非新鲜事物。而这一阶段在国际教育借鉴的过程中还有一类非常特殊的情况，即在宗主国向殖民地进行政治、文化、经济输出的过程中产生的教育输出，其表现形式就是殖民地对宗主国的教育理念、政策、内容的

直接借鉴，其特点表现为具有宗主国输出背景的机构、组织或个人将宗主国的教育经验在殖民地的直接应用或推广，这种直接借鉴的方式可被定义为教育移植。大卫·菲利普斯认为，教育移植活动的发生过程具有谱系性的特点①，如图 2-1 所示。

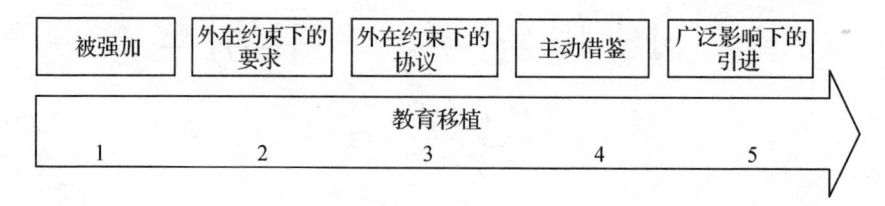

被强加	外在约束下的要求	外在约束下的协议	主动借鉴	广泛影响下的引进
1	2	3	4	5

图 2-1 教育移植谱系②③

从这一谱系可以看出，教育移植具有连续的、从被动到主动的谱系特征，教育移植的发生有着多样化的背景。那么，这一阶段殖民地从宗主国的教育移植可以理解为处于此谱系的二三阶段，这是宗主国主动地从外在强加给殖民地，以及殖民地被动接受的移植状态。

澳大利亚早期的教师教育就是在其宗主国殖民地推广政策的背景下，对宗主国教师教育模式的移植。

一、宗主国的教师教育及与其相应的殖民地推广政策

从 17 世纪末到 19 世纪初期，随着初等教育的发展，英国（澳大利亚的宗主国）出现了教会与私立并存的早期教师培训模式和机构，与此同时，英国的初等教育模式和教师教育模式也随着其政治、宗教、经济和文化一起，在其全球范围内的殖民地推广和移植。整个 19 世纪，澳大利亚殖民地的教育者对教育革新非常敏感和关注，澳大利亚教师培养的政策和实践都追随英国，并

---

① ［英］大卫·菲利普斯：《比较教育中的教育政策借鉴理论》，钟周译，载《清华大学教育研究》，2006(2)。

② David Phillips & Kimberly Ochs, *Educational Policy Borrowing: Historical Perspectives*, Oxford: Symposium Books, 2004, p. 9.

③ 此"教育移植谱系"中的谱系数表示为：1. 极权、独裁统治(Totalitarian/authoritarian rule)；2. 战败国、被占领国家(Defeated/occupied countries)；3. 双边或多边合作协议(Required by bilateral and multilateral agreements)；4. 学习他国政策、实践(International copying of policy/practice observed elsewhere)；5. 教育理念和方法的宏观影响(General influence of educational ideas/methods)。

且在态度上是积极而乐意为之的。① 因此,有必要首先了解其宗主国的教师教育及与其相应的殖民地推广政策。

(一)宗主国的教师教育背景

17世纪末和18世纪初,英国本土的教师培训是随着初等教育的发展出现的。从其主要的组织机构和模式来看,教师培养模式有以下不同的分类和发展特点。

1. 与教会有关的早期师徒制教师培养模式

在正规的师范教育机构和模式产生前的很长一段时间里,承担英国基础教育的教师(相当于大部分小学教师和一小部分中学的教师)是由一些教会团体介入其培养活动中的。例如,基督教知识促进会,最早表现为为慈善学校(Charity School)和星期日学校(Sunday School)举办的教师培训活动。其培训模式可以总结为师徒制的培训模式,在发展过程中以小导生制、示范学校(Model School)以及随后的初级学校的见习教师制度(Pupil-Teacher Scheme)为代表。

从19世纪早期开始,英国的基础教育和随之而来的教师培训在理念和做法上受到了两个人的影响,一个是安德鲁·贝尔,另一个是约瑟夫·兰卡斯特。这二者各自创立了小导生制,从组织归属上来看贝尔代表了由英国国教会安吉里卡赞助的全国贫民教育促进会(National Society for Promoting the Education of the Poor);兰卡斯特则是英非国教和外国学校协会(Nonconformist British and Foreign School Society)的成员。

1798年兰卡斯特最早在伦敦南沃克地区伯乐街他的学校里实施小导生制,他挑选了一些表现好、成绩好、年龄稍大的学生,即被他称作"小房管"(House Lads)的小导生们,他们像学徒一样先跟着老师学习,然后再去教其他学生。到1808年,这一实践成了常规,这一制度得到了外部的资金资助,同时也出现了一次性针对多个小导生的两个月寄宿制的培训。而兰卡斯特也做好了发展这一体系的准备,伯乐街学校因此成了一个小导生制的示范学校。示范学校的特点表现在小导生的选拔、管理和教学方法等方面,小导生在跟着老师学习的过程中要掌握班级的管理、课程内容、教学方法、纪律、考试等方面的内容,小导生具有双重身份,既是学生又是小老师。事实上,接受

---

① B. K. Hyams, *Teacher Preparation in Australia: a History of its Development from 1850 to 1950*, Hawthorne, ACER Press, 1979, p.1.

培训的小导生得不到个体教育上的扩展，也得不到系统的教师培训，但是他们却能够得到具体的教学"招数"上的指导。因此，小导生制具有刻板学习的特点。尽管有这些缺点，但是这一理念还是被传开了，特别是很多宗教团体为了更好地资助和发展自己教派的导生制学校，展开了异常激烈的竞争。几年之内，兰卡斯特所属教派的对手国民协会（National Society）就在伦敦和北部其他地方建立了相似的项目。到 1820 年，英国约有 1500 所导生制学校，可以容纳约 20 万学生。依靠这样的办法就可以在学校师资有限的情况下接受大批学生进入学校，尽管教学内容非常肤浅、刻板，但是从教师教育的发展来看，这一形式保留了教师培训的基本结构。

随后的见习教师制度，也被称为教生制，是在小导生制的基础上发展起来的。具体做法是在初等学校中选拔 13 岁左右的优秀学生作为见习教师，由接受国家督查的学校的校长以带徒弟的方式把他们培养成合格的师资。见习教师一般会和学校签订五年的契约，其间跟随校长见习处理教学和学校里的各项事务，校长在每天放学后为其讲授一个半小时的各科知识，见习教师的学费由其承担学校里的学杂工作相抵。见习期满后，一部分见习教师留在本校或其他学校，另一部分还有一定的机会考入当时已经存在的师资培训机构中继续深造。见习教师制度虽然经历了由于撤销见习教师工资或低工资带来的波折，但是仍然得到了一定的发展。到 1848 年，英格兰和威尔士的初级学校中已经有了 2000 名见习教师。①

2. 由私人开办在发展过程中逐步得到政府资助的早期师范教育培养模式

可以说从 17 世纪末到 19 世纪 40 年代，英国的教师教育发展得很缓慢，没有出现新的亮点，与法国（1681 年，法国建立了第一所师资训练学校）和德国（在 1695 年建立了哈勒教员教养所）等国家比起来，英国的状况远不如欧洲其他国家的景象繁荣。② 但是仍然有三处由私人开办的教师教育的项目得到了发展。一是 1836 年戴维·斯托（David Stowe）在格拉斯哥成立了英国第一个师范学校，旨在为普通教育的师资提供独立的专门训练③，尽管这一愿望并

---

① 参见王晓宇：《英国师范教育机构的转型：历史视野与个案研究》，博士学位论文，华东师范大学，2008。

② B. K. Hyams, *Teacher Preparation in Australia: a History of its Development from 1850 to 1950*, Hawthorne, ACER Press, 1979, p. 4.

③ M. Cruickshank: History of the Training of Teachers in Scotland, London, Hodder & Stoughton Ltd., 1974, pp. 33-46.

未充分实现,但是格拉斯哥师范学校通过摒弃小导生制的模式,收取更为成熟的学生,以及一系列使学生掌握专业技能的科学培训方法吸引了全国的注意。二是1839年,由詹姆斯·凯-沙特尔沃思(James Kay-Shuttleworth)爵士做秘书长成立了枢密院教育委员会,这个委员会在政府的资助下开始在经济上协助建立培训学院(Training Colleges),其中大部分都是基于英格兰各教区的资助建立的。在这一基础上,詹姆斯·凯-沙特尔沃思爵士个人也参与到重要的教师教育的实践里。由于激烈的宗教对立,议会计划建立一个国家级的培训学院。于是1840年,詹姆斯·凯-沙特尔沃思在巴特西建立了一个师范学校,随后,在1843年被国民协会接管,巴特西学校一直坚持成立以来的特点,这些特点都强烈地反映出了詹姆斯·凯-沙特尔沃思在格拉斯哥的学校里的实践经验和他观摩到的其他模式,他把三个重要的以世俗化为基础的特点合并到师范学院当中来,这三个特点就是知识的发展、专门化的培训、教师品质的培养。也正是这样的特点使得巴特西学校成为随后50年间英国教师教育的"模板",即把教会对学院的赞助和世俗力量的原则结合在一起。

(二)在殖民地推广的基本政策

1846年的澳大利亚殖民地政府纪要表明,英格兰和英国其他地方开始实施一种非常值得推荐的解决师资数量匮乏和质量低下的办法。同时,他们也声称这一方法应该在宗主国无暇关照的殖民地实施,这种方法就是基于小导生制的示范学校。1847年,詹姆斯·凯-沙特尔沃思建议在西印度实施教师培训制度,当时的殖民地事务大臣格雷(Grey)伯爵对这种统一适用的教师培训方式很感兴趣,并通知所有的英国殖民地试用,文件劝告殖民地试用小导生制和示范学校两种方式来培训教师,其中对学生的社会性发展和道德的训练占主导地位。

为学徒们制定的所有规则贯穿其学习期间并构成了对教师品质的培养。

为学徒和学生们提供的训练,不鼓励那些推测或者故弄学问的方法,因为这些方法往往是不完备的,并且要高于小导生教师所教的班级的水平……

教育目标就是要把学生培训为朴素、有羞耻感和真实的人;同时增强其精神力量,告知其知识,提升其道义,鼓励其智能的发展。[①]

[①] "Colonial Secretary's circular", 1847. 转引自 B. K. Hyams, *Teacher Preparation in Australia: a History of its Development from 1850 to 1950*, Hawthorne, ACER Press, 1979.

殖民地事务办公室的这一意愿在英国的版图上起到了一定的作用，尽管这些作用并不起一样的作用。例如，法国人、普鲁士人、苏格兰人和爱尔兰人的教育影响在加拿大发挥着作用，因此小导生制在这里并没有大的吸引力，而南非、新西兰和澳大利亚却是小导生制移植的热土。

二、澳大利亚对宗主国教师教育的移植

最早来到澳大利亚定居的是英国人及其发配来的罪犯，其中有一小部分是孩童。早期阶段，由于移居来的白人缺乏劳动力，因此大部分孩童都参与劳动，只有极少数孩子能够受到教育。由于没有教师，因此由牧师负责对个别家庭的孩子以私人的形式开展英语教育。这个阶段在殖民地还没有受过训练的专门教师。在19世纪早期，学校依然主要雇用那些没有受过训练的人当教师，一些甚至是有犯罪前科的人。直到19世纪中期，澳大利亚教育者的受教育背景极不相同，并且他们没有接受过正规的职业训练，随着移民的增多，来自英格兰和苏格兰的受过训练的教师开始在这里从事一些教职[1]，但是直到19世纪50年代，这类教师的比例仍然很低[2]，当然，教师数量更是严重短缺[3]。这一阶段，教会和殖民地州政府为培养社会精英建立了一小批免费的教会学校和较多的为贫穷劳工家庭和罪犯家庭的孩子开办的资源缺乏的政府学校[4]。澳大利亚教师培训的第一步是实验性的[5]，就是受到英国小导生制的启发，也就是对宗主国小导生制的直接移植。[6]

---

[1] P. H. Partridge, *Society, Schools and Progress in Australia*, Oxford, Pergamon Press, 1968, p. 11.

[2] B. K. Hyams, *Teacher Preparation in Australia: a History of its Development from 1850 to 1950*, Hawthorne, ACER Press, 1979, p. 7.

[3] Gardiner, D. "The Study of Education at the University of Western Australia 1916－1985", Education Research and Perspectives, 2004(1), pp. 24-29.

[4] Gardiner, D. "The Study of Education at the University of Western Australia 1916－1985", Education Research and Perspectives, 2004(1), pp. 24-29.

[5] B. K. Hyams, *Teacher Preparation in Australia: a History of its Development from 1850 to 1950*, Hawthorne, ACER Press, 1979, p. 7.

[6] Tania Aspland, "Changing Patterns of Teacher Education in Australia," Education Research and Perspectives, 2006(2), p. 140.

(一)多方力量的争取与均衡

在英国,可以说一开始是教会的力量通过慈善教育事业垄断了教师教育,随着义务教育的普及发展,一些个人和团体开始介入初等学校教师的培养当中,进而在社会、经济、文化和教育发展的推动下,政府通过公款补助私立学校的形式进一步削弱了教会对教师培养的影响和垄断,逐渐将师范教育的权力和标准掌握在国家手中。①

与此相比,澳大利亚的情况却有所不同。早期的特点是在移植、借鉴的过程中体现出了殖民地政府、教会和个人力量的共同参与。推动这一特点形成的因素是那些在澳大利亚实施教师教育的先驱们的特殊身份,这些实践者具有宗主国派出殖民地事务官员、宗教人士等多重身份,自然也就在实践过程中整合了各方的意图和利益,使澳大利亚殖民地的教师培养从一开始就体现出多方共同作用的性质。当然,随后在共同参与的过程中,也有势力范围的争取和竞争,这主要来自宗教势力和国家殖民当局,最终的均衡就是以各自掌控下的两个教育委员会成立并分别在教师培养的领域里发挥作用而体现出来的。那么这一过程主要经历如下。

1. 早期的培训工作

由于这一阶段的教师仍然是普通的人群和各类被改造过的罪犯,他们当中的一些人受过一些正式的教育但是都没有接受过任何教师教育培训,大多数教师社会地位低下、工资微薄,因此,早在1811年,在宗主国兰卡斯特计划的基础上,殖民地政府在悉尼城里成立了一家学校。第二年,新近到达殖民地的托马斯·鲍登(Thomas Bowden)在新南威尔士开办了殖民地的第一家公立学校,这所学校承担了一定的教师培养的任务。② 在1810—1821年,殖民地的执政长官是拉克伦·麦夸里(Lachlan MacQuarie),他对教育的发展包括教师的培训表现出了极大兴趣,因此他和殖民地政府一起推动贝尔制在澳大利亚的发展。由此,新南威尔士迎来了两个重要人物的实践活动,一个是1819年由英国政府派来澳大利亚推广教育工作的比格(Bigge);另一个是由英国

---

① 王晓宇:《英国师范教育机构的转型:历史视野与个案研究》,博士学位论文,华东师范大学,2008。

② Alan Barcan, *A Short History of Education in New South Wales*, Sydney, Martindale Press, 1965, p. 29.

派来组织学校系统并保障贝尔制教育方式的有效实施的教士托马斯(Thomas)。尽管比格和托马斯都没有认可拉克伦·麦里夸的理念，即在悉尼的新学校里集中培训教师，但是都声援了拉克伦·麦里夸要在城市里建立一个小型的寄宿制培训学校的想法。而最终这一计划表面上是因为悉尼男子孤儿学校有影响力的委员会的反对实际上是因为物质资源不足而失败了，但是这一理念却影响了随后的教师教育的模式。另一个值得关注的有关教师培训的是帕拉马特女子孤儿学校的内部培训，其中的一些孩子，在小导生的职位上得到了相当重大的责任，有一些孩子完全得到了和在这个学校专职并领取工资的教师一样的委任。①

还有一小部分的成功来自阿奇迪肯·斯科特(Archdeacon Scott)的尝试。斯科特是英国政府任命的在澳大利亚负责教会和学校公共事务的官员，保证英国在殖民地公共教育的统治地位。他早期的工作之一就是1825年为正在教会和学校公共事务系统里服务的教师们设立培训课程，这个培训招收了部分老教师并一些新教师，由当时悉尼最好的小学教师来承担培训任务，在接受完贝尔制式的培训后，这些学员们或者回到原来的学校，或者到新学校任职。这一培训并没有得到延续或重复实施②，相反的是，随后的教师培训是让那些有可能当教师的人到一个或者数个公立学校里，观摩并且实习一段时间，其中最长的实习是几个月，这些新招收的教师在实习期间是没有工资待遇的。

另外，还有属于宗教团体内部的努力。1825年，基于对比较正式的培训的需要，斯科特在圣公会学校组织了一个为期三个月的教师培训课程，但是效果并不显著。③

综上可见，当时人们对培训未来的教师的重要性是有认识的，但是对于如何组织培训还不得法。随着19世纪30年代澳大利亚农牧业的发展，学校数量的增长表明了社会对年轻澳大利亚公民受教育的价值有了更广泛的认识，其中不少学校是仿效英国的文法学校建立起来的，这种学校要求教师具有一

---

① Clifford Turney, "The History of Education in New South 1788-1900," PhD diss., University of Sydney, 1962.

② Clifford Turney, "The History of Education in New South 1788-1900," PhD diss., University of Sydney, 1962.

③ B. K. Hyams, *Teacher Preparation in Australia: A History of its Development from 1850 to 1950*, Hawthorne, ACER Press, 1979, p. 8.

定的教学资格，因此由澳大利亚新的社会精英阶层资助的教师培训项目得以建立。其中一个来自非宗教势力的个人的努力是1834年亨利·卡迈克尔（Henry Carmichael）建立了一个私立学校，同时培养准备从事教学工作的年轻人，大量的培养计划都是仿照伦敦伯乐街学校的体系，整个培训项目的设计就是希望向殖民地推介爱尔兰国家系统的无教派学校教育。但遗憾的是，卡迈克尔国家系统学校的尝试遭到了新南威尔士宗派势力的阻挠，学校里的教师培训也就流产了。①

2. 有关教师教育的设想与尝试

教师培训的问题再次受到了殖民地执政者的关注。1839年，乔治·吉普斯（George Gipps）爵士提议成立一个培养教师的学校。但是英国执政当局没有接受这个提议，因为这一提议在当时的殖民地显然是超前的，即使在英国本土，师范学校的运动都还没有完全开始，巴特西学校的培训也都还在酝酿当中。不过，这时不只是殖民地官员们意识到了对教师的需求明显增长，1840年，一个无教派法人学校（non-denominational corporate school）悉尼学校的校长对公众断言：

那些在自己职业领域不成功的专业人士，律师的办事员、簿记员、商人，还有那些生意上失败但是自我推荐能读、写、算的家伙们，组建了年轻的教师群体……自此就出现了我们在教育中听到和看到的"庸医"……

让我们的这些教师无论水平高低都进入一个常规的学徒制里，让他们的证书说明他们的教学指导能力和技巧。②

由此，有关建立一个专门培养教师的学校和在普通学校里培养教师的不同模式得到了最初的讨论和尝试。实际上，这一讨论几乎是伴随着澳大利亚针对学校教育的不足，以及如何办教育的讨论同时进行着的，并进一步讨论是采用国家资助教会办学的方式还是爱尔兰式的国家运作的方式。澳大利亚的基督教长老会领袖教士在其1837年访问英国的时候受到这方面的启示，于1843年提出了一系列决议，其中两项跟教师的准备有关。

第七条：本委员会认为，悉尼市议会和墨尔本市议会应各自在市内建立

---

① B. K. Hyams, *Teacher Preparation in Australia: A History of its Development from 1850 to 1950*, Hawthorne, ACER Press, 1979, p. 8.

② B. K. Hyams, *Teacher Preparation in Australia: A History of its Development from 1850 to 1950*, Hawthorne, ACER Press, 1979, p. 9.

一个师范学校或培训学校，各自负责辅导未来的学校教师和教学人员……

第九条：在这片国土上教育的水平较低是因为殖民地对大量的学校教师没有任何的级别要求，显然必须要对殖民地未来的学校教师提供相关培训……①

罗伯特·洛（Robert Lowe），作为委员会中的成员，较少受到宗派的影响，在抵达殖民地两年后，成功组建了一个专责委员会，该委员会过问殖民地的教育事项，其结果是不仅参考和借用爱尔兰国家体系，而且支持建立师范学校的提议。但是专责委员会对教育知识的衡量引起了质疑，因为即使那些在欧洲著名的教育人物，如裴斯泰洛奇、福禄贝尔等的教育思想都没有涵盖教师培训的内容，詹姆斯·凯-沙特尔沃思在巴特西的工作也没有达到这个目的。从第九条可以看出，那时对未来当教师的人就有一定水平的要求。这一阶段，大多数人同意对未来的教师进行博雅教育（Liberal Education），内容集中在经典教程上，认为只有这样才能使所有的教师，包括那些最后无法进入文法学校教书的人也能胜任学校的工作。② 委员会也在追求着不仅为文法学校培养教师，而且也要为实际有可能成为各种从业者的人提供根本的教育的目标。可以想象，这种开放式的教育类型会把教师带入更高水平的学习，从委员会听证会的记录来看这种教育类型已经为一些教区学校的教师们提供了接受大学教育的机会，这是一个苏格兰式的传统③，即为初等教育的教师提供全部的中等阶段的教育甚至高等教育。事实上，在当时，这一理想的状态实际上要等到下一个世纪才能实现。

3. 实践中的均衡

尽管在1844年有关教师教育的争论有显著的历史意义，但是从委员会的报告来看其并没有直接的影响意义。作为持续的宗派争斗的牺牲品，报告中有关教师教育的建议并没有被采纳，新南威尔士仍然继续求索适合自己的教育体系。1847年，殖民地政府成立了两个教育委员会来管理教育经费，一个是教会委员会（Denominational Board），负责教会所有的学校；另一个是国家

---

① B. K. Hyams, *Teacher Preparation in Australia: a History of its Development from 1850 to 1950*, Hawthorne, ACER Press, 1979, p. 10.

② B. K. Hyams, *Teacher Preparation in Australia: a History of its Development from 1850 to 1950*, Hawthorne, ACER Press, 1979, p. 10.

③ B. K. Hyams, *Teacher Preparation in Australia: a History of its Development from 1850 to 1950*, Hawthorne, ACER Press, 1979, p. 10.

委员会(National Board)，负责国家(政府)所有的学校。两个委员会很快就意识到为各自的教育体系提供受过训练的教师的需求，因此，在不到一年的组建过程中，国家委员会发表了以下声明：本委员会将在悉尼建立一个师范教育机构，用以培训教师以及被委任从事学校其他工作的人，这些人如没有获得这一机构的培训资格将不能在任何学校获得教职。①

遗憾的是，这个委员会把目标订得太高了，当时的殖民地政府能够做到的第一步只能是建立一个示范学校。同时，1849年，教会委员会声明在自己负责的教育体系内的数个学校已经发挥了示范学校的功能，因此，这一委员会希望能够为每个教区制定出教学的统一标准，从而根据这些标准培养有教学能力的教师，同时也为那些在职的教师提供可供模仿的标准②。同年，国家委员会开始着手将福特·菲利普(Fort Phillip)的军队医院改造为一个主要为澳大利亚提供教师教育的学校。

自此，有关不同教师培养模式的尝试和实践推动了澳大利亚早期教师教育的发展。

(二)在以师徒制为核心的示范学校和以培训学院为代表的早期师范学校的两种模式之间选择与发展

尽管早期的移植工作是在一种实验性的状态下进行的，但是前文所述的在宗教、殖民地政府以及个人力量的共同作用下，澳大利亚早期的教师教育也呈现出了一定的模式，具有以下基本特点。第一，采用并延续以小导生制为核心的示范学校模式；第二，培训学院的模式逐渐成为重要的教师培养方式，尽管一开始这一模式部分采用了师徒制模式。

1. 从小导生制示范学校到早期寄宿制师范学校的肇端

首先来看新南威尔士的情况。1850年，福特街师范学校创建，这是澳大利亚通过长期努力建立国家教师教育体系的肇端。这所学校从示范学校的模式逐渐发展成为一所实际意义上的师范学校。在随后的近30年间，起初这一体系发展缓慢，然后不断固化着其主要特性，并最终形成一个相当严谨的结

---

① B. K. Hyams, *Teacher Preparation in Australia: a History of its Development from 1850 to 1950*, Hawthorne, ACER Press, 1979, p. 11.

② B. K. Hyams, *Teacher Preparation in Australia: a History of its Development from 1850 to 1950*, Hawthorne, ACER Press, 1979, p. 11.

构。在当时的情况下，这一发展看上去满足了澳大利亚大批适龄学生就学的基本需要。这一体系之所以能够长期存在，主要是因为这一培训工作得到了中央集权的国家教育管理体系的支持，这种集权的教育管理体系在不同的殖民地地区都表现了出来。在当时人口定居最集中的新南威尔士州和维多利亚州的带领下，所有的殖民地都基于本土的实际情况移植和适用在英国建立起来的这一得到广泛认可的体系。

应该说，这一阶段这两种教师教育模式的建立也受到了威廉·威尔金斯(William Wilkins)极大的影响。1850年被选为由殖民地办公室和英国议会联合管理的福特街学校的校长时，威尔金斯只有24岁，他没有接触过国家体系中的教师培训标准。威尔金斯是个很好的老师，他的最高职位是1847年在伦敦的圣托马斯学校得到卡尔顿(Carleton)的推荐做了校长。卡尔顿当时是学校督导，并且和詹姆斯·凯-沙特尔沃思一起创建了巴特西学校，威尔金斯就是从这所学校毕业的。一开始国家委员会并不放心把这项工作交给这个初来乍到的年轻人，不过最终还是在1851年1月正式任命了他。当时，示范学校培养的职前教师被称作"教师候选人"，主要是由于有一个月的见习和实习期。①

在这所学校工作的第一年，威尔金斯开始关注一些重要问题。显然，示范学校的工作可以说是扩大公立教育系统的一部分，即为这个教育系统提供教师。例如，1851年，22名学生被作为教师的候选人选拔出来，其中18人最终得到了教职。不过仅仅一个月的现场经验显然是不够的，实际上，大部分候选教师的教学水平都很低，以至于教师还得用课后的时间再专门教他们，尽管如此，一些教师候选人的水平甚至还不如示范学校里年长一些的学生。威尔金斯认为解决这一问题的办法就是借鉴英国的师徒制模式，因此1852年威尔金斯成功地引进了英国的小导生制，但是福特街学校原有的教学方式还存在着，因而学校里既有年长一些的教师候选人，同时也招收一些更年轻的小导生。直到1854年，威尔金斯被提升为国家公立学校的督导和负责人，这所学校虽然没有了他的直接领导，但是依然受到他的影响。从那时起，他开始发挥其教师培训的领导作用，事实上，福特街学校校长的工作要直接对他

---

① B. K. Hyams, *Teacher Preparation in Australia: a History of its Development from 1850 to 1950*, Hawthorne, ACER Press, 1979(106), p.13.

负责。① 在对200多名国家学校和教会学校的教师进行测查后，官员们发现，尽管不少教师工作认真、品性优秀，但是他们对于更多拓展出来的确切的技术上的知识和提高教学的方法的追求并不成功，简言之，他们需要通过完整的和明智的培训达到高级的水平。② 关于当时的师资接受培训的情况，表2-1可做出说明。③

表2-1　19世纪中期殖民地师资培训状况

学校类型	教师数（单位：名）		
	在殖民地接受过培训	在宗主国接受过培训	没有接受过培训
英格兰教会学校	24	6	53
罗马天主教学校	14	11	33
长老会学校	4	1	10
卫斯理学校	/	2	5
公立学校	30	7	4
总计	72	27	105

关于这一调查的一些评论比数据的直观显示还要不乐观。

从这一表格可以看出，超过一半的教师没有受到过培训；通过对在宗主国受到过培训的教师的实际教学情况的考察发现，一些教师的情况并不好；至于那些在殖民地接受培训的教师，我们已经做过相关的调查，除了在公立示范学校里接受的培训外，其余的都只是名义上的；甚至那些教师候选人的培训也是相当不充分的。确切地说，悉尼的那些示范学校几乎就不是教师的培训机构，而只是实习学校，在殖民地就没有真正的师范学校。④

当然，这些评论并没有减损福特街学校作为一个示范学校的优点。在这

---

① B. K. Hyams, *Teacher Preparation in Australia: a History of its Development from 1850 to 1950*, Hawthorne, ACER Press, 1979, p. 13.

② *Final Report of the Education Commissioners on the State of Education throughout the Colony*, Sydney, NSW LAV&P, 1856—7, p. 22.

③ *Final Report of the Education Commissioners on the State of Education throughout the Colony*, Sydney, NSW LAV&P, 1856—7, p. 22.

④ *Final Report of the Education Commissioners on the State of Education throughout the Colony*, Sydney, NSW LAV&P, 1856—7, p. 24.

所学校里，威尔金斯实施着他在巴特西学校里践行的教学原则，这使得殖民地其他的教师培训者们能够观摩并效仿。这所学校逐步发展成为一所师范学校，悉尼帕丁顿和克利夫兰街上的新的示范学校帮助缓解了这所学校的食宿压力，随后这所学校后续的房屋建设解决了学生的食宿问题，开始具备了寄宿制师范学校的基本特征。

但是，即使不考虑早期师范学校功能的有限性，以及英国统治占主导地位的影响，这所学校仍然缺乏巴特西学校以及随后的英国师范学校最根本的特点——寄宿制。威尔金斯的导师詹姆斯·凯-沙特尔沃思认为师范教育的一个重要特性就是寄宿制的形式，这是培养学生个性品质的手段。[①] 前面提到的国家委员会主要是因为要同教会系统竞争教育权力而成立的，其被责成满足偏远和人口稀少地区的教育需求，同时本身又承担着在这些地方征税的责任。因此，像寄宿制培训学校这样"奢侈"的提议是不会被认真对待的。在教会系统里应该也是同样的情况，因为教学大纲中的宗教内容规定一个教会学校只能有一个教派来资助，因此寄宿制教师的培养难以得到资金支持。

再来看其他地方的情况。1851年从新南威尔士独立出去的维多利亚也出现了既有师徒制的发展又有培训学校发展的情况，也就是在这个时候，寄宿制的基本特征开始融入进来。像之前的老殖民地区一样，南方新的殖民地对有一定水平、能够做教师的人的需求非常紧急，正如1851年维多利亚教会委员会的报告中，督查休·奇尔德斯（Hugh Childers）总结的那样。

我还未能对多数教师的普遍教学效果做出彻底地督查，但是我感觉大多数教师能力不足。一些教师写的东西很不顺畅，一些教师完全不知道计算的基本法则。我甚至发现一些教师的季度总结表上尽是拼写的错误。[②]

随后的几年里随着小导生制的师徒制培养模式在这些地区的发展，这一问题得到了一些缓解。

2. 培训学院为代表的早期师范学校的发展

对于教师培训，维多利亚教会委员会从一开始就认为未来教师的个性品质的发展要有有效的宗教理论和实践。但是，沉浸在单一教派的教义和仪式

[①] B. K. Hyams, *Teacher Preparation in Australia：a History of its Development from 1850 to 1950*, Hawthorne, ACER Press, 1979, p. 15.

[②] Clifford Turney, "The History of Education in New South Wales 1788－1900," PhD diss. University of Sydney, 1962.

中的培训在当时是一个超越现实的表现,毫无疑问,委员会中的各教派为成为未来的教师而接受专门的、正式的培训的学生确实太少了。而当时委员会做得更多的是抓取现成的教师或是师徒制的培训工作,或鼓励直接从英国招收教师。当然,这时就有人考虑到或许还有另一种办法解决合格师资的需求问题,1853年委员会的报告甚至设想在大学里设立师范教授(Normal Professor)的教职①。这个教职一旦设立,那种在情感上要得到来自大学的支持的需求就会涌现出来,也就是希望培养出来的教师能够给基础教育带来智能上的影响,而这一点几乎在当代才真正实现。实际上,这样的想法对那个时代来说太超前了,即使在欧洲的其他地方有了大学和教师培养的明确的联系性,在英国也没有被接受的可能,在随后的45年间在英国都没有出现很正式地鼓励大学培养基础教育教师的情况。对澳大利亚来说,这两种形式——大学的介入和师范学校的模式都要等待更长的时间。不过,这个阶段已经开始出现了以培训学院为代表的早期师范学校的雏形。

在维多利亚,因为教会委员会回避了关于建立师范学校的考虑,所以其对手就有了相关的推进。国家委员会决定不支持任何小导生体系,除非有办法对学校校长培训的小导生实施测评。直到1856年对公立学校教师进行考评和分级的计划生成后,这一工作才有可能实施②。然而,同一时间,对教师的需求还是很紧要的,因此相关工作的开展是刻不容缓的,开端是1852年墨尔本开始建立示范学校,以及同他们学习借鉴的对象——爱尔兰国家教育体系的都柏林的教师培训的权威人士商议,由后者提供一个男校长和一个女校长来负责示范学校以及随后类似于培训学校的机构。1854年在墨尔本地区建立了三个示范学校(一个针对男生的教育,一个针对女生的教育,一个针对婴幼儿的教养)。1856年又建立了一个培训学校,负责管理的是曾任爱尔兰国家委员会的学校督导的阿瑟·达维特(Arthur Davitt)。他在爱尔兰有着丰富的学校导师的经验③。国家委员会法规规定为寄宿的学生、非寄宿全日制学生、周六来接受指导的实习教师在这一机构的入学、指导和寄宿的条件提供详尽

---

① Clifford Turney, "The History of Education in New South Wales 1788—1900," PhD diss. University of Sydney, 1962.

② Linz Clive Christopher, *The Establishment of a National System of Education in New South Wales*, Melbourne, Melbourne University Press, 1938, p. 30.

③ B. K. Hyams, *Teacher Preparation in Australia: a History of its Development from 1850 to 1950*, Hawthorne, ACER Press, 1979, p. 17.

的说明，其中寄宿的学生每学期要缴纳10英镑；对参加全时段培训的学生还增加了入学的要求，首先是一个初级测试，那些有基督教信仰的候选人还需要其所在教区的主礼牧师为其优秀的品性提供一个证明；培训的频率是一年两次，每次为期五个月；每日的安排包括三小时的普通课程的指导、三小时的教学理论和在示范学校的实践、三小时的自学时间①。寄宿制的基本特点来自同类学校校内严格的常规活动，包括分组编制、封闭管理、强调礼仪和道德的训练。

条规1　接受培训的教师要在早晨六点听到钟响立刻起床；六点五十五分洗漱和整理好床铺。

条规2　每日早晚七点各点名一次。

条规6　每餐前后由教师轮流发表表扬意见。

条规7　就餐期间要严格遵守有关社会礼仪的规定。

条规10　周日上午九点到下午一点半由个人支配，用于个人到各自的礼拜堂做礼拜。

条规12　每周前五天下午四点到六点允许在周边做短暂的远足活动。

条规13　周六下午的两点到六点处理个人事务。

条规15　严格禁止男女学员间在校内的活动。

条规20　全天禁止回到宿舍，除非生病和有特殊许可。

条规22　在宿舍就寝和起床的礼仪都是被监督的。

条规23　每天上午九点进教室之前和晚上九点半休息之前都要点名，以得知缺勤情况。

条规29　学员们在接受培训过程中的道德表现将直接决定自己的分类级别，如果表现太差，将被完全取消资格。②

从满足当时基础教育师资需要的角度来看，墨尔本的这些教育机构还是有成效的。但是，如果追求客观上的教学技能的发展，那么这些学校的校长是经历了挫折的。由于招收的学员的受教育水平的差别非常大，因此这些教育机构就不得不延长时间以保证个体的学习，使那些水平不高的学员能得到

---

① B. K. Hyams, *Teacher Preparation in Australia：a History of its Development from 1850 to 1950*, Hawthorne, ACER Press, 1979, p. 17.

② B. K. Hyams, *Teacher Preparation in Australia：a History of its Development from 1850 to 1950*, Hawthorne, ACER Press, 1979, p. 18.

进步，这些教师候选人的职业背景差别也很大，一些人在殖民地和宗主国都当过教师，而另一些则完全没有教学经验。达维特对墨尔本的情况和他所熟悉的都柏林师范学校体系的对比结果很不满意，根据都柏林的情况——在学员被选入前就有了配置好的班长、小导生和辅导教师——可以看出，都柏林的教师培训从一开始就有了完整的结构，而在墨尔本是到结束的时候才见端倪。① 同时还有一个重要的原因就是达维特夫妇同受雇的培训学校的教师和学校督导产生了摩擦，以至于1859年议会大大削减了国家教育系统，一些培训学校因此也关闭了，这时国家委员会很犹豫要不要继续聘用达维特夫妇。尽管如此，从数量上来说，之前的这些工作为殖民地提供了169名毕业生。但是随后的1857—1861年，国家教育系统内正式教师的比例从93%降到了22%②，一方面因为教师的工资待遇没有吸引力，另一方面因为国家缺乏相关培训。

实际上，这些培训学校的关闭只是短暂地打断了维多利亚的师范学校的发展。正当国家委员会筹备教师培训的机构时，宗教团体也在改变着当初对师范学校持反对意见的状态，这一政策改变的动力来自教会学校督导巴德(R. H. Budd)以及维多利亚英格兰教会的主教查尔斯·佩里(Charles Perry)博士。1856年宗教团体已经在墨尔本中心地区的英格兰教会圣詹姆斯学校举行了教师培训的典礼。随后，他们引进了狄克逊(Dixon)做由圣詹姆斯学校发展而来的一个培训学校的校长。狄克逊曾是剑桥一家男生学校很有成就的校长，这所学校也做教师培训工作，他到了殖民地就开始做师范学校的工作。在1859年这所学校发展成了圣保罗培训学院，是针对婴幼儿和男生教育的培训学校。

在狄克逊的管理下，这两所联合培训学校同国家教育系统中达维特最初建立的相关学校并没有显著的区别。在这两所联合学校里日常观课和教学实践是教师培训的主要方式。1860年开始有了寄宿的条件后，这两所学校就开始实行严格的学校日常管理和针对全体学生的行为准则，包括根据性别分开管理的严格监督工作。同国家教育体系里的早期师范学校相比，宗教仪式在这些学校中受到特别的重视。尽管这一新的教师培训机构是由英格兰教会把持的，但是它也对其他教派的入学者敞开大门，对英格兰教会的学生有额外

---

① B. K. Hyams, *Teacher Preparation in Australia*: *a History of its Development from 1850 to 1950*, Hawthorne, ACER Press, 1979, p. 19.

② B. K. Hyams, *Teacher Preparation in Australia*: *a History of its Development from 1850 to 1950*, Hawthorne, ACER Press, 1979, p. 19.

的授课。①

正当宗教团体的培训学校稍稍有别于较早的国家教育体系的培训学校时,维多利亚的教师培训在管理和支持上的规定有了大的变化。1862年,实行《普通学校法》(Common School Act)的结果——双轨制下的两个委员会被一个统一的教育委员会(Board of Education)代替。在这一过程中,培训学校成了一个私立的机构,由狄克逊为英格兰教会管理,但是其中的一些助理人员却来自公共教育当局。受教育委员会限制的学生数最多达到30人,并且学校将补助这些人的学费给校长,女学生每年交20英镑,委员会补助30英镑;男学生每年交25英镑,委员会补助35英镑。除此之外,狄克逊负责管理的费用,包括学校的租金,并且他从教育委员会总共获得200英镑补贴,他的妻子获得150英镑用于督导女学生。狄克逊教所有的课程,除了专门课程由学校的访问教师来承担,如音乐和绘画。和以前的情况一样,集体生活非常注重对学生道德的监管,狄克逊非常反对招收日间学生,他认为如果教师只是来做指导,然后就转身离开了,那么这就对学生的道德监管造成了损害。② 这是1866年委员会在对维多利亚的教育进行调查时狄克逊发表的意见。但是对学生生活的综合监管并没有得到坚持,在教育总督导巴德的压力下,教育委员会停止了对狄克逊学校的支持,1869年年底学校停止了办学。事实上,巴德不愿意支持这样一所完全依靠狄克逊个人的学校,同时对狄克逊来说殖民地唯一的一所师范学校依靠专门的宗教团体的庇护也不是一件容易的事情。双方的因素凑在一起使得在1870年建立一所新的学校成为可能,巴德直接负责,但是由狄克逊具体管理。这预示着把学生集中在一起的住宿的培训方式的采用率有所下降,教师的培训在墨尔本中心学校的课堂和教室,同时也提供分散在不同地方的男女生宿舍,并由助理教师负责监管。在随后的十年间,尽管官方政策允许学生们不和父母住在家里而是寄宿以及加强教育当局的督导作用,但这种离散的过程却持续着。

在19世纪的最后30年间,尽管教师培训的寄宿制原则在道德和社会性的培养上有明显的优点,但是它在澳大利亚的教育体系中还是无法持续下去,

---

① B. K. Hyams, *Teacher Preparation in Australia: a History of its Development from 1850 to 1950*, Hawthorne, ACER Press, 1979, p. 20.

② B. K. Hyams, *Teacher Preparation in Australia: a History of its Development from 1850 to 1950*, Hawthorne, ACER Press, 1979, p. 20.

这和英国的情况是一样的。其原因并不仅仅是政府的节俭（办成寄宿制学校是比较昂贵的），也并非是缺乏某种决断力，而是当时的殖民地政府并不把师徒制作为师范学校教育的准备阶段，而是想以此代替师范教育的方式。简单的事实就是关于在师范学校培养教师的想法，在澳大利亚殖民地政府大力支持师徒制的培训方式的影响下，寄宿制是不会被重视的。

第二节 教师教育职业指导型课程的出现

这一阶段，虽然教师教育的模式在被初步借鉴后呈现不稳定的状态，表现为在示范学校和早期师范学校两种形式间的徘徊和摇摆，但是总体上呈现出以师徒制为主的教师培训方式，因而在教师教育的课程上也有了一定的内容和形式。早期教师教育课程的核心思想表现在四方面。第一，认定教学可以通过模仿和接受指导性的训练而获得。第二，培训的实施完全在实际教学场所①和具体的指导下完成。第三，所有课程的内容都以从事教师这一职业所需要的具体可操作的指导为基础。第四，重视对学生个性品质的培养。由此，澳大利亚早期教师教育职业指导型课程得以呈现。

一、职业指导型课程的目标

这一阶段关于教师培养的目标虽然没有具体的表述，但是根据当时殖民地对教师的需求和雇用教师的情况来看，主要有两个目标。首先，要培养能够在基础教育领域任课和管理课堂的教师；其次，要培养未来教师的个性品质。

1844年有关在教师培训中要匹配具有一定水平的品性教育的观点被提出，而且持续了一个多世纪。当时悉尼市市长在和另一位要员交换相关想法时，建议在师范学校里要同时进行普通的和职业化的教育，但是这一建议最终并没有影响到他人的思考。随后的相关事件，包括斯蒂尔（Steel）和当时著名的殖民地校长W. T. 凯普（W. T. Cape）都选择了建立示范学校而不是师范学校，示范学校的理念是在普通教育已经完成的基础上提高学生教学的熟练性。事实上，斯蒂尔坚持认为好的学校里需要的不是有关如何教学的说教，而是作

---

① Tania Aspland, "Changing Patterns of Teacher Education in Australia", Education Research and Perspectives, 2006(2), pp. 140-142.

为小导生或者小助手的好的实践经验。① 他的这些看法，在后来看起来是有预见性的，这种看法使得教学的实践活动大大优于理论学习成为整个19世纪的主导。那种单纯从事专业化教育的教师培训机构的理想做法被证明是很难被理解和接受的。另外，威尔金斯的导师詹姆斯·凯-沙特尔沃思认为师范教育的一个重要特性就是强调将寄宿制的形式当作培养学生个性品质的手段。

二、职业指导型课程的结构和内容

整体上来说，尽管以师徒制为主的培训教师的模式在澳大利亚殖民地的各个地方发展并不均衡，但就培养课程的结构来说，课程基本上可分为四大类：普通教育课程、教学指导性课程、实践课程和个性培养课程。

首先，这个阶段虽然有了一定的普通教育课程、教学指导性的课程和实践课程，但是培训的重点还是小导生的个性教育，特别是有宗教背景的教师的培训，其最基础的学习课程包括大量宗教内容的学习以及对个性品质的严格要求的内容。

其次，这四类课程是融合在师徒制的整个培训过程当中的。例如，福特街培训学校（一开始这一项目是借用福特街示范学校的教室），固定的专门的课程学习包括以下内容。

阅读：听写和知道词源；

语法：分解和分析、作文的主要元素；

地理：物质的和描述的；

学校管理：组织、训练和方法；

学校用书：爱尔兰国家委员会的学校的系列知识；

算术：加法、分数与小数、减法、面积和比例；

绘画：素描和基本透视；

音乐：Tonic-so-fa 的唱法。②

同时要求学生每周在示范学校的课堂上教学实践一天。

福特街学校的这些课程也贯穿着有关教学法的课程，包括基于裴斯泰洛

---

① Select Committee on Education, "Minutes of Evidence"//B. K. Hyams, *Teacher Preparation In Australia: a History of its Development from 1850 to 1950*, Hawthorne, ACER Press, 1979, p. 10.

② B. K. Hyams, *Teacher Preparation in Australia: a History of its Development from 1850 to 1950*, Hawthorne, ACER Press, 1979, p. 10.

奇理念的算术教学、源于荷兰的阅读方法、源于法国的线条绘画教学和歌唱教学；在各科的教学中实施裴斯泰洛奇的实物教学法，以求将真实的、具体的、有意思的内容引入课堂。这些学生也可以参加传统的公立学校的考试，并且得到有关这些课程的教学艺术指导。

实践性课程对小导生制的培养几乎是通过每日的教学实践来完成的。培训学院里的课程就是在培养过程中，在附属的或者邻近的示范学校和实验学校里，为这些学生提供观摩和教学实践的机会，但是在具体的实施过程中这些时间也总是被压缩或删除。

同时，从课程内容来看，各地都经历了一定的发展变化，但是总的变化都是围绕课程结构的四个部分展开的。

在新南威尔士，学校通过把培训的时间从三个月延长到六个月以提高受训学生的课堂指导能力，同时学校也增加了数学的学习难度。此外，选拔了一些学生进入更高一级的课堂去学习英语文学、几何、代数、基础拉丁语。基于此，对培训者无论高级水平的还是低级水平的，教学大纲的要求都有了一定的提高，学习的领域也得到了扩展。因此，福特街学校还聘用了专业人员，形成了全职的培训师和助理培训师及兼职教师来承担，如法语、物理、化学、歌唱、绘画、操练课程。同时，培训时间也有所变化，到1883年，高级班的培训基本上是一年，初级班的培训基本上是六个月[①]。这时，悉尼的一个中等学校也承担起了教师培训的高级别学习课程。此时，也从另一个角度提出了教师培养过程中个人品质的培养。其时，教育行政当局意识到他们没有足够的能力监视师范学生在家庭和业余时间里表现出来的品质，因此最后采用了维多利亚的经验，就是在培训学校附近为学生们选好寄宿制的宿舍，然后对这些学生实施正式的监管。显然这一福利性的模式对女学生来说更为可行，因此很快就在赫斯通建立了一所女子寄宿学校，不过，因为培训时间有限，所以这所培养女教师的学校的教学大纲上除去了科学和高级数学课程。

维多利亚教育当局在此过程中也试图提高教师培养的课程标准，不过采用了不同的方式。他们认为现有的培训入门的标准太低了，以至于很多培训课程到最后就是帮助这些学生纠正他们的不足之处。为了改变这一状况，从1874年开始实施新的课程培训结构，入选者在进入培训学校之前要到指定的

[①] B. K. Hyams, *Teacher Preparation in Australia：a History of its Development from 1850 to 1950*, Hawthorne, ACER Press, 1979, p. 18.

普通学校里接受一年的普通教育，学习一些为了获得教师资格而开设的课程，同时在有经验的教师的指导下获得一些有关课堂的经验，第二年，通过考试之后进入培训学校学习。培训学校里的课程发生了一定的变化，1874年的课程包括英语语言和文学，英国和澳大利亚的历史，几何、代数和二次方程，自然地理和普通天文学，基础生理学和动物学，基础物理，拉丁语或法语。①1879年，培训课程包括学校管理、英语语言和文学、澳大利亚和英国历史、几何或代数、拉丁语或法语，以及从化学、基础物理、生理学、生物学中任选一门；另外，还包括音乐、绘画、辩论、体操和军事操练等科目。

在南澳大利亚，教师培养的水平不高的原因主要有两个。一个原因是小导生制或者从任何地方招收有经验的教师的成本比建立培训学校的成本要更低。另一个原因是早期阶段殖民地的精神或思维就是自觉自愿。因此，教师要鼓励自我进步、自我提升。因而，教师被认为已经拿了职位工资就不能多占有培训利益，要想进步就应该通过私下的学习来提高。尽管1851年南澳大利亚的相关教育法提及要建立一个有关于教师培训的学校机构，但是直到1874年，才在阿德莱德的格鲁特街建立了示范学校，两年后有了教师培训的内容。到1877年，理论上要求学生学习一年的培训课程，但实际上不少学生都不能坚持那么长时间，一方面因为一些人先前就有一定的教学经验，另一方面学校系统对教师的需求量不断增加。到1881年，这个培训学校的课程表基本上与新南威尔士和维多利亚的情况一样——更加注重高级数学、现代和古典语言、文学以及科学课。随后又在大学里为教师培训开设了物理和化学课程。②

此外，在这一阶段出现的非常显著的带有职业化培养特点的培训课程，就是所谓的评课课程，即强化经验获得的过程。一般情况下，由一个学生单独在同事和指导教师面前讲授一节课，然后所有的人都要给出评议。葛莱德曼甚至给出了一个评议文本，评课文本主要包括以下内容。

第一部分：教师。

①语言、语气：合乎语法、不带方言、其他；②表情：有权威、友善、

---

① J. Alex Allan, *The Old Model School: Its History and Romance 1852—1904*, Melbourne, Melbourne University Press, 1934, pp. 149-150.

② B. K. Hyams, *Teacher Preparation in Australia: a History of its Development from 1850 to 1950*, Hawthorne, ACER Press, 1979, p. 28.

其他；③指挥的能力；④集中学生注意力的能力；⑤机智；⑥有思想；⑦对教学内容的了解；⑧教师姿态；⑨对课堂的认同。

第二部分：教案。

①整洁；②书写的情况；③充实；④完整。

第三部分：授课。

①内容：有趣、有价值、适合所教的班级、得到较好的组织；②方法：适合内容、适合班级、有归纳与否；③解释；④提问：形式、有思考、有价值、有顺序、及时；⑤要点重复与否：部分地、全部地。

第四部分：板书和例证。

①提前准备的情况；②自由地使用板书；③较好地使用板书；④教学有计划；⑤例证合适。

第五部分：课堂情况。

①控制得较好；②有趣味；③有秩序；④有指导意义；⑤有教育意义；⑥语气合适。

第六部分：结果。

①有授予新知识的价值；②有发展智慧的价值；③能提高道德水平；④有持久性。

尽管葛莱德曼在《学校方法》一书中强调这一文本并不是要让人刻板地、机械地去描述，但实际上这些情况还是时有发生的，甚至将这种评课课程演变成了形式主义的过程。

三、职业指导型课程的实施

职业指导型以师徒制为核心的课程标准、课程指导、实施过程以及为小导生们设立的就业条件等，在澳大利亚都呈现出相似的特点。这些小导生日常的学习和工作基本上是满工作量和重负荷的。早晨，学校开始常规学习、工作之前的一小时指导教师教导小导生的学习和教学，然后每个小导生全天带大约15名学生上课，同时还要完成学校要求的其他管理学生的工作，傍晚一般用两三小时来完成课后作业和备课。在稍偏远些的地方，小导生要承担更多本应由指导教师承担的学校工作。小导生制第一年的学习大纲相当于小学三年级的水平。一般情况下，50名学生的班级就配备一名小导生。另外，一些学校为了方便和有效传授教学技艺，教师教育的组织工作在学校里被很好地展示，特别是依据学生的年龄进行分班。①

在新南威尔士，教育委员会订立了小导生选入考试标准和每年的学习大纲，要求他们达到最低限度的读、写、算、语法和地理水平。通过考试的水平相当于小学四年级的水平，根据这一要求，在课程准备上对小导生的培养就有了更高的要求。例如，计算分数、小数、平方、立方都要在小导生学徒期的第四年年底之前学完；语法课的标准是能够逐步解析和分析比较复杂的句子；写作的课程标准是从听写到写正式的散文；地理课程涵盖了澳大利亚以及世界其他地区的地理知识，最后列入了物理、地理知识的一些细节内容。② 课程中也安排了指导教学技巧的时间。小导生教师首先要能够给学生上阅读课，随后是地理课程，第三年和第四年再开始上其他学科的知识课程；小导生制的课堂往往是不同班级合并在一起上课的形式，因此从课堂管理能力的培养上来说，首先要求小导生展示出能够管理第一个或第二个课堂的能力，随后在学徒期第四年的时候展示出能够把第三个和第四个课堂都合并在一起管理的能力。

在维多利亚，这一模式是从1852年开始受欢迎的，这一年地区的宗教委员会聘用了11名小导生，在很短的时间内，就建立起了关于这一模式的职位任命、考试、分级和薪水等相关规则和规定。到1859年，小导生的人数增长到了65名，宗教委员会快速地开展了这种师徒制的教师培养课程。③

在南澳大利亚，直到1874年教育当局才开始正式实施这一课程培训，但是事实上从20世纪50年代中期开始个体的师徒制形式就出现了。④

1859年直接从新南威尔士派遣了管理的分支到昆士兰，吸收年轻人以师徒制的形式附属在布里斯班中心学校，到1871年，北部殖民地的小导生人数几乎是受聘于公立学校的全部教师数的30%。

在新南威尔士，虽然小导生人数占公立学校教师数的比例不如北部殖民

---

① Clifford Turney, "William Wilkins: His Life and Work," Sydney, Hale & Iremonger, 1992. pp. 196-197.

② Clifford Turney, "William Wilkins: His Life and Work," Sydney, Hale & Iremonger, 1992. pp. 196-197.

③ B. K. Hyams, *Teacher Preparation in Australia: a History of its Development from 1850 to 1950*, Hawthorne, ACER Press, 1979, p. 22-24.

④ B. K. Hyams, *State School Teachers in South Australia 1847—1950*, Hawthorne, ACER Press, 1972, pp. 63-64.

地高，但小导生制模式的实施依然是很有成效的。①

人口较少的另外两个殖民地区——塔斯马尼亚和西澳大利亚，它们的小导生制的发展是很缓慢的。塔斯马尼亚从1859年开始小范围地实行师徒制，这暂时缓解了教师短缺的情况；西澳大利亚的小导生是1853年就以非正式的形式出现了，到1862年包括有考试规则、辅导教师奖金、小导生年薪标准在内的制度正式实施，不过因为西澳大利亚无论教育体系，还是相关的部分都没有足够的发展空间，所以接受培训的小导生人数极少。②

四、职业指导型课程的评价

严格地讲，这个阶段还没有系统、完整的课程评价的规定，但是小导生或者教师候选人在示范学校里的年度考试③，包括普通课程部分和上课技能技巧部分，在一定程度上也对其接受的培训课程起到了评价反馈作用。同时，教育当局也意识到基础教育迅速扩展带来的师资水平的种种问题。当时的教育督导监督教育行政部门安排的学校课程的实施，定时为教师们提供额外的指导工作和在示范学校举办"周六教师培训"讲座④，以及常规性地为教师们提供一些教育教学建议和指导等，从而提高教师（包括小导生）的职业水平，特别是提高他们的课堂实践成效。这些监督和补偿性的教育活动都对职前培训的质量起到一定的反馈作用，对其不足之处也起到了一定的补偿作用。

第三节 早期教师教育与职业指导型课程出现的影响因素

澳大利亚早期教师教育的发展与职业指导型课程的出现可以说是对宗主国教育思想和政策的移植、借鉴的产物，而这一移植、借鉴的过程正是在当时保守主义政治心态和价值取向，以及殖民当局对殖民地教育实施政策与法

---

① B. K. Hyams, *Teacher Preparation in Australia: a History of its Development from 1850 to 1950*, Hawthorne, ACER Press, 1979, p. 23.

② B. K. Hyams, *Teacher Preparation in Australia: a History of its Development from 1850 to 1950*, Hawthorne, ACER Press, 1979, p. 23.

③ J. Alex Allan, *The Old Model School: Its History and Romance 1852—1904*, Melbourne, Melbourne University Press, 1934, p. 123.

④ J. Alex Allan, The Old Model School: *Its History and Romance 1852—1904*, Melbourne, Melbourne University Press, 1934, pp. 124-125.

案的影响下完成的。

一、保守主义影响下的早期教师教育思想

这一阶段澳大利亚的教师教育，或更宽泛的整个教育领域的开拓和发展，几乎都是对宗主国教育的移植，其深层次的政治和文化根源是殖民地统治阶层将西方保守主义的政治心态和价值取向在殖民地的延展，即延续西方社会的传统、历史和经验。这其中，保守主义发挥着不可动摇的作用。

保守主义是近代以来西方社会的主流社会思潮和政治心态之一，以维持现状、反对激烈的社会变革、恪守传统的精神为显著特性，以维持社会秩序和教育秩序为初衷，以谨慎、稳妥的革新而非激进的改革为旨趣，对社会秩序的稳定发展具有现实意义。① 这种保守主义的价值观恰恰迎合了英国的殖民心态和政治需要。因此，不只当时的澳大利亚，英国的其他殖民地的教育和教师教育政策的实施几乎也是以保守主义取向为指导的，即以借鉴和照搬宗主国的经验、继承和发扬宗主国的文化与传统为核心。同时，这一阶段对殖民地教育和教师教育产生重要影响的人物的思想和理念也具有保守主义的特质，其中澳大利亚的代表性人物是葛莱德曼。

葛莱德曼以保守主义的态度，强调了保守主义在教育领域的核心价值取向：以知识传授和心智训练为任务，坚持教师在教育过程中的权威和主导地位，注重学校教育的纪律约束，旨在促进学生的道德和精神力量的发展等，并依据在当时有影响力的裴斯泰洛奇、赫尔巴特以及福禄贝尔的理念，借鉴他们的教育理念和原则。

严格地说，这个阶段还没有系统、成熟、专门的教师教育思想，但是有关教育和学校工作的一些思考和理论还是发挥了一定的作用。其中，直接的影响来自葛莱德曼以及他的著作《学校方法》(*School Method*)，这是他1877年离开英格兰以前的著作，但是在澳大利亚却被广泛地阅读，可以说，维多利亚的教师培训学校的培训原则和这本书的内容高度相似。随后他还在1886年发表了《学校工作》(*School Work*)，这本不如前一本受欢迎，也不如前一本影响力大。他的书以及他本人在培训学校的教学，当时对教师教育产生积极意义的地方具体而言主要在于两方面。一方面，他的书和他本人介绍了赫尔巴特的教学法，包括组织、阐释、联系、重复，同时非常强调教育心理学对教

---

① 参见唐爱民：《当代西方教育思潮》，70页，济南，山东人民出版社，2010。

学的基础作用。另一方面，他的书和他本人的培训理念都非常支持建立有信誉的教育宗旨，这一点也深刻体现了保守主义思潮的观点，包括积累有实际意义的知识、巩固教师在教学过程中的中心地位和基于心理学的实际意义来完成教学过程等。葛莱德曼的努力影响了整个澳大利亚的教师培训的理念，再加上威尔金斯也认同他的做法，因此，和维多利亚一样，新南威尔士的教师培训受到了早期教育心理学的影响。①

尽管如此，但这一阶段的澳大利亚教育理论对教师培养、为教师教育提供理论上的支持力度很小。首先，澳大利亚的整体社会状态还是不成熟、缺乏经验的，还需要英国的带动和影响，而19世纪80年代早期，有关教学法的研究在英国也是不多见的。其次，从教育理论的发展背景来看，这一时期"教育不是科学"的认识还在持续。最后，还有一个非常实际的情况，即大部分做培训工作的教师自身的智能水平发展有限，他们不能够掌握支撑当时欧洲的教育学向前发展的先进的心理学和哲学理念。因此，尽管澳大利亚的这些培训机构是有进步的，但是其基本任务还是为学生们提供类似于中等教育水平的普通教育的内容，很难为学生提供充足的专门化的课程。

二、教师教育政策实施的影响

这一阶段所谓的政策，主要指殖民当局对殖民地教育的殖民政策与法案等，特别是其中涉及教师和教师教育的部分。

19世纪70年代和80年代殖民地的培训课程，随着澳大利亚公立学校各个方面的变化而有所变化。这一时期，对教师教育政策上的重要影响就是1862年的《普通学校法》，这个法案规定了教育当局不再多支付对教师进行督导的费用，指导教师要拿出三分之一的工资支付给小导生。这样，带来的直接效果就是学校就会更谨慎地雇用小导生，开始注重小导生的水平，这也就引起了相关部门对小导生制度的调整，进而，不少小导生选择进入培训机构接受进一步的培训。对于这样的情况，有一个变通的方式，就是成立了小导生的指导中心。这个想法最早是1859年在英国出现的，19世纪70年代在英

---

① B. K. Hyams, *Teacher Preparation in Australia*: *a History of its Development from 1850 to 1950*, Hawthorne, ACER Press, 1979, p. 31.

国得到发展。① 昆士兰1862年前后采用了这样的变通方法。后来的布里斯班师范学校(先前是一个示范学校)提高小导生的水平的办法就是如果小导生通过了年度考试,那么指导教师就能得到奖金。因此,这里就出现学校课后时间对小导生们的辅导,类似于小导生的指导中心,并逐步发展成了师范学校。在新南威尔士,1866年悉尼的天主教教会雇用小导生们每个周末要在一起接受课堂指导,随后教育委员会在19世纪70年代借鉴了这一形式。在阿德莱德也出现了类似的情况,并且使用了培训学校的场所。

这一情况的变化,是为了适应当时小学教育的进步状态,培训学校对小导生的普通教育水平确实有了一定的提高,培训的课程中增加了基础科学的内容,如语言学习、数学。但是,这些都还是远远不够的,就像葛莱德曼对此也有评价,他认为小导生接受的小学教育水平的普通教育的内容过多,而缺乏有关文化内容的教育。② 但是,要超越这些,在当时、在当时的殖民地是过于超前的想法。

这一阶段宗主国对殖民地政策上的影响是殖民地的基础教育引进了宗主国1862年的《教育改进法案》,实施薪金与成绩挂钩的政策,因此,随之而来的一个重要影响因素就是引进了在英国基础教育领域发展起来的督导制。督导制就是由教育当局任命并派出督导人员,对学校各方面的工作予以考评,并直接体现在对学校的财力和人力上的支持。其积极方面在于对小导生的培训有一定的外部监督和考评意义,但从另一个角度来看,这一制度对死记硬背式的机械学习有奖励和强化的作用,而且在小学也造成了不超越基础课程大纲限制的影响。那么,随后对教师教育的影响就体现在强化机械学习和机械性教学。

本章小结

澳大利亚早期的教师教育是从移植宗主国的模式和其已有的经验开始的,通过那些在宗教组织、派出殖民地政府等机构里具有多重身份,并且有影响

---

① B. K. Hyams, *Teacher Preparation in Australia: a History of its Development from 1850 to 1950*, Hawthorne, ACER Press, 1979, p. 34.

② B. K. Hyams, *Teacher Preparation in Australia: a History of its Development from 1850 to 1950*, Hawthorne, ACER Press, 1979, p. 9.

力和活动能力的教育开拓者们的努力，从一开始就体现出多方势力共同作用的特点，没有哪一方占据完全的垄断地位，并且在保守主义政治心态和社会价值观的影响下，以移植和借鉴的方式确定了以师徒制为基础的小导生制和以培训学校为代表的早期教师培训模式，这些奠定了澳大利亚百年教师教育体系的基石。其主要特点和发展趋势表现为以下三点。

第一，从19世纪早期到80年代，澳大利亚的基础教育系统有很大的发展。客观上需要为教师数量快速、低成本的增长提供条件，同时也要为当时的学校教育提供统一的教育内容，因此，理想的方式就是培训学校提供合格的教师，但这在当时是很奢侈的想法，结果就有了替代的方式，通过更加个体化的师徒制的培训方式来满足需要。尽管这是很不均匀和不充分的方式，但是一直还是有需求的。由此，以师徒制为基础的小导生制和以培训学校为代表的早期教师培养模式初步形成。

第二，以上两种模式为主的早期教师培训的课程具有普通知识课程、教学指导性课程、实践课程和个性培养的结构状态，这是职业指导型培训的基础。课程特点表现为：认定教学可以通过模仿和接受指导性的训练而获得；培训的实施完全在实际教学场所和具体指导下完成；所有课程内容都以从事教师这一职业所需要的具体可操作的指导为基础；重视对学生个性品质的培养。

第三，从澳大利亚早期教师教育的发展来看，教师培训机构在本土的第一手经验虽然发挥了重要的作用，但是这还是很不够的，特别是在对待培养对象的观念上还需要进步，需要把他们作为未来教师从业者予以一定的尊重。例如，无论小导生还是接受培训的学生仍然要接受地位不高的条件和微薄的待遇；无论寄宿制还是日间培训机构往往并不尊重学生。一般情况下，男女学生是禁止交流的，指导教师则时常拿出一副高高在上的派头，完全把接受培养的人当成小学生来对待。然而，一旦殖民地的教育系统达到了一个相对稳固的状态，对教师职前教育质量的要求就成了一个显著的问题，对待教师的观念也必然需要改良和提升，这也正是下一个阶段需要努力的方向。

第三章 教师教育的本土化发展及职业实用型课程的构成：19世纪90年代至20世纪20年代

澳大利亚的教师教育通过19世纪80年代之前对宗主国教师教育的移植和借鉴，形成了一定的课程模式，为教师教育成为国家教育体系的一部分完成了奠基工作。从19世纪90年代到20世纪20年代，职前教师教育在国家教育体系内得到巩固并开始了本土化的发展，这是澳大利亚教师教育发展的一个重要时期。整个教育领域发生了很大的变化，主要特点表现在两方面。第一，这一时期几乎40年的跨度见证了澳大利亚在学校教学上的"启蒙"和发展，那些在殖民地地位稳固的教育当局，对这一时期的新教育运动的影响采取了官方合作的态度和做法，因此使得学校教育的内容和方法产生了很大的变革。第二，国家教育体系内的教育督导工作得到了更深层次的实施。在这些教育发展的大背景之下，职前教师教育领域受到了显著的影响。到1914年，所有的州或地区[①]都有了教师学院，其中一些州或地区的师徒制培训模式明显式微或者瓦解；几乎在各地，大学开始成为教师教育的参与者；同时，至少从理论上来说，各地教育当局都要求对教师，无论中学教师还是小学教师进行通识教育或博雅教育，也要求教师获得关于教学的基本知识，这一点是专业教师教

---

① 1901年澳大利亚联邦成立后，原各殖民地成为联邦的行政州或地区，自此改称"州"(State)。

育的核心部分，表明了职前教师教育具有了从职业培养状态逐渐进入专业培养状态的趋势。至此，澳大利亚的职前教师教育开始了本土化的发展，教师教育课程表现出了从早期的职业指导型课程向职业实用型课程过渡的特点。

第一节　教师教育在国家教育体系内的巩固与本土化发展

19世纪90年代到20世纪20年代是澳大利亚教师教育发展的一个重要时期。特别是在联邦成立后，国家教育体系得到了发展，教师教育在学校教育内容和方法变革的背景下得到了巩固和本土化的发展。这一时期可划分为三个发展阶段。第一，巩固阶段，表现为小导生制的衰落和教师培训学校的兴起。第二，本土化发展的第一阶段，大学在教师教育领域的介入。第三，本土化发展的第二阶段，教师培训学院模式的产生和发展。

一、巩固阶段：小导生制的衰落及教师培训学校的兴起

教师教育在国家教育体系内的巩固是在艰难前行中得到发展的。特别是在开始的20年中，在保守而自满的殖民地教育体系里几乎找不到发展的契机，而发展的重要突破口是对师徒制培养模式缺点的批判。首先，实行小导生制学校的校长们开始抱怨雇用这些小导生越来越成为一种负担，继而，学校督导们也开始就此发出批评的声音。例如，1890年在昆士兰议会的年度教育报告中，有督导反映：只有极少数的学校为小导生提供常规化的评课（培训），使这些小导生得不到对他们未来的职责来说足够专业的培训和准备。①其次，19世纪末，一些教师组织和教师协会得到了更加稳固的地位，也因此有了更多的发言权，他们加重了对小导生作为廉价劳动力的攻击。另外，即使学校里的一些资深的管理者也意识到无论在英国还是在本土，利用这些未成年人在教育系统里工作一定会受到批判的。②

事实上，关于小导生制的最激进的批判是来自教育体系之外的那些评论家们。例如，卡顿·格拉斯比（Catton Grassby）在当时有这样的言论。

---

①　B. K. Hyams, *Teacher Preparation in Australia: a History of its Development from 1850 to 1950*, Hawthorne, ACER Press, 1979, p. 41.

②　B. K. Hyams, *Teacher Preparation in Australia: a History of its Development from 1850 to 1950*, Hawthorne, ACER Press, 1979, p. 42.

我们做过很多傻事，但最愚蠢的莫过于让那些没受过什么教育的男孩子和女孩子们去教育别的孩子们……在英国以外的地方没有什么进步的人还保留着这种愚蠢、有害的小导生制了……人类的智力是需要一定的时间成熟起来的，在得到平衡和发展之前，是不具有指示和控制能力的，就更不用说去教育其他人了。①

这些评论家们开始借鉴一些来自美国的教育经验，特别是开始注重来自美国有关培养教师教学的科学观念。因此，在一些社会整体发展速度较快的殖民地地区和一些重要人物以及学校自身力量的共同作用下，教师培训学校开始成为教师教育发展的潮流。

以当时人口数量最多的昆士兰为例，1875年，有关报告就提到了建立教师培训学校的建议，1888年公共服务委员会又提出了类似的提议，但是当时政府当局都没有予以重视，可是到了19世纪末的最后十年，建立培训学校就成了一个重要的发展方向。其中一个重要的人物是当时殖民地学校的总督学尤尔特（Ewart），他参观了南澳大利亚的教师培训学校后立即着手在昆士兰效仿这一模式，同时也得到了教师协会的支持，随后教育当局的资深官员也就此转变了观念。

在维多利亚，这一时期的教育者致力于提升墨尔本（教师）培训中心的教学质量。教育委员会首先同意教师培训机构及与其合作的伙伴学校通过建立像大学入学考试那样的标准，在培养水平上具有统一性。一开始，葛莱德曼努力的成果并不理想，直到1884年在墨尔本举行了一个公立学校督学会议，这方面的工作才有了一定的进步。这个会议强烈要求改革小导生教师第一年的考核，从而使他们在第二年进入培训中心学习的时候有更一致的水平，并且更重视数学和语言的学习以及教学水平的提高。会议后的那一年，新的规定减少了这些学生在学校里教学实践的阻力，同时也提高了培训中心的入门要求。②

新南威尔士也有所进步，但比较不一样的是政府参与到小学教育领域带来的影响，表现在公立学校里持续扩展的更高级的教学内容和1883年成立的六所公立高中。这些发展本身就有教师培训的贡献，同时也要求更高的教师

---

① B. K. Hyams, *Teacher Preparation in Australia: a History of its Development from 1850 to 1950*, Hawthorne, ACER Press, 1979, p. 42.

② Education Report, Vic. 1885, 1886//B. K. Hyams, *Teacher Preparation In Australia: a History of its Development from 1850 to 1950*, Hawthorne, ACER Press, 1979, p. 44.

培训的水准。1883年公共教育部部长指出,希望所有的小导生教师毕业后直接进入教师培训学校学习。这种对教师培训质量的追求还体现在从1888年开始把一年制的培训时间延长了一倍。①

对于那些已经建立了教师培训学校的地区,下一步就是扩大教师培训学校的办学范围,如南澳大利亚。第一步的一个重要成果就是让那些接受教师培训的学生有机会到大学里上课,可以说这种情况是两个因素在客观上联系的必然结果。首先,教师培训学校和阿德莱德大学仅仅是咫尺之遥,两个学校又几乎是同时(1876年)建立起来的,再加上培训学校的总督学约翰·安德森·哈特利(John Anderson Hartley)又是大学委员会的成员,后来当上了大学的常务校长。起初,大学借用培训学校的校舍作为教室来使用,作为回馈大学允许培训学校里的一些学生来大学听一些授课。其次,由于公立学校越来越重视基础科学的学习,加之官方对学校教师的要求倾向于"有学识、有文化",因此就使得大学的科学课堂成为一些教师培训学校的学生常规学习的一部分。②

结合这一时期的小导生制和培训学校来看,小导生制不断地受到批评,这些批评主要来自两个方面。一是师徒制培养结构的问题,二是小导生的待遇问题,这样的批评并没有涉及小导生制模式存在的根基。事实上,在公立学校的系统里,师徒制的模式仍然是供选择的培养方式之一,而没有被取代。当然,各个地区的情况也略有不同。例如,尽管维多利亚已经有了一个设在大学里的貌似光鲜的教师培训学院,但是去的学生还是少数。因为即使接受了进一步的培训,在教师等级和最终的收入上也没有变化。③ 新南威尔士从这一阶段开始,小导生都被要求进入培训学校接受培训,方能完成师徒制的培养过程。

这一阶段还有一个特别的情况,即随着殖民政府办学数量的增长,在新南威尔士和南澳大利亚的偏远地区出现了一大批"一位教师的草根学校",教育当局要求在这些学校任教的教师必须年满18岁,要有两年被有经验的教师

---

① Education Report,NSW,1883//B. K. Hyams,*Teacher Preparation In Australia: a History of its Development from 1850 to 1950*,Hawthorne,ACER Press,1979,p. 44.

② Council of Education Minutes(SA),1876//B. K. Hyams,*Teacher Preparation in Australia: a History of its Development from 1850 to 1950*,Hawthorne,ACER Press,1979,p. 43.

③ Education Report,Vic.,1892,1893//B. K. Hyams,*Teacher Preparation in Australia: a History of its Development from 1850 to 1950*,Hawthorne,ACER Press,1979,p. 47.

指导的过程，在此期间自己要在这样的学校负责教学。这类教师的培养工作就是采用师徒制和培训学校相结合的方式完成的。所谓师徒制的部分就是由教育当局派出学校的督学（往往一个督学负责一个区域的所有学校）承担指导工作，同时要求这些教师进入教师培训学院或者任何可以提供教师培训的公立学校去接受至少一个月的职前培训。[①] 这种结合的模式在当时受到了教育当局的欢迎，主要是因为招收和培养教师的成本低、好控制和好管理、能够吸引生活在这些学校附近的年轻人。

综上可见，总体上，这一阶段澳大利亚的教师教育是小导生制的衰落和教师培训学校兴起的过程。在这一过程中，澳大利亚的教师教育基本上已脱离了上一个阶段完全移植和模仿宗主国的阶段，虽然继续使用着移植来的小导生制，但是它已经开始了本土化的发展，也就是在此基础上找寻更适合本土需要的发展契机和新的模式，这就为教师教育的本土化发展打下了基础。

二、本土化发展阶段一：大学在教师教育领域的介入

(一)大学介入教师教育领域的酝酿阶段

在较早的阶段，在新南威尔士和维多利亚，当讨论到如何提高教师培养标准时都提及了通过大学来影响学生的想法。在维多利亚，在皮尔逊（Pearson）的努力下，在墨尔本大学的旁边建立了一个寄宿的培训学校，使接受培训的教师有机会接触来自大学的真正的博雅教育，而不仅仅是在培训学校接受那些比较狭窄的、受限制的培训学校的课程。随后，皮尔逊还试图在大学里为教师培训学校找到立足之地，但是这一举动遭到了大学保守派的长期抵制。[②]和维多利亚相反，在新南威尔士，反而是大学内部产生了新的推动力，1887年，悉尼大学的教授向当局的公共教育部门提议，悉尼大学应该为教师培训学校提供非职业教育的培训，也就是博雅教育。为此，他们还展开了关于为职业性的教师教育提供更广泛的博雅教育的意义之讨论，这一点就为日后澳大利亚的教师教育像欧美等国家一样向着专业化方向发展打下了基础。

---

① Education Report，SAPP，1888//B. K. Hyams，*Teacher Preparation in Australia：a History of its Development from 1850 to 1950*，Hawthorne，ACER Press，1979，p. 48.

② Royal Commission of Enquiry，Vic. 1877//B. K. Hyams，*Teacher Preparation in Australia：a History of its Development from 1850 to 1950*，Hawthorne，ACER Press，1979，p. 45.

来自保守派或反对派的意见认为，教师在入职前只需要接受将来所教授科目的学习和培训就可以了。实际上，这是非常典型的早期职业指导定向性的培训理念。悉尼的学校总督学梅纳德（Maynard）关于教师培训学校的教育有过一段概括。

培训学校实际上就是一所技术学校，其目标就是为孩子们提供高质量的教师，必须要有他们在学校里从事教学的科目，而在培训学校里有没有教学不需要的科目则是无关紧要的。[1]

同时，他还特别强调了殖民地基础教育的掌控权，这一点深刻影响了澳大利亚基础教育中的中央集权部分。

尽管墨尔本大学的保守主义和悉尼大学的保守派并没有站在发展潮流的一边，但是经过一番争取，在公共教育部部长皮尔逊的努力下以及在相关法案的基础上（法案提议了在大学建立有关教师研究的可能性），1887年，相关法案终于有了在大学里发展教师教育的可能性。在随后的几年里，首先，在墨尔本大学校园建立一个培养教师的学院，皮尔逊的理想就是在大学里设立一个专业，使培养出来的学生因为受到大学教育的影响而提高教学的水平。悉尼的教育当局也是在排除了消极影响后，于1890年由教育部部长宣布在大学里成立一个教师培训学院。事实上，这时的教师培训学校已经开始尝试把课程时间延长到两年甚至三年，以期能够和大学接轨，使学生有可能获得大学的学位。进一步的发展就是福特街学校也在1889年调整了培训的课程结构，以使学生能够达到大学入学考试的要求，到1894年，福特街学校的学生们，无论有没有通过大学的入学考试都要进入大学学习，每天下午回到培训学校进行职业训练，包括课堂管理的原则和方法等。在郝斯通女子（培训）学校，一部分学生进入大学学习，剩下的学生就在培训学校里学习以应对教师等级考试。[2]

（二）大学介入教师教育领域的进一步讨论和初步实施

到19世纪末，整个澳大利亚殖民地尚有西澳大利亚、昆士兰和塔斯马尼

---

[1] B. K. Hyams, *Teacher Preparation in Australia: a History of its Development from 1850 to 1950*, Hawthorne, ACER Press, 1979, p. 45.

[2] Education Report, NSW LA V&P//B. K. Hyams, *Teacher Preparation in Australia: a History of its Development from 1850 to 1950*, Hawthorne, ACER Press, 1979, pp. 48-52.

亚还没有建立起一个完整、独立的教师培训的机构，这些地区基本上还停留在示范学校的水平上。那些建立了培训学校和培训学院的地区，在实施上还有很大的进步空间。例如，在维多利亚，即使有像葛莱德曼这样积极和进取的教育家，也仍然没有达到皮尔逊关于教师教育发展理念的要求，即对未来教师的培养要有博雅教育的内容，要通过大学完成对教师提供博雅教育的部分。① 墨尔本的教师培训机构尽管在大学校园里占据了地盘，但是学生仍然不能进入大学学习的系统里去。阿德莱德的情况也类似，尽管学生进入了南澳大利亚大学的课堂里，但是大部分学生都达不到那么高的学习水平。整体上来看，这一阶段殖民地培养的教师，包括教师培训学院里的学生，他们的知识和理智发展的水平都不高，这就是最多一年"填鸭式"地死记硬背的培养效果。新南威尔士是这一阶段唯一一个把教师的培养直接跟大学相联系的地区，但其同样有新的问题。虽然1890年在大学里建立教师学院的理想在随后的几年里实现了，但是这样一来学生们就很抗拒再到福特街学校去接受培训了，同时教育当局也担心因为接受了大学的教育，这些学生就不太容易被管理和训导了。尽管有着种种现实的阻力，但是无论在公共教育领域里，还是个体教育者的言论和思考都使关于大学介入教师教育领域发展的讨论受到了关注。这一讨论首先在当时的人口较多的维多利亚和新南威尔士发起，其讨论和初步实施主要集中在以下方面。

1. 借助或直接通过大学的教育资源扩展通才教育的内容

这方面的讨论的代表人物是约翰·史密斯（John Smyth）。例如，他在维多利亚任教师培训学院院长时，由于他本人深受英国哲学和德国教育学的影响，特别是来自冯特（Wundt）心理学的影响。对于如何培养合格的教师，他提出合格的教师应该是有着高水平知识和能力的人，应该通过大学里的课程，包括教育、英语文学、自然科学或者自然哲学、逻辑学或者拉丁语等来达到这一要求的观点。②

应该说，所有有关将教师教育的层次推向高等教育的理论和言论，在当时的情况下主要还是基于中等教育已得到发展的这一前提。事实上，值得一

---

① L. J. Blake. *Vision and Realisation: A Centenary History of State Education in Victoria*, Melbourne, Education Dept. of Victoria, 1973, p. 837.

② Education Report 1903—1904, Vic. 1905//B. K. Hyams, *Teacher Preparation in Australia: a History of its Development from 1850 to 1950*, Hawthorne, ACER Press, 1979, pp. 48-52.

提的是澳大利亚教师教育发展的同时也直接促进了澳大利亚中等教育的发展。澳大利亚公立中等教育自19世纪80年代开始,经历了一个重要的发展阶段,在这个过程中,特别是在19世纪末到20世纪初的这段时间,在小导生制培养模式的基础上,为了加强对小导生的培养,不少地区的公立学校在初等教育阶段后专门为小导生延续了两年的教育,使他们成为更成熟的教师,这部分就发展成了当时的小学后阶段教育,并逐渐发展、过渡成普通的中等教育阶段。例如,维多利亚的墨尔本高级培训学校发展成了墨尔本高中,南澳大利亚的阿德莱德高中是从小导生培训机构发展而来的,1911年建立的珀斯现代中学也是这样发展而来的。

2. 教育作为一门科学或一门学术专业在大学里获得一席之地的呼声得到了一定的反应

与此相关的一个代表人物是弗朗西斯·安德森(Francis Anderson),他努力使悉尼大学的校议会接受把教育学作为大学里一门常规课程首先在文学院里教授,随后还努力使大学同意在晚间时分为学生提供科学和历史的讲座。在新南威尔士和维多利亚,这一呼声甚至还引发了公众的讨论。墨尔本著名的新闻报刊《时代》1902年时就曾断言,当时的培训学院终将发展成为大学的学院,学院里的这些理论也很有可能成为大学教育学科的讲授内容。① 同时也有人倡议,如果教育学的教授能够担任教师培训学院的领导,那么这对教师的培养和教育的发展必将大有裨益。

(三)大学介入教师教育领域的实际进程

以上这些讨论和发展都为教师教育提升到大学领域做出了贡献,很快,各州在这一方面就有了具体的行动。在维多利亚,1903年墨尔本大学就开设了教育研究课程,也在教师学院开设了提供教育文凭的科目,包括两年的大学文科和科学科的学习以及两年的教育理论和实践学习。这个项目得到了政府的财政支持,因此招收的学生数量不断增加,到1911年招收了170人。② 在新南威尔士,1910年公共教育部部长宣布任命一名大学教育学教授为悉尼

---

① B. K. Hyams, *Teacher Preparation in Australia: a History of its Development from 1850 to 1950*, Hawthorne, ACER Press, 1979, p. 59.

② B. K. Hyams, *Teacher Preparation in Australia: a History of its Development from 1850 to 1950*, Hawthorne, ACER Press, 1979, p. 60.

教师学院的院长，并由教育部和大学共同承担其任职费用。1913年，在昆士兰的大学里有一个讲师。尽管这时大学里设教授教育学的情况还不普遍，但是所有州的大学都有了教育研究的内容，并且大多设在大学的教师学院里。

大学介入教师教育也是一个有限的逐渐发展的过程，早期阶段，这些教育研究部门还没有完全从所属的文学院的影响中独立出来，其仍然是以研究技艺型的教育内容为主。受心理学发展的影响，新教育理念推动了澳大利亚教育研究部门在大学里的独立。以维多利亚为例，1921年在梅斯的努力下，教育系在墨尔本大学成立，新成立的教育系的主要发展目标包括开展教育学位的工作、独立地同那些被命名为教学实践学校的中小学合作开展教育研究和教师教育工作。1923年，教育系开始成为独立于文学院的教育学院。随后，大学介入，教师教育得到了深化，主要表现在以下三方面。第一，大学成立有关教育研究的部门，设立研究教育的教职和教授职位，这在新南威尔士、维多利亚和昆士兰都得到了发展。第二，大学或与教师学院合作或独立提供教师培训的项目，其中相当一部分项目颁发证书或文凭，这成为随后文凭教育形式的雏形。第三，大学里的教员作为教师教育者提升了教师教育的学术性。

自此，澳大利亚的大学开始逐步承担起教师教育的工作，开始为教师教育提供大学水平的通识教育，有关的教育理论也开始逐步得到来自学术领域的认可。

三、本土化发展阶段二：教师学院培养模式的产生与发展

(一)教师学院培养模式产生的背景

自1914年开始的15年间，澳大利亚的职前教师教育有了一些新的特点。首先，这主要体现在教师培养的数量上。第一次世界大战后，澳大利亚的人口数量得到了增长，国家经济也有了一定的发展，因此学校和学生的数量都有所增长，教师培养数量的增加就是对国家教育体系完善的一种直接反应。其次，从培养质量上来说，这个阶段的进步主要因为大学参与教师教育，随后就更加表现在教师学院和大学间越来越密切的联系上了。最后，从教师教育机构的整体发展和影响来看，教师学院成为国家教育体系中教师教育机构的主要构成和力量，同时，继承下来的师徒制的培养方法和内容也逐渐转变为教师学院中这一培养模式的附属部分。虽然这一新的模式在这一阶段得到

了发展，但还不完全是独立的，它的功能还是仅仅被定位于为国家教育体系里的学校教学提供服务的一个手段而已，还并没有把教师教育作为对教师进行专业化的培训的专业来看待，这一点也决定了教师学院这一培养模式的功能和质量。

第一次世界大战期间，虽然部分教师和学院的学生应征入伍，但是数量并不多。因此这对澳大利亚教师教育的影响并不大，到1916年，墨尔本教师学院和悉尼教师学院总共有不到160名学生或毕业生参军。① 但是战时，一些教师教育的培训机构还是做出了一定的调整。西澳大利亚就开展了为期六个月的乡村地区的教师培训项目，这样就能一年进行两次，从而应对战时男学生招收数量少的情况。新南威尔士的短期培训的项目将招收学生的年龄从18岁降到了16岁。另外，这一时期女学生的招收人数有所增加，到1916年，墨尔本的男师范生只占31%，悉尼也只占25%而已。② 第一次世界大战后的一段时间，可以说教师教育到了加速发展期，主要原因是政府在政策上倾向于给那些战后回到地方的年轻人提供接受再教育和就业的机会。当时最普遍的做法就是开设短期的课程，一般是一年，招收那些退伍的年轻人，也包括之前由于战事而中断了在教师学院接受培训的学生。同时，第一次世界大战后的澳大利亚迎来了一个人口大发展的时期，由于一方面人口的自然增长，另一方面大批战后欧洲移民来到这片土地上，因此，国家教育体系也迎来了一个发展期，教师教育机构为这个国家教育体系的发展做出了贡献。

这一时期，各地教师学院虽然都有了一定的发展，与大学建立了地理上、管理上、培训课程合作上的种种联系，但是仍处于发展的初期阶段，最明显的表现就是大部分教师学院都还没有属于自己的固定的教学场所，主要是临时占用或租用学校或大学的场所及教学设备，这些教师学院往往因这些学校的迁移和变动而受到很大的影响，因而学生的数量自然也会受到影响。

---

① Education Report 1915—1916, VIC. LAV&P, 1917//B. K. Hyams, *Teacher Preparation in Australia: a History of its Development from 1850 to 1950*, Hawthorne, ACER Press, 1979, p. 62.

② Education Report 1915—1916, VIC. LAV&P, 1917//B. K. Hyams, *Teacher Preparation in Australia: a History of its Development from 1850 to 1950*, Hawthorne, ACER Press, 1979, p. 62.

(二)教师学院培养模式的发展

这个阶段,澳大利亚的教师教育,政府政策带来的发展还有一个重要的表现,就是教师学院的培养模式开始从城市向乡村地区发展。这一阶段,教育当局开始隐约地认识到,在追求教师培训数量增长的同时,越来越庞大的培训机构也表现出了不灵活的特征,这并非是最好的发展方向,于是教育当局开始在政策上考虑在乡村发展类似的教师教育。首先是这样的强烈提议在新南威尔士的议会级会议上被提出,认为应在乡村地区为那里的学生提供无论离他们住的地方还是他们将要服务的地方来说空间距离更近的培训机构。随后维多利亚首当其冲地于1926年在巴拉瑞特(Ballarat)地区和本迪戈(Bendigo)地区各建立了一所教师学院;新南威尔士州于1928年在阿米代尔(Armidale)建立了类似的学院。这些乡村教师学院不仅在交通上更方便了学生,而且教学内容也更适合乡村地区的需要,这也正是这类学院的一个重要追求。

当时,在澳大利亚的乡村地区中,大部分学校都是小型乡村学校,其特点就是学生数一般不超过二十人,配备一名教师,教师负责学生的所有课程。战后的阶段,对乡村学校教师的培训越来越引起政府教育部门的重视,同时,教育部门也开始关注其他国家对乡村教师进行培训的种种经验,其中来自美国的经验受到了重视。同时也在乡村地区建设了一些示范学校,供教师学院的学生观摩和教学实习。

从这一阶段对乡村教师学习的课程来看,一开始是以几个月的短期培训课程的形式出现的,培训效果很不理想。尽管国家教育体系也试图通过一定的考试来保证质量,但是都未能有效地执行。政府随后的做法就是将这些短期的培训课程逐渐延长到一年,通过经济补贴的形式,鼓励和支持乡村学校与教师学院合作,使更多乡村地区的学校教师接受来自教师学院的培养。这一做法不仅提高了乡村教师培养的质量,而且对具体的学生来说,也使他们在教师学院经历了一个职业社会化的过程。那些来自几乎荒无人烟的乡村地区的学生经过学院的学习后无论言谈举止,还是眼界以及对教师职业的认同都有了新面貌。同时,随着发展,也是为了适应乡村地区学校的发展状况,一名教师型的乡村学校,即一名教师负责多个年龄段学生的所有课程所需的教学内容和技能,逐渐成为所有教师的必修课程。这也是当时澳大利亚职前教师教育课程内容上的一个重要变化。

教师学院的培养模式,不仅对接受一年短期课程的乡村教师有不同凡响的影响,而且对学习学院完整课程的学生来说更有着不同于以往培养模式的贡献。其核心价值就是培养学生的合作和刻苦精神,这一点是悉尼、布里斯班、阿德莱德等教师学院的共同点,主要表现在以下几个方面。第一,重视让学生体验全面、完整的学院生活——这些寄宿制的学院能够为学生提供集体生活的经验,重视让学生参与除了日常教学以外的各种活动和生活。第二,重视让学生开展自己的社团和文化活动,即在学院里学生自己组织学生会、办学生杂志等,校方会对这些活动做出指导和监督。第三,特别重视对学生体育精神的培养,学校鼓励学生参与各项体育活动,尤其是以联校的形式开展的体育竞赛。第四,重视培养学生在理性和文化方面的兴趣和发展,学院支持学生在有关辩论、美术、音乐等方面的表现,也会从外面邀请专家来做讲座。第五,重视对学生道德的培养,这方面主要采用常规化的形式,如学院大会、祈祷、宗教活动等。第六,重视通过教员会议使教师认同学院的核心价值,并最终落实在对学生的培养上。

总结这一阶段教师学院的基本特点和功能,研究者主要指出两个方面。一方面它发展了教学技能,正是这一点强调了教学技艺,从而使教师教育课程具有实用性的特点。另一方面仍然坚持把教学视为职业,教师教育就是通过扩展教学技能和个体的才能为准教师的入职做好准备,这一点使教师教育的课程仍然保持着职业化的价值取向。①

第二节 职业实用型课程的构成

如上文所述,这一阶段是澳大利亚职前教师教育发展的重要时期,是其教师教育寻求本土化发展的阶段,特别是在联邦成立前后,教师教育在国家教育体系内得到了巩固与发展,这就对提高教师的质量有了更高和更专业化的要求。因此,教师教育课程的变革成了必然。在欧美的新教育运动、进步主义思潮和国家工业发展的影响下,澳大利亚对教师培养中的技术、技能部分有了高度重视。同样是受到新教育运动理念和心理学发展的影响,在以学生和实践为中心的教学指导下,澳大利亚要求教师对心理学、教育学的知识和技能有更深刻的了解和掌握,并能够实用到课堂教学当中。因此,

---

① Tania Aspland, "Changing Patterns of Teacher Education in Australia", Education Research and Perspectives, 2006(2), pp. 142-145.

在课程发展上表现为增加了更多博雅教育的内容，增加了心理学、教育学和教育史学的内容。至此，教师教育课程的发展体现了以实用导向为特点的职业实用型课程的构成。

一、职业实用型课程的目标

可以将这一阶段的职前教师教育职业技术型的课程目标理解为，大学的参与使教师的培养更加富有知识和理智；学习心理学、教育学、教育史学等具有初步专业化特性的课程使教师能够依据心理学的研究和方法重视课堂管理的知识与经验，将心理学与课堂活动联系在一起；通过手工技术能力的培养使教师具有动手和手工劳作的能力。

二、职业实用型课程的结构和内容

(一)课程结构

整体上来说，这一阶段教师教育的课程已形成了由通识知识课程、学科知识课程、教学知识课程和实践性教学四大部分组成的结构雏形。其中，教学知识课程主要通过早期社会心理学的知识来影响教师的课堂管理和教学效果。这种课程结构的雏形使澳大利亚的职前教师教育步入教师专业化的进程。

以墨尔本教师学院的课程内容为例①，课程内容可以初步归纳为以下结构，如表3-1所示。

表 3-1　墨尔本教师学院的课程②

课程类型	课程名称
通识知识	历史，地理，自然研究，音乐，绘画，语言修养
学科知识	英语，乡村学校组织，实用艺术，手工劳作和体能训练，卫生学
教学知识	心理学，教育史，教育学原理
实践性教学	评课活动

---

①　Don Garden, *The Melbourne Teacher Training Colleges from Training Institution to Melbourne State College 1870－1982*, Richmond, Heinemann Educational Australia, 1982, pp. 118-125.

②　这一结构为本书作者的划分方式，作者认为在这一例证中，一部分通识知识也是学科知识的内容，如历史、地理等。

(二)课程内容

课程内容有两个特点。第一,和教育联系在一起的心理学的内容成为各个教师学院教学大纲里比较普遍的一部分内容,这一点说明了新教育理念对教师教育的影响。第二,增加或在原有的基础上强化了两部分,一部分是包括卫生学、绘画、歌唱、针线劳作和自然研究在内的技能型课程;另一部分是包括课堂管理、具体科目的教学方法等的教育理论型课程。具体的课程内容反映了以上两个特点。课程内容发生变化的原因可归结为以下几点。

首先,受到了儿童中心主义和新教育的影响,各地都认识到教师要掌握一定的教育心理学知识,以满足孩子的需要和提高教育质量。因此各地开始重视课堂内教学经验的积累和总结。典型的表现就是维多利亚州和新南威尔士州开始重视教育心理学的研究以及在教师培养过程中增加心理学的内容。1923年,墨尔本大学的教育学院和教师学院联合成立了一个心理学实验室,其早期工作的重点在于评估不同生理状况下的个体差异,包括识别力的敏感度、记忆力、知觉、注意力和推理能力等,这成为澳大利亚在教育研究以及教师教育领域,有关精神测量和人的培养标准的研究与发展的新的里程碑;悉尼同样采用了早期心理学的研究方法来评估学生个体的学习能力,从而为教师的课堂教学提出建议。可以说早期心理学的智力测验在教育领域开始盛行。[1] 由此进一步引发了对新教学法的研究和讨论,并把这些内容拓展到了教师培训和教师教育的内容中,这被誉为"教育的新科学方式"。整个阶段无论在悉尼、墨尔本、阿德莱德还是珀斯,在教师教育的课程里,特别是学院和大学的课程都增加了有关心理学和相关测量方法的内容。教师教育的课程也从中找寻着教师培养内容上的逻辑联系,即首先让学生了解有关智力的特点、测量方法和在学校与课堂组织管理上的应用,直到高年级阶段学生有了在学校实践的经验时再进一步实践更复杂的体验智力测量的方法。

其次,这一阶段教师教育课程内容的重大发展就是教育史和教育基本原理的讲授受到了重视。教育史的讲授内容在时间跨度上包括了从古代到欧洲文艺复兴时期,以及现代阶段,其中当然以英国教育史为主,教学的参考书

---

[1] Mandelson & Leslie Allan, "State Primary Schooling in New South Wales 1880—1930: A Study of Curriculum Development and of the 'New Education'," PhD diss., University of Sydney, 1969.

就是孟禄的《通史》(General History)和奎克的《教育改革家》(Educational Reformers)。教育学基本原理的讲授是以教育哲学为基础开设的，对教育的意义、目的和范畴进行解读，通常会加入道德、伦理和政治内容，特别强调学校在民主社会中发挥的作用。那么，这一阶段教育学基本原理的讲授主要受到了凯兴斯泰纳的《公民教育要义》(Education for Citizenship)、霍恩(Horne)的《教育哲学》(The Philosophy of Education)的影响。同时，相当一部分课程还涉及教育的组织和管理，包括学校的体系和类型，如国家公共教育体系内关于学校等的内容。

这一阶段，大学的教育研究也开始进入更专业化的领域，通常分为理论（包括哲学和心理学）、历史、教育原理和方法三大部分。研究要求学生关注教育的目的和特性、关注学校课程实施的各项理论，以及现代社会的学校与教师。在大学的教学大纲里，历史课的内容通常都是从古代开始的，最终结束于由当下澳大利亚国家发展的角度得出的结论。

同时，这一阶段的教师教育在课程上更多地体现了技术型导向的特点，主要原因表现在两个方面。第一，由于这一阶段（特别是第一次世界大战后）澳大利亚的工业得到了注入性的发展，因此，一些职业学校和初级技术学校开始出现，尽管这些学校当时还不足以影响教师学院的招生，但是维多利亚和新南威尔士的教师学院为学生开设了一定技术培训的课程。第二，新教育理念非常强调对孩子的动手能力和手工劳作能力的培养，受新教育理念的影响，学校里有大量的手工劳作课程，自然在教师的培养上就需要强调手工技术能力的培养。以上原因使教师教育的课程也比较重视技术课程的教师培养。例如，维多利亚为教授手工艺术课和家政艺术课的教师提供了为期三年的培训课程，南澳大利亚为教师教育提供了两年的家政艺术课程和一年的木工课程。除了这些专门课程外，一些教师学院在常规的教师教育课程中加入了技术或者职业培训的内容。例如，昆士兰的一些男学生每周在布里斯班的技术学院接受一天的木工课程的学习。

从各州教师教育课程的内容和结构来看，南澳大利亚在新教育运动的影响下，较早地表现出追求更加知性的教师教育的现象，在教师教育的课程上也就表现出了更多的通才教育的内容和形式。最早一批在布里斯班教师培训学院接受培训的学生的基本课程的学习是在大学里完成的。接受培训的学生如果预备当小学教师，那么就要学习两年的课程；如果去中学教学，那么就要学习三至四年的课程。学院里的课程包括绘画、音乐和针线活，还有学校方法课。如果大学不开设英语和教育这两个方面的课程,那么培训学院就会把这两个方面的内容合并在一门课里教授。进而,大学基本上是利用大学的长假期进行授课的。其他地区的情况也基本类似,1913年,西澳大利亚有相当一部分的教师培训学院的学生有机会到大学里学习一些可以选择的课程,甚至有些学生还得到了在大学深造的机会。塔斯马尼亚的教育当局把比较优秀的学生送到大学里学习,尤其主要学习第一年的人文艺术课程,这一点也体现了新教育和进步主义的影响。在维多利亚,教师培训学院会把在第一年表现好的学生在第二年的时候送大学里去学习。新南威尔士福特街学校的教学大纲规定第一年把学生送到大学里学习人文艺术课程。1905年,悉尼大学附近的一家公立学校彻底接手了福特街学校和赫尔斯通学校的师范学生,结束了这两所教师培训学校以师徒制模式为主要培训模式的工作。

三、职业实用型课程的实施

这一阶段课程实施的特点表现为以下两点。第一,实践性教学课程得到增加,时间安排上有了一定的变化。这一阶段的教师教育并没有因为教师学院的成立、小导生制的逐渐式微削弱了对这些师范学生的教学实践能力的培养,那些附属在教师培训学校和教师学院的供学生见习和实习的学校反而有所增加。实践性教学课程以前主要安排在一个集中的、持续的时间段里学习,现在是分散安排在每个学期。实践性教学课程主要有三个特点。示范课是一个重要的部分;从传统继承下来的评课活动仍然得到了保留;学院里的教师们时常参与到这些实践课程当中的。第二,从课程实施使用的参考资料来看,这一阶段,除了葛莱德曼发表的作品是主要的参考资料外,还有一些针对课堂教学技巧的其他资源。[1]

四、职业实用型课程的评价

这个阶段仍然没有形成系统完整的课程评价的规定或者评价实践,但是值得注意的是在实践性教学课程实施的过程中,理论上讲,师生可以通过实践课程对其他课程的效果进行检验,从而对其所接受的教师教育课程起到了一定的反馈和调整作用。

---

[1] B. K. Hyams, *Teacher Preparation in Australia: a History of its Development from 1850 to 1950*, Hawthorne, ACER Press, 1979, pp. 70-89.

第三节 职业实用型课程构成的影响因素

这一阶段，影响澳大利亚教师教育的发展和职业实用型课程构成的因素主要有两个方面。一是教师的培养受到了在新教育运动和进步主义影响下的教学法和教师教育思想转变的影响；二是受到了在实用主义哲学影响下的教师教育政策变化的影响。

一、新教育运动和进步主义影响下的教师教育思想

(一)新教育运动和进步主义思潮在教育领域的活跃

19世纪末20世纪初，在欧洲和美国，新教育运动正在如火如荼地开展。这一运动的实质就是19世纪末至20世纪初在欧洲出现的资产阶级教育改革运动。19世纪末，资本主义进入垄断时期，新的经济与政治状况需要有首创精神和有能力开拓资本主义事业的人才，那种只重书本知识、骄奢怠惰的贵族式学校教育已不能满足这一要求，必须进行改革。新教育运动的一个明显标志是建立与旧式的传统学校在教育目的、内容、方法上完全不同的新学校，因此也被称为新学校运动。欧美新教育家们借助这些新学校实践教育理想，1889年，雷迪(Reddy)在英国创办了欧洲第一所新学校，即艾伯茨霍姆学校。这一运动的内容主要在于重新认识教育过程，包括重新认识裴斯泰洛奇的理论，重视福禄贝尔的自然主义，重新利用赫尔巴特的理论，同时也吸取了一些新内容，包括实用主义。例如，要求教育的过程能够超越教室的限制而更加接近生活和实践。新教育运动的领导者们谴责当时的教育不能满足生活的需要，只为过去造人而不为现代造人。雷迪规定了新学校的原则，即把学生培养成个性、能力、智慧、体力以及手工技巧等都充分发展，能够自主独立的人；反对死学书本，要求教育与生活相联系，理论与实际相结合。法国E. 德莫林赞同雷迪的教育思想并支持他的活动，于1898年在法国建立了罗什学校，并出版了《新教育》一书，提出新学校必须重视实际知识与实际能力的训练，学生应在自由活动中得到发展。同年，德国教育家H. 利茨开办了同类学校，称为乡村寄宿学校。以后，比利时、意大利以及美国等都相继建立了各种形式的新学校。例如，意大利教育家蒙台梭利在对智力发展不正常儿童的心理与教育研究的基础上，于1907年在罗马开办了对常态儿童进行自由教育

的儿童之家；比利时教育家欧·德克罗利于 1907 年在布鲁塞尔开办生活学校。这些新学校的实践，很快在欧洲各国以及美国得到热烈的反响，从而形成广泛的新教育运动。

新教育思想传入美国后，立即与刚刚开始的美国进步教育运动一起形成声势更大的现代教育运动，并从美国的实用主义教育理论获得理论上的论证，构成了进步主义思潮，其根本就是农业社会向工业社会的转变、自由资本主义向垄断资本主义的过渡、殖民文化向独立的本土文化转化三个方面。[①] 进步主义教育思潮使与民众利益息息相关的有关职业教育和技术教育获得大规模的发展，用比较温和的教育改良的方法实现社会的改良，旨在通过学校教育改善社会生活和个人生活。因此，进步主义思潮强调教育的多样性和实用性，课程的内容应建立在心理学和社会科学研究的基础之上，使教学适合不同类型和阶层的儿童。随后，在美国相继产生的加里学校体系、温内特卡制、道尔顿制以及设计教学法等教学制度与方法，基本上都属于新教育和进步主义思潮的影响范畴。

(二)教学法的转变和教师教育思想的影响

随着新教育运动和进步主义思潮在欧美的持续发展并产生影响，它们自然也就登陆了一贯以来以英、美为主要学习和效仿对象的澳大利亚。这一影响首先表现在学校教育教学法的转变上，因为教学法的转变进而影响到对教师的要求和培养；同时，在进步主义思潮影响下的实用主义则直接对澳大利亚的教师教育课程的内容和结构产生了影响。

首先来看这一阶段教学法的发展。澳大利亚仍然秉承一贯以来折中吸收和模仿英国的经验的原则，结果就是新教育运动的基本内涵被领会了，但是在本土的实施过程中用研究者许亚姆斯的话来说就是被"稀释"了。[②] 尽管如此，这种带有折中主义的吸收和借鉴仍然给澳大利亚的学校教育带来了课程上的变化，也对这一阶段在欧洲和美国已经产生影响的儿童中心主义和活动性教学展开了一定的宣扬。新教育运动带来了教学法上所谓的开明的教学，自然也就对教师教育在教学方法培训上提出了新要求。在当时来说，对来自

---

① 参见唐爱民：《当代西方教育思潮》，147 页，济南，山东人民出版社，2010。

② B. K. Hyams, *Teacher Preparation in Australia: a History of its Development from 1850 to 1950*, Hawthorne, ACER Press, 1979, p. 52.

欧洲的教学方法进行解读，并且加入来自美国的经验，对培养未来的教师来说无论理论上还是实践上都是更好的做法；同时也出现了问题：这些接受培训的年轻人，以他们受教育的背景来看，是否有足够的基础来接受这些新的教学法。进一步说，如果这些教育革新旨在提高公立学校学生的学习水平，那么就需要同时提高公立学校教师教育的水平，也就是说有必要提高这些教师的知识智力和教学专业能力两方面的水平，澳大利亚这一时期需要向欧洲和美国看齐。那么，这一时期其他国家教师教育水平也发生了变化。德国已经开展了一个世纪的教师教育，对教育教学有着大学层次的研究；美国已经有100多家公共经费资助的教师培训机构，众多知名大学包括哥伦比亚大学、哈佛大学、芝加哥大学和斯坦福大学等都设立了教职或者研究室以开展教育研究；英国同样出现了大学日间师资培训学院向大学教师培训部转移发展的趋势，因而不仅基础教育教师的培养进入了大学的领域，而且教育的研究活动也更加学术化。所有这些海外教师教育的发展，特别是英国的发展都促进了澳大利亚政策的发展。

起初，那些教师培训中心，哪怕仍然是以师徒制培养模式为主的机构都希望能够将其名称升格成"学院"(College)。在西澳大利亚，完全学习过教师培训学校的课程的教师所占比例很小。西澳大利亚欲在学校里实施由当时的总督学西里尔·杰克逊(Cyril Jackson)从英国引进的受到新教育运动影响的教育理念，最终在1902年建立一个寄宿制的教师培训学院。在塔斯马尼亚，教师教育的质量一直不高，直到1905年政府的教育报告[①]显示，在公立学校系统里的600位教师中，只有不到150人的水平是合格的，终于，1906年在霍巴特大学里建立了教师培训学院，1911年成立了菲利普·史密斯培训学院。因为保守力量的强硬和政府预算的节俭，所以昆士兰一直抵制建立教师培训学院的提议。政府宁可付工资给师徒制的实习生们，也不愿去补助教师培训学院里的学生。但是教育的发展，特别是一些重要事件的推动，都为教师培训学院的建立打下了基础。随后在政府比较积极的支持态度、对高中教师培训的需要以及大学法案里关于教师培训部分的支持的背景下，终于在1914年成立了教师培训的中心机构，最早坐落在布里斯班科技学院，随后搬到了离大学很近

---

① Education Report 1905, Tas. J&PP, 1904//B. K. Hyams, *Teacher Preparation in Australia: a History of its Development from 1850 to 1950*, Hawthorne, ACER Press, 1979, p.56.

第三章　教师教育的本土化发展及职业实用型课程的构成：19世纪90年代至20世纪20年代

的艺术学校。

与此同时，实用主义以及心理学的发展也对澳大利亚的教师教育产生了一定的影响，这一点主要体现在这一时期澳大利亚的两个重要的教师教育理论的代表人物——悉尼教师学院的院长亚历山大·麦凯（Alexander Mackie）和墨尔本教师学院的院长约翰·麦斯的理论和工作中。这一阶段，他们在各自的教师学院里为推动教师教育的发展发挥了重要的作用，主要表现为以下三点。

第一，他们把当时在海外已经具有影响力的教育思想和教师教育理论融合到自己在澳大利亚工作中产生的教师教育的理论当中来。例如，1914年，麦斯发表了著作《澳大利亚的乡村学校》，实际上这本书的内容适用于澳大利亚当时的各类学校教育。

第二，他们极力强调心理学在儿童发展过程中的作用，也引用了不少在心理学视角下在当时还是很前卫的概念，如习惯、注意力和知觉等。1914年，在墨尔本教师学院里，课程甚至包括了心理学研究方法的运用，如采用比奈的智力测验获得课堂经验。

第三，他们都意识到要提高教师学院的教师研究和教学水平，特别是要鼓励他们开展对教育的实验性研究工作，而这些研究工作往往都是在附属的实习学校里开展的。

从教师教育的理念上来看，以赫尔巴特教师中心理念为主导的教师培训在这一阶段逐渐衰落，新教育理念和进步主义关涉的有关自由、个人主义、儿童中心和行动主义的观念从海外被引介到澳大利亚，影响了教师教育的课程实施，反映在具体的教师教育的培训当中。例如，罗伯特（T. T. Roberts）就将教师要提供的课堂教学分为如下的部分。

①知识课程（Information Lessons），包括四种不同的类型：口头指导、学习、观察、对话；②表达课程（Expression Lesson）；③训练课程（Drill Lesson）；④问题解决课程（Problem Lesson），包括两种不同的类型：归纳、演绎；⑤德育课程（Aesthetic Lesson）；⑥讲道词课程（Exhortation Lesson）。①

这一阶段澳大利亚教师教育的另一个重要代表人物是卡梅伦（R. G. Cameron），他首先是西澳大利亚教育学的教授及奠基人，随后又做了新南威尔士州的教

---

① Mandelson, *Australian Primary Education 1919—1939*: *A study of inertia, continuity and change in state controlled schooling*, Sydney, University of Sydney, 1974. pp. 255-257.

育主导人。他和麦克等人一起将澳大利亚的教师教育推到新的高度,他重要的贡献有以下两方面。第一,重视提高教师教育者的水平和创新能力,特别提高其通识知识的学术水平。第二,认为教师学院或教师培训机构要成为实验教育、教学方法和理念的场所和基地。就是在这样的教师教育革新者的领导下,悉尼和墨尔本的教师学院以及大学里的教育学院成为测量和评估先进理念的主要场所,如心理学为学校教育带来的影响等。

二、教师教育政策实施的影响

教育理念和政策的影响一旦相辅相成,特别是当某种教育革新的精神被以教育政策的形式推进时,那么它们在实践中就会有更快速的反应。这一时期,澳大利亚应该说正好赶上了这两种革新的交汇。

首先来看教育政策上的革新,对当时的澳大利亚来说,应该是来自1901年联邦政府成立后的各项政治革新。当然,这其中更深层次的背景是经济和政治的国家主义的发展,那么教育决策部门也意识到这一时期教育革新的必要性。因此,在联邦成立前后各州和地区都展开了一系列的教育政策上的革新。例如,西澳大利亚完善了公立教育系统,任命了来自英国的有经验的总督学,使新教育的理念在这里的学校发挥了一定的影响力;维多利亚在自由革新派的领导下形成了早期的教育问责制;新南威尔士也在知名学者的努力下形成初期的教育问责制;南澳大利亚和昆士兰也是分别在1906和1910年做出了类似的教育革新。

可以说,联邦成立前后的这一段时间,也正是澳大利亚的大学开始涉及教师教育以及同已有的教师教育机构建立关联的起始阶段。这一阶段,各州的教师教育仍然还是有意识或无意识地受到英国的影响,出现了在教师教育的目的、发展态势上的相似性,同时也出现了已有的教师教育机构同大学领域里的相关部门进行关联和融合的相似性。不过,各州都还有各自的发展特点。

总体来看,这个阶段的教师教育受到宏观国家教育政策的影响,表现为以下三点。

第一,国家教育体系内的考试。尽管在海外新教育理念的影响下,这一阶段在基础教育领域有着实验教育改革的热情和一定的尝试,并因此影响到了教师教育课程的发展,但是主体的教育内容和形式仍然还是中央集权式的国家教育体系。这时国家教育体系的重要目标是让学生接受标准模式下的学校教育,其评价的形式就是从小学阶段升中学阶段的考试,这种考试形式排斥基础教育领域内的新思路和新尝试，那么国家考试的标准就成了当时教师教育内容的主要参考标准。

第二，国家教育体系内的学校督导制度。如前所述，澳大利亚的学校督导制度是从英国借鉴的。国家督学及其下的各级督学的主要任务就是定期按照既定的规范对学校的教育、教学和管理进行督察并做出报告，此报告将直接影响政府教育主管部门对学校资金、管理等的调配。督学报告中一个重要部分就是有关教师的质量，这一方面决定了学校录取新任教师的决策，同时也间接地巩固了当时职前教师的培养必然是以当时政府对学校的督学标准为参考的客观事实。

第三，国家相关教育法案的影响。1925年澳大利亚的教师法案对教师教育的重要影响在于使教师学院成为教师教育的主体机构和主要力量，几乎所有教师在任职之前都要接受教师学院或多或少的培训，这就使教师学院的教师教育课程能够辐射到更宽泛的教师培养的工作当中。

本章小结

19世纪90年代到20世纪20年代，是澳大利亚教师教育发展的一个重要时期。在联邦成立、国家教育体系得到发展和新教育理念带来的影响的背景下，教师教育在学校教育内容和方法变革的前提下得到了巩固和本土化的发展。其主要特点和发展趋势如下。

第一，澳大利亚的整个基础教育领域经历了学校教学上的启蒙和发展。新教育运动和进步主义思潮深刻影响了学校教育的教学内容和教学法。在教育当局的比较合作的态度和做法的前提下，教师教育的内容和方法也受到了影响，从早期职业指导型向职业实用型过渡。

第二，教师专业化的发展方向必然使教师教育机构在这一阶段出现了大的分化和发展，师徒制的培训模式明显地减弱或者瓦解；几乎在各地，大学开始成为教师教育的一个参与者，其间经历了教师培训学校的兴起和教师学院培训模式的建立，这些成为澳大利亚教师教育本土化发展的标志。

第三，这一阶段教师教育的课程已形成了由通识知识课程、学科知识课程、教学知识课程和实践性教学四大部分组成的结构雏形，其中教学知识课程主要通过早期社会心理学的知识来影响教师的课堂管理和教学效果。这种课程结构的雏形开始将澳大利亚的教师教育领入教师教育的专业化轨道，体现了教师教育向专业化发展的早期的职业实用型的特点。

第四，从教师教育培养的层次来看，这一阶段开始有了较明显的分化，由于中学教育在国家教育体系内有了一定的发展和扩大，因此在对中学教师的培养方面有了新的发展，学位证书型的教师教育模式开始出现。一些地区，采取了两种途径培养中学教师，如西澳大利亚。一是已经接受完小学教师教育的学生接受随后持续的培训后就拥有了中学教师的资格；二是大学毕业的学生在教师学院里接受一年的培训后拥有中学教师的资格。在西澳大利亚，这种大学毕业后接受教育的模式其实在1916年就被提出过，但是在1929年前后才开始真正实施①，最后这种模式发展成了学位证书型的教师教育模式。

---

① B. K. Hyams, *Teacher Preparation in Australia: a History of its Development from 1850 to 1950*, Hawthorne, ACER Press, 1979, p. 79.

第四章 教师教育的单轨制进程及专业能力型课程的形成：20世纪30年代至80年代

澳大利亚的教师教育在20世纪30年代至20世纪80年代间，基本上完成了高等教育单轨制，并呈现出课程专业化的发展方向。根据发展的进程和特点，这一阶段又可以划分为50年代前、后的两个部分。可以说，第一阶段是教师教育发展的滞缓阶段，本阶段比较保守地继续沿着先前的发展轨迹前行，甚至还有形式上的倒退，这一方面因为当时国家经济衰退和受世界大战的影响，另一方面因为澳大利亚教育发展保守主义的惯性。虽然第一阶段在课程发展上并没有大的起色，但是大学还是参与到更多的教师教育当中来，更加明确了澳大利亚教师专业化的发展方向，同时也为下一阶段教师教育在高等教育中实现单轨制打下了一定的基础。自20世纪50年代开始，澳大利亚的教师教育开始得到恢复和发展，这是职前教师教育二元体系的形成、发展并最终融入单轨制高等教育领域且实现一元化的重要阶段，同时在课程上也更体现了专业能力型的特点。

第一节 教师教育发展的滞缓阶段

如果说20世纪初到20年代是澳大利亚教师教育在整个国家教育体系内的巩固和发展时期，那么20世纪30年代起到20世纪中叶，则是在已有的良好平台上的滞缓甚至是一定程度上的倒退阶段。这一阶段未能实现先前对于教师培养的预期目标,部分原因来自经济大萧条、战争和战后的重建,焦点从提高澳大利亚教师培养的质量又一次转变到关注教师培养的数量上,为教师提供其职业所需要的知识以及教师专业发展的目标又一次因为经费缩减以及教学基础设施不足而搁浅。虽然这些原因是客观的,但是这一时期还是再次显现了澳大利亚教育体系因循守旧的保守特征,即那些雇用教师的机构(学校)同时作为为教师提供培训的机构;并且大学职能的变化也说明了这点,一方面,大学进一步发展了其在培养教师专业方面的职能,另一方面,却在是否继续与教师学院合作培养小学教师的问题上做出了放手的选择。① 尽管20世纪中叶在教师培训与教师教育质量的提升上基本没有什么大的成果,但是,在应对危机的过程中澳大利亚的教师教育在这一阶段还是表现出了一定的发展特点。

一、教师学院的被迫压缩与整改

1930年到1950年澳大利亚出现了严重的经济衰退,再加上世界大战的影响,严重妨碍了教师质量的提高。这就意味着教育服务和设施的配备与供给,包括对于教师的培训接连受挫。一开始所有州的应对措施都是削减公共支出,而削减公共支出的主要结果之一就是缩减招收教师的数量。这对于在上一个阶段建立起来的教师学院产生了一定的影响。

经济萧条是使教师学院出现上述物资和设施不足的部分原因,而战时的紧急政策是物资短缺时间延长的重要原因。1939年至1945年的第二次世界大战直接影响了教师的供给。众多学生或者准备接受教师培训的人在世界大战时参军。但是由于培训中断而产生的恶劣后果比想象中的要小一些,因为政府出台的政策豁免了一些教师学院的男学生,使他们或者接受一年的培训课程后完成为期一年的教学实习,或者达到19岁再服役②。由于数千人参军引起教师的短缺,而为这些人提供战前紧急培训的任务却强加给了教师学院,对此,昆士兰的应对措施是将一些学生的培训时间缩减到一年半。维多利亚

---

① B. K. Hyams, *Teacher Preparation in Australia: a History of its Development from 1850 to 1950*, Hawthorne, ACER Press, 1979, p. 103.

② ACER, *Review of Education of Australia*, Hawthorne, ACER Press, 1940—1948, pp. 1-4.

的学生在完成学院课程前会被送往乡村学校负责一些监管和指导工作①。西澳大利亚的教师学院再次被关闭,用来应对空袭和供军队使用,直到1943年年底,均由大学提供临时性的培训场所②。

战后初期,整改教师学院的需求更加强烈。这一阶段的主要任务是为本应参加教师培训但由于战争而中断或未能参加教师培训的人提供培训,此外还要培训在战争中从事州立学校教学工作但无教师资格的临时教师。由于战后人口出生率的上升和大量的英国和其他欧洲国家的移民的涌入而出现了入学高峰,仅仅恢复战前的教师招聘与教师上岗是远远不够的,大量的聘用需求使各州开始取消对现存教师学院的限制,并建立了不少新的教师学院,仅新南威尔士和维多利亚从1945年到1949年就有五所新建学院。

二、大学的更多参与

尽管这一阶段教师教育发展缓慢,但是大学还是参与到更多的教师培养的工作当中来,尤其是在教师专业化方面做出了贡献。

首先,大学教育学教授身份的独立。大学里的教育学教授同时兼任附近教师学院的院长,这种联合职位和身份是从历史上继承而来的,在这个阶段,由于大学提高了在教师培养方面参与度以及大学在教师培养、培训方面复杂性程度的增加,促使这一双重职位在墨尔本、珀斯、悉尼等地纷纷分离。

其次,大学在教师培训方面的作用得到了加强。这一点在不同的州有不同的表现。塔斯马尼亚在1946年设置了教育委员会主席一职,且两年后采取了将州立教育部所有教师的培训工作交由塔斯马尼亚大学负责,这是非常大胆的一次尝试。昆士兰的大学发挥着越来越大的作用,这体现在1938年大学开始授予教育学毕业证和学位证,并在1950年成立了教育学院。

三、教师教育的特点

(一)学徒制有一定的复兴

这一时期职前教师教育的工作,在多方面显示出了高度的惯性和保守性。

---

① ACER, *Review of Education of Australia*, Hawthorne, ACER Press, 1940—1948, pp. 1-4.

② B. K. Hyams, *Teacher Preparation in Australia: a History of its Development from 1850 to 1950*, Hawthorne, ACER Press, 1979, p. 106.

其中表现之一就是学徒制度的继续实行。例如，1930年昆士兰由于教师短缺不得不引入了特殊的师范生培养计划，这一培养计划要求新聘教师承担为期一年的教学活动，但不承担班级的全部教学工作，并且新聘教师拥有优先进入教师学院学习的权利。① 同时，还有四个州坚持实行学徒制，其中包括小学指导教师、学徒教师以及学校督学。可以说，在上个阶段已经式微的学徒制在20世纪30年代又得到了一定的复兴。

在这一过程中，尽管教育主管部门支持继续实行学徒制，而各州的教师协会却不支持，雇用学徒教师作为全职教师的行为激起了教师协会强烈的反对，其中有观点认为全职学徒教师降低了教学的专业水准；② 教师协会更抱怨因为学业要求以及繁重的教学工作使学徒的工作环境深深印着19世纪小导生的烙印。尽管并不是所有地方都要求学徒教师从事全职教学，但是学徒教师仍然经常疲于应对繁重的工作与责任。同时，尽管政府官员也承认学徒制让学校儿童长时间受教于新手或未受过训练的教师，但由于经济条件的限制，学校无法聘任更好的正式教师③。这些反对意见直到20世纪50年代才得到了彻底取消教师学徒制的结果。1951年西澳大利亚取消了教师学徒制，1948年塔斯马尼亚取消了教师学徒制，1949年维多利亚取消了教师学徒制，最终于20世纪60年代在整个澳大利亚范围内都取消了教师学徒制。

(二)教师教育课程没有大的起色

这一时期的教师教育课程基本没有什么发展。南澳大利亚继续实行为期一年的乡村学校课程；昆士兰只为学习高级课程的学生提供为期一年的课程；在西澳大利亚，初级课程的时间也被缩减为一年；新南威尔士也是在此期间实行了为期一年的课程以应对经济萧条时期及战后政府采取的减少新教师招募的政策。

---

① B. K. Hyams, *Teacher Preparation in Australia: a History of its Development from 1850 to 1950*, Hawthorne, ACER Press, 1979, pp. 109-113.

② B. K. Hyams, *Teacher Preparation in Australia: a History of its Development from 1850 to 1950*, Hawthorne, ACER Press, 1979, pp. 109-113.

③ B. K. Hyams, *Teacher Preparation in Australia: a History of its Development from 1850 to 1950*, Hawthorne, ACER Press, 1979, pp. 109-113.

第二节 教师教育的恢复和发展阶段

自 20 世纪 50 年代开始，澳大利亚的教师教育开始从滞缓发展的阶段得到一定的恢复。研究者迈克尔·戴森认为这一过程可以通过几个连续发表、实施的相关教育报告说明和体现出来。同时，这一阶段也是澳大利亚职前教师教育经历二元体系的形成、发展并最终融入单轨制高等教育领域进而实现一元化的重要阶段。下文通过对几个重要的教育报告的述评来分析这一阶段的发展和变革。

一、"穆雷报告"

第二次世界大战后及整个 20 世纪 60 年代在各级学校教育中都很缺乏教师，由于当时的人口高峰到了上中学的年龄，因此特别缺乏中学教师。1957 年澳大利亚大学委员会出台的"穆雷报告"在开篇就描述了以下内容。

战后大量增长的孩童需要更多的师范生（加入教育的领域），针对不断增长的人口比例，对专业化的或技术化的教育的需求日益增长；同时，师范毕业生的比例也在增长。

澳大利亚大学是当时受到联邦资助的国家大学，这一报告确定了对该校师范毕业生的需求。报告将这一阶段在大学里进行的职前教师教育的主要问题做了总结：第一，过量的师范新生数量；第二，师范生的高退出率；第三，教师教育的资源和设备都非常缺乏。可以说，"穆雷报告"的调查研究和总结促使联邦政府及其资助参与到澳大利亚大学的教师教育当中。

研究者许亚姆斯对这一阶段的教师教育状况进行了总结，认为从整体上来说随着战后的人口激增，无论教师学院还是其他教师教育机构都经历了不同程度的艰难阶段：教学设备标准低下、课程承载人数超载、课程实施时间短暂、实践培训的内容各州有很大的差别等。其间一个明显的表现就是在师范生的培训态度上，表现为更急于把他们当成在职教师进行速成，而非作为职前的师范生来培养，因此在课程的具体实施上也就更注重教学实践的操作即教学技能的培训而非理论上的探讨和指导。这一阶段的教师学院因为运营资金不足，所以无法提供长期的高质量的教师教育项目，因此就实施一些教师培养的短期课程以应对师资短缺的情况。①

二、"马丁报告"

1964年"马丁报告"高度肯定了教师教育的重要性和其在教育领域的核心价值。

为了提高澳大利亚教师教育的质量，该报告指出联邦政府应该在州政府提供资助的基础上给予财政支持，报告也指出1963年联邦政府对高等教育的投入占国家生产总值(GNP)的0.8%。此报告对提高教师教育质量给出了具体的措施建议。第一，尽管当时师资缺乏，但是仍然订立了高等教师教育（由高等教育机构提供的职前教师教育的项目）的准入标准。第二，延长了课程的时间。报告还包括进一步建议：所有从事教育工作的人都必须经过一定的专业培训；应该成立教师教育委员会以支持地方自治的教师学院。② 从这些内容可以看出，"马丁报告"已经开始将教学视为一种专业，进而指明了教师专业化的发展方向，尽管该报告使用了"培训"一词描述教师的培养工作，但是报告明确提出建立完整的教师教育体系，并且强调了在教师教育当中要将理论与实践结合在一起。

1965年，联邦政府开始介入对职业教育领域的资助，随后，正如"马丁报告"的建议，联邦政府开始资助州一级的教师学院，使教师学院慢慢地转移到在澳大利亚高等教育委员会(Australia Commission on Advanced Education)影响下的高等教育的内部，从而改变了由州政府独立资助教师教育的局面。从1967年开始，联邦政府通过高等教育联邦顾问委员会(Commonwealth Advisory Committee on Advanced Education)来资助由各州政府申请成立的州立教师学院。事实上，联邦政府的这一行动，不仅是像"马丁报告"中建议的那样资助了各州教师学院的建立和发展，同时也形成了从这一阶段开始的澳大利亚高等教育领域内的双轨制：一轨是普通大学，另一轨就是联邦资助的高等教育学院(Colleges of Advanced Education)。这一点在相当一段时间内对澳大

---

① Michael Dyson,"Teacher Education: Reviewed to the Eyeballs but where is the Evidence of Significant and Meaningful Change?"NZARE/AARE Joint Conference, Auckland, 2003.

② Committee on the Future of Tertiary Education in Australia, *Tertiary Education in Australia: Report of the Committee on the Future of Tertiary Education in Australia to the Australian Universities Commission*, Canberra, Govt. Press, 1965, pp. 79-84.

利亚的教育体系有着深刻的影响,主要包括两个方面。第一,它使澳大利亚的高等教育内部有了分层;第二,同时它也导致了日后教育学院在大学里迟迟不被认同。

三、"斯旺森报告"

1973—1975年的"斯旺森报告"着重探讨了教师教育的时间、专业和能力,以及教学实践和理论等问题。

报告指出,教师以教学为生,属于专业人员;专业基准就是一种非常确定的能力,高水平的技艺只是专业领域的最低要求;(高等教育)学院必须有足够的教育资源以保证输送出的学生在(教育)岗位上有教学技术能力,但是专业教师又必须超越这种教学技术能力,这就要求其具有精通科目的信心。从把教学作为一种思维活动的角度来看,教学能力的培养需要学习、思考和讨论;从把教学作为一种创造性的艺术的角度来看,教学能力的培养需要实践、分析、再思考和再实践,这就需要教师在学校里进行观摩和教学实践,以及对观摩和实践展开富有经验的分析。①

由此可以看出,这一阶段的教师教育已经确定了教师作为专业人员的身份以及教师培养过程中理论与实践结合的专业化。事实上,从教师教育理念的发展来看,早期有关教师的培养通过训练就可以完成的观念已经开始转变了。这个报告使人们开始关注专业的基准,关注教师教育当中技术性能力的适当成分,关注如何将教师教育中的技艺部分和专业部分结合起来,以及如何认识理论和实践这两部分。报告以肯定的态度将教学视为一种有关思维的活动,认为教师要有能力掌握教学信息,同时认为教师需要通过和他人共同学习、反思进而对教学工作更加了解,因为教学活动本身需要在群体及其相互关系中完成。

迈克尔·戴森在对此报告进行分析时指出,尽管人们对教学是一种技艺或是一种艺术形式的说法仍有争议,但是此报告已经传递出这样的理念:教师通过实践来反思自己对教学的观察和实践(思维的活动)、通过思考自己的知识和技巧而获得教学技能(专业);对师范生的培养来说,在课程中提供一定的时间和空间,使他们能够通过自身的思考而获得对教师身份的认同和对

---

① Swanson Thomas Baikie. Teacher Education,1973—1975:Report of the Special Committee on Teacher Education. Canberra:Special Committee on Teacher Education,1975.

教学风格的建构。①

四、"威廉姆斯报告"和"奥克缪蒂报告"

可以说,在"威廉姆斯报告"之前的教育报告主要体现了对教师教育现状的不满,表达了大力发展教师教育的扩张主义精神的诉求。② 1979 年出炉的"威廉姆斯报告"则是综合地对当时教育和劳动力市场的关系、教育设施的提供以及教育服务做了调研,可以说引导了随后的有关教师教育的一系列调研。紧随其后的就是第一个全国范围的教师教育的调研,1980 年发表的由一系列相关报告组成的国家教师教育调查报告(National Inquiry into Teacher Education, NITE),关注了在全国范围内众多高等教育学院的教育质量问题,以及师资提供过量的状况。

1980 年发布的"奥克缪蒂报告"(The Auchmuty Report)的意图在于影响澳大利亚随后 20 多年的教育质量。正如奈特分析的那样,这个报告试图引起教师教育的转变,实现从狭窄的职业导向向更宽泛的专业发展方向转变,同时实现从证书或文凭教育向学位教育转变。③ 从要求职前教师教育最少完成三年的课程这一点来看,此报告也试图提高教学的专业地位。这一报告的核心影响就在于,它指出教师教育是个人与其专业发展的持续过程。事实上,随后联邦政府通过联邦高等教育委员会(Commonwealth Tertiary Education Commission, CTEC)对这个报告做出的回复并不乐观,尽管对于报告提出的"教育质量取决于教师质量"的观点持积极认可的态度,但是拒绝了报告提出的资源投入或者扩大发展的建议。

迈克尔·戴森认为,从这一阶段的发展来看,应该由教师、教师教育者和教师雇用方组成教师专业团体来对澳大利亚的教师的教育和教师的发展负

---

① Michael Dyson, "Teacher Education: Reviewed to the eyeballs but where is the evidence of significant and meaningful change?" NZARE/AARE Joint Conference, Auckland, 2003.

② Michael Dyson, "Teacher Education: Reviewed to the eyeballs but where is the evidence of significant and meaningful change?" NZARE/AARE Joint Conference, Auckland, 2003.

③ John Knight, Bob Lingard, et al., "Reforming Teacher Education Policy under Labour Governments in Australia 1983—1993," British Sociology of Education, 1994(4), pp. 451-466.

责,这样就不会使教师教育随着国家或者州的政策的变化而变得不稳定和没有负责的主体。① 艾伦·巴尔坎也指出,经过20世纪70年代到80年代的发展,从教师教育权的角度来看,"教育专业团体"(educational professionals)——大学的教师教育者、教育管理机构以及教师协会的领导群体已经占据了重要的地位。②

第三节 教师教育实现在单轨制高等教育中的一元化

澳大利亚教师教育的发展同政策的变革密不可分。而这些变革最终推动澳大利亚的教师教育经历了二元体系的形成、发展与融合,使澳大利亚的教师教育实现了在单轨制高等教育领域中的一元化发展方向。

一、教师教育二元体系的形成与发展

这一阶段的前期,大学在教师教育领域的参与虽然未能从根本上改变澳大利亚的教师教育体制,但却促成了澳大利亚教师教育二元体系的形成。

(一)课程内容的区别使中小学教师在是否获得教育学位的问题上产生分化

大学开发出了专业化的教师教育,其提供的课程与针对中等学校教师的培训更加一致,而与针对小学教师的培训课程的差别日益明显。大学基本上通过提供专业性的奖励或奖金来参与小学教师的培训。理论上说,应该授予完成学业的小学教育师范生以及即将进入中学工作的师范生教育课程的学位证书,但是在实践中,小学教师接受培训的时间更短,使得接受培训的人很难完成规定的课程,除非他们能够坚持在业余时间学习。这就使培养中学教师和小学教师在课程、提供课程的教师教育机构、是否能获得教育学位等问题上出现了分化。

---

① Michael Dyson,"Teacher Education: Reviewed to the eyeballs but where is the evidence of significant and meaningful change?"NZARE/AARE Joint Conference,Auckland,2003.

② Alan Barcan," Attempts to Reform Australian State School,1979—1996,"Education Research and Perspectives,1996(1),p. 31.

(二)在大学内部，教师教育控制权的争夺、有关教师教育知识逻辑和保持大学学术性的争论，以及长期以来形成的对小学教师的职业技术倾向的培养，使这一分化最终形成了教师教育的二元化

首先，对教师教育控制权的争夺。20世纪30年代末在墨尔本发生的事件就是个突出的例子，即在协商大学教授与教师学院院长职位分离的事情上，大学提议，大学除了为中学培养教师以外，也为小学教师的培养提供两年的非学历的文凭学习，由大学控制和授予文凭。维多利亚州教育管理部门对此提议持反对态度。事实上，维多利亚教育主管部门一方面担心大学设置的培训课程可能增加实践部分的成本，另一方面也不愿意使教师教育的控制权完全掌握在大学手里。其次，有关教师教育知识逻辑和保持大学学术性的争论使中小学教师在培养机构上出现分化。在培养中学教师的过程中强调对其自由精神和智力因素的培养，这符合大学知识学术性的内部逻辑，因此大学以及教育管理部门都认可中学教师的培养由大学主要负责。长期以来形成的对小学教师培养的职业的、技术倾向的影响，使得大学在培养小学教师的过程中强调职业和技术倾向。教育管理部门认为没有必要为使小学教师的培养进入大学而提高培养年限和成本，因而，小学教师的培养工作仍然由教师学院来承担。就此形成了澳大利亚教师教育的二元体系。

事实上，在二元体系形成过程中也演化出了文凭教育和学位教育的区别，其中包括这一阶段对教师教育副学士学位的尝试。

对两类教师培养的差别对待引起了教师、教师组织、大学等的反对。例如，墨尔本大学为此向州长请愿接管小学教师的培养，在诉求并不成功的情况下大学的副校长争论道："我们认为，对于小学教师的培养采取非大学化以及分离的状态，对教师和学校的教学都是不利的。"[1]

因此，有的地方采取的解决措施是设立略低于大学水平的教育文凭资格。例如，昆士兰州的大学为培养小学教师设立了教育文凭课程，这门课程的录取门槛比较低，课程包括英语、哲学、艺术或者科学，以及两门教育学科

---

[1] University of Melbourne. "Vice-Chancellor to Secretary," Premier's Department, 1938. 转引自 B. K. Hyams, *Teacher Preparation in Australia：A History of its Development from 1850 to 1950*, Hawthorne, ACER, 1979, p.134.

目。① 1939年阿德莱德大学实行了三种文凭课程：一种提供给中学教师，一种提供给小学教师，一种提供给学前教育教师。但是从全国范围来看，以大学为依托的、专业化培训的文凭课程大部分还是针对中学教育阶段的。20世纪40年代的后半期，塔斯马尼亚大学教育系也实施了教育文凭课程，为未被大学录取的学生提供为期三年的课程，为已经进入大学的学生提供为期两年的课程，这些课程涉及六门大学学科，其中包括两门教育学。②

南澳大利亚州采取的方式是尝试提供副学士学位，于1947年开始实施，实行的是以中学毕业合格证书考试为基础的入学制度，以六个单元的文学学士学位的课程学习为基础，并且通过三年大学或教师学院的学习以获得副学士学位。然而，副学士的课程中专业课的内容是微不足道的，也因此使其学术标准受到大学的怀疑。③ 数年来南澳大利亚的教师协会提议：如果教师的副学士学位证书不能在澳大利亚获得普遍和永久性的认可，那么这种为满足小学教师培养需求而设立的学位课程将会消失，但是这一提议一直受到大学的抵制。

这一分化中的学位课程主要是由大学为中学教师的培养提供的。例如，这一时期，墨尔本的大学提供教育学位课程，布里斯班的大学也提供教育学位课程，但是这一类学位课程是在学生完成大学其他学位课程的基础上提供的，也就是说这并非学生在大学里获得的第一学位，因此，也就避免了外界对其学术性的质疑。另一个例子是1948年西澳大利亚开始实施为满足教师需求而设计的第一学位，但是这个学位课程要求入学四年，并且是以一定的录取标准为基础的，教育学课程的学习也可以延长至第四年，其中要求学习八门大学科目，并且一些内容的学习是在大学的教育学院进行的。④ 然而，由于该学位意在代替传统的学位与学历的结合，因此注定是为中学教师而不是小学教师提供的培训课程。针对这一阶段的教师教育学位课程，亚历山大·

---

① B. K. Hyams, *Teacher Preparation in Australia: a History of its Development from 1850 to 1950*, Hawthorne, ACER Press, 1979, pp. 128-132.

② ACER, *Review of Education in Australia*, Hawthorne, ACER Press, 1940, p. 200.

③ B. K. Hyams, *The liberal－Vocational Dichotomy in the Preparation of Primary School Teachers: The South Australia Experience*, Hawthorne, ACER Press, 1976, pp. 230-231.

④ ACER, *Review of Education in Australia*, Melbourne, ACER Press, 1940, p. 198-199.

麦凯认为,专业课与非专业课程的融合使学位课程在以下方面令人不满意。一方面,学位课程缺乏更宽泛的专业课程,另一方面,学位课程使通过第三年学术课程的学习来达到一定学术深度的目标受到威胁。①

值得一提的是,当时在二元体系发展过程中,在塔斯马尼亚州,所有的教师培训项目,除了一年的紧急培训课程外,无论中学教师还是小学教师的培养都移交给大学,并且大学制定了有关学位课程或者为期两年和三年的文凭课程的相关规定。②

二、政策变革推动下高等教育单轨制的进程

在这一阶段后期,高等教育经历了从双轨制向单轨制发展的变革。

1961年,澳大利亚成立了"第三级教育之未来研究委员会",该委员会的责任是按照澳大利亚的现实需要和已有条件来规划第三级教育,这一委员会最终于1964—1965年陆续提交了三卷本的调查报告,也就是前文介绍的"马丁报告"。该报告建议在综合性大学之外,发展和扩大其他高等教育机构,以适应工商业发展的需要;主张将第三级教育机构明确划分为大学、学院(Institute of College)和教师教育三类;要求联邦政府和州政府共同承担这三类机构的经费。"马丁报告"使联邦政府的管理和资助正式进入技术教育和教师教育领域,这是澳大利亚教师教育体制的一个重要转折。

1966年,以沃克为首的联邦高等教育调查委员会在其要求为大学以外的其他高等教育机构提供拨款的报告中,首次使用了"高等教育学院"一词,这一称呼此后就被沿用了下来。高等教育学院最终不仅获得了学位授予权,而且在较大的高等教育学院中教师也能够从事研究工作,用于研究的费用也大大超过早先的预算。1969年开始,教师学院式的师范教育开始被并入高等教育学院。20世纪70年代,高等教育学院最多时发展到了83所。

1973年开始,那些完全由州政府资助的、自我管理的教师学院逐渐发展为高等教育学院,到1974年就都由联邦政府资助了。到20世纪70年代末,澳大利亚的教师教育成了整个高等教育体系中的一部分,在国家协调法律机

---

① UNIVERSITY OF SYDNEY. "Faculty of Arts Meeting Minutes"//B. K. Hyams, *Teacher Preparation in Australia: A History of its Development from 1850 to 1950*, Hawthorne, ACER Press, 1979, p. 135.

② ACER, *Review of Education in Australia*, Hawthorne, ACER Press, 1940, p. 198-199.

构(State's Coordinating Statutory Bodies)的监督下自我运营。自此,澳大利亚高等教育开始分轨,大学作为一轨主要承担以研究为导向的工作;高等教育学院作为另一轨因为受到了来自政府的资助,所以只承担国家职业教育的责任,它成为为社会提供服务的机构。这两轨制实施内容的区别最终导致其地位层次的区别,从服务社会的功能性角度来看,以研究为导向的大学为社会提供了职业设计,而高等教育学院为社会提供了职业和服务的准备工作。从这一现实情况来看,"斯旺森报告"中关于教学专业化的思考并没有在现实的发展中体现出来,澳大利亚教师教育的发展在这一阶段的这一点上选择了一个成本最低的发展路径。① 自从联邦资助介入教师教育领域后,实施联邦教育及教师教育政策为教师教育的发展带来了压力,同时教师教育也成为政策实施的工具。埃特斯(Eltis)指出,20 世纪 70 年代末,由于师资供应过量,联邦政府在政策上就倾斜于在职教师的继续教育,同时削减了职前教师教育的可用资源。②

到 20 世纪 80 年代,由于学生数量减少、教师资源富余,高级教育学院的数量开始减少,到 1979 年时就减少到了 39 所,而且与大学在职能分界上越来越模糊,逐渐出现了合并的趋势。1988 年,在政府的运作下,澳大利亚 57 所高等教育学院与 19 所大学合并,形成了统一的高等教育体制,高等教育双轨制宣告结束,高等教育学院自此消失,在原有的基础上重建了 38 所新型大学。

三、教师教育在单轨制高等教育中的一元化

在经历了教师教育二元体系的形成与发展及高等教育双轨制向单轨制的变革后,在 20 世纪 90 年代之前澳大利亚的职前教师教育终于实现了在单轨制高等教育中的一元化发展,即在高等教育领域③,以大学的教育学院为主,也包括体育学院等与教育相关的学院,实施针对全部基础教育领域的职前教

---

① ACER, *Review of Education in Australia*, Hawthorne, ACER Press, 1940, p.198-199.

② Michael Dyson, "Teacher Education: Reviewed to the Eyeballs but where is the Evidence of Significant and Meaningful Change?"NZARE/AARE Joint Conference, Auckland, 2003.

③ 澳大利亚高等教育中提供教师教育课程的学校包括澳大利亚体育学院(Australian College of Physical Education)、阿旺戴尔学院(Avondale College)、卫斯理学院(Wesley Institute)、基督教传统学院(Christian Heritage College)、他波尔学院(Tabor College)等,这些学校都属于高等教育的领域,甚至有些属于综合大学的性质,其校名大多沿袭历史上的称呼,同本研究所述的前一阶段的"教师学院"(Teacher College)的"College"不是同一教育层次的内涵,后者可归于中等教育领域。

师教育，包括中学、小学、学前教育以及这三个阶段的特殊教育；职前教师教育的课程以学位教育为主，以个别文凭教育课程为辅。

这一发展过程如图 4-1 所示。

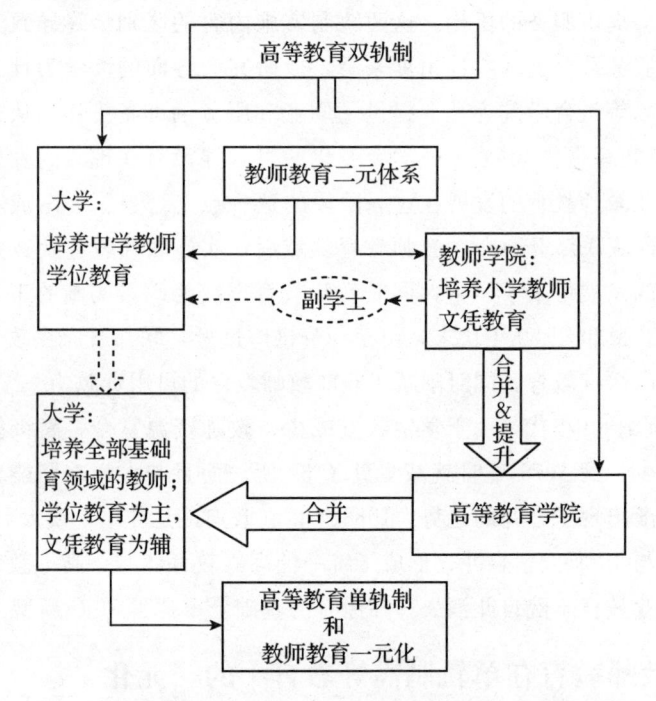

图 4-1 澳大利亚教师教育一元化及高等教育单轨制发展过程

第四节 专业能力型课程的形成

这一阶段的教师教育专业能力型课程在形成过程中亦经历了阶段性的过渡和发展，基本可以按照第二次世界大战前、后划分为两个阶段。第一个阶段由于社会变迁、经济危机、世界大战等因素，课程特点上体现出恢复和维持上一阶段所具有的职业实用型课程的特点，这是发展的过渡阶段。第二个阶段伴随着澳大利亚公立教育的快速发展和教师教育在高等教育领域的单轨制发展，特别是在技术理性主义和教育批判性思潮的影响下，其发展成了具有专业能力型特点的课程实践。在探讨这个阶段的课程发展和定义专业能力型课程之前，有必要先对"专业"和"教师能力"的概念进行分析。

一、专业与教师能力

"专业"一词经考证属于汉语词汇中的舶来品①,其英语词汇"profession"是从拉丁语"professio"演进而来,最早与宗教有关,如公开表达信仰、举行入教仪式等。中世纪以后,随着大学从教会的脱离,"专业"的概念逐渐发展为古老的专门知识,从而使医生、律师、牧师被视为典型的专业。发展到近现代,有学者认为,专业指一群人从事一种需要专门技术的职业,这种职业需要特殊的智力因素来培养和完成,目的在于提供专门性的社会服务。② 根据这个定义,"专业"的核心特质包括三方面:第一,必须有专业的知识(professional knowledge);第二,具有专业自主权(professional autonomy);第三,有集体的服务理想(service ideal)。③

在这一阶段中,教育领域开始讨论教师是不是一种专业。根据专业的核心特质来判定,首先,发展到这一阶段,教师教育的知识体系已大体呈现出学科知识、专业知识与技能和实践活动知识三部分,其中专业知识与技能,包括教育学、心理学和教学法等内容,这是使教师成为专业的关键,而学校教育及其实践的要求使教师获得这些知识和技能。其次,在教学实践中教师拥有教学的权威,在教育研究当中教师的实践占有重要地位。最后,由于教师服务的对象是未成年的学生,因此,教师职业对教师道德的约束是非常严格的。教师是一种专业的提法就此得到一定的认可。这一认识从 20 世纪五六十年代开始得到重视,1955 年世界教师专业联合会(World Confederation of Teaching Profeesion,WCOTP)曾以"教师的专业地位"为大会主题,并且认为教师工作属于专业范畴;1966 年联合国教科文组织通过了《关于教师地位的建议》,其中明确说明"教师职业必须被视为专业"④。可以说,从 20 世纪 50 年代开始,教师的专业化进程成为世界领域的发展趋势,且教师专业标准的研究和制定工作已开始进行。

---

① 参见朱旭东、李琼:《教师教育标准体系研究》,16 页,北京,北京师范大学出版社,2011。
② A. M. Carr Saunders & P. A. Wilson, *The Professions*, Oxford, Clarendon Press, 1933, pp. 322-356.
③ 参见朱旭东、李琼:《教师教育标准体系研究》,17 页,北京,北京师范大学出版社,2011。
④ 约翰·托马、鲁奈·莫:《关于教师地位的建议》,前言,联合国教科文组织,1966。

同时，这一阶段也是西方国家关于教师能力研究的发展期，"主要体现在心理学领域中对教师能力的实证研究"①。特别是 50 年代以后，研究者提出"教师的能力主要包括进行教学设计的能力、承担教学和行政事务的能力、评价学生的能力、沟通的能力和发展个人技巧的能力等"②。由此可见，这一阶段对教师能力的认同专注于教师在实际教学工作中的表现和个人专业素质的提高两大方面。

综上所述，在这一阶段的 50 年代及之后，教师教育领域的发展趋势表现为教师专业化和教师在专业领域内能力的提高，这就成了专业能力型课程形成的大背景。

二、20 世纪 50 年代前课程发展的过渡

在 20 世纪三四十年代，各州职前教师培训的课程各有不同。

(一)课程内容

1. 学科知识

塔斯马尼亚和南澳大利亚教师学院按照大学的规定实行为期两年的项目，允许学生学习两三门大学科目。即使缩减课程的西澳大利亚也允许学员学习一门大学课程——英语或者历史。其他三个州的学生对学科知识的学习仅限于在教师学院进行。学生在悉尼教师学院之所以能够很好地完成学科知识的学习，是因为它有条件聘请学术水平高的专家为学生提供社会科学、生物科学、文学以及许多其他学术科目的讲座。这一时期昆士兰州的境况却大不相同，不少学科都要求学生通过初中或者高中的资格考试，其中，语言和历史是所有学生需要进一步学习的课程。③ 在维多利亚州，唯一的一门公共课程就是英语，这门课程包括教英语的专业方法。在大多数州，学院课程中的学科课程内容的学习时间每周三小时到每周七小时不等。④

---

① 朱旭东：《教师专业发展理论研究》，87 页，北京，北京师范大学出版社，2011。
② 郑肇桢：《教师教育》，转引自朱旭东：《教师专业发展理论研究》，88 页，北京，北京师范大学出版社，2011。
③ Ivan Stewart Turner, *The Training of Teacher in Australia: A Comparative and Critical Survey*, Melbourne, Melbourne University Press, 1943, pp. 36、37、182.
④ Ivan Stewart Turner, *The Training of Teacher in Australia: A Comparative and Critical Survey*, Melbourne, Melbourne University Press, 1943, pp. 36、37、182.

2. 教学专业知识

几乎在所有的教师学院里，专业课程的学习占主要地位，但是学习内容与前几十年相比基本没有变化，州与州之间也基本没有差异，专业课程大多是由教育理论、教育心理学，以及由小学不同科目的教学方法组成的学科，同时增加了一些被认为是小学教师必备能力的主题——卫生、艺术与工艺、语音训练、音乐、自然学习以及体育。与普通的示范课一起，专业课程的学习时间约为每周27小时，而27小时中的大部分时间用来学习小学课程的内容和教学方法；① 悉尼、墨尔本和珀斯的学院每周提供了四小时至六小时的教育理论与心理学的学习时间；昆士兰中级课程对于这些主题的学习时间总计为每周一小时，但是在惠灵顿和阿米代尔，教育理论的课程从未出现在学习时间表中，可见，这些地方强调的重点还是教学实践而不是以智力为基础的理论学习。②

这一阶段虽然大部分理论学习活动和内容仍然只是前一阶段的延续，没有更多的发展，但是在心理学方面还是试图赶上世界范围内的教育运动。20世纪30年代早期，课程设置较多遵循行为主义，而在随后的40年代以及50年代早期，课程设置开始关注格式塔心理学，主题包括性格、非常规化、测量、培训转移、动机以及学习过程；对特殊学生的研究，主要关注的是"愚钝"和"聪明"两个方面。从20世纪30年代中期开始到20世纪40年代盛行对儿童成长阶段的关注，包括智力与体力两方面，以及对教育意义的研究。③ 20世纪20年代讨论的有关教育理论的主题对后来几十年的教师学院的课程仍有影响。教育的本质与目标、公立学校体系中学校教育的提升等仍然被认为是非常重要的问题。这一阶段也有对当时流行的新理念的尝试。首先，教师专业自由和创新的观点是20世纪30年代比较盛行的新话题。例如，努力推进新的评估方法以代替传统的手写考试的方式。学生意识到尽管简答等形式的考试具有一定的吸引力，但是这种方式仅能检测学生掌握的零散知识，无法考察其系统性的思考，因而论文形式的考核方式受到了欢迎，但是这

---

① Ivan Stewart Turner, *The Training of Teacher in Australia：A Comparative and Critical Survey*, Melbourne, Melbourne University Press, 1943, pp. 36、37、182.

② Ivan Stewart Turner, *The Training of Teacher in Australia：A Comparative and Critical Survey*, Melbourne, Melbourne University Press, 1943, pp. 36、37、182.

③ B. K. Hyams, *Teacher Preparation in Australia：A History of its Development from 1850 to 1950*, Hawthorne, ACER Press, 1979, pp. 112-114.

些新方法并没有推动教师学院或者学校的大改革。① 其次,另外一些来自普通教育领域的新理念在教师教育的课程中也有所涉及。例如,20世纪40年代出现的活动学校、道尔顿制、温内特卡计划以及设计教学法等,尽管当时这些新理念的现代性受到很大的质疑,但是它们仍然被认为是教育现代化发展的例子。

3. 教学实践活动

教师培训的另一个方面——实践工作,在学校活动中占据着同样重要的地位。20世纪三四十年代,学生在学校教师的指导下或者在教师学院教师的观察指导下,要用12周或者更多的时间进行实践活动。尽管从总体上看,原则和程序基本上是一致的,但是学院与学院之间,甚至同一学院在不同时期通常采取不同的体系。例如,昆士兰和西澳大利亚采用每周一天或者两天在学校的方法;在其他地方,连续数周的社区实践活动也很受欢迎。② 实践活动还有其他方面。例如,示范课和评课活动通常由多个教师合作完成,其中示范课通常由讲座专家来上。而实践活动受到的最大的批评仍然是教师学院对于实践和实验学校的影响不够,尤其是学校在指导教师的选择方面发挥的作用不够。③

(二)课程实施特点

这一阶段教师学院的教师教育具有继承性和保守性,这一特点从课程的参考书目上也能体现出来。例如,20世纪30年代,教师学院主要使用1929年由悉尼教师学院的教师麦克雷(C. R. McRae)出版的专著《心理学与教育》,他反对行为主义的"刺激—反应"的方法,而强调几十年前"新教育"的一个重要主题,即人的主观能动性;④ 同时还使用休斯(E. H. Hughes)等的英语教材《学习与教学》,以及1933年由珀西瓦尔·科尔(Percival Cole)编写的《教学

---

① P. R. Cole, *The Method and Technique of Teaching*, Oxford, Oxford University Press, 1950, p. 215.

② Ivan Stewart Turner, *The Training of Teacher In Australia: A Comparative and Critical Survey*, Melbourne, Melbourne University Press, 1943, pp. 12、113.

③ Ivan Stewart Turner, *The Training of Teacher In Australia: A Comparative and Critical Survey*, Melbourne, Melbourne University Press, 1943, pp. 117、186.

④ B. K. Hyams, *Teacher Preparation in Australia: A History of its Development from 1850 to 1950*, Hawthorne, ACER Press, 1979, p. 114.

技巧与方法》。对于课程的组织与呈现，这两部著作都推荐了赫尔巴特的"五步法"，但是对该步骤有部分修改并且反对完全照抄赫尔巴特的步骤。① 总的来说，从这一阶段到 20 世纪中期，教师教育思想从整体上看是保守的，这一点也反映在本土的出版物上，虽然这些出版物不断获得信任和认可，但是这些出版物的作者大都吸取国外的一些思想，这些思想通常是他们在英格兰或者美国学习教育心理学得来的，而课堂教学实践的思想则主要来源于英国教育委员会对小学教师教学的建议。

20 世纪三四十年代中学教师培训项目的组织结构与 20 世纪 20 年代开发出来的框架相比基本没有变化；实践课程的类型与为小学受训者提供的课程类型一样，并且继续对多样化的理论科目的内容进行分类。在整个 20 世纪 30 年代，澳大利亚的教师教育仍教授传统的教育学原则，包括教育的本质与范围；教育史也保留了对传统教育理念的传授，增加了对国家教育体制的了解，并且涉及一些特殊的州的问题，同时也比较关注教育学的热点问题，如比较教育和教育的组织等；课程要求学生对教育有创新的研究，通常包括小组教学、单元教学、活动教学、游戏教学以及一些旧主题的学习和讨论；学生还被要求阅读亚当的《现代教育发展》和杜威的著作。大体来讲，由于国外教育理论资源非常匮乏，因此教育改革的步伐仍然非常缓慢。培训中学教师只是为了满足学校对于中学教师的需求而不是学校自身引领教师教育的发展。

整体来看，客观上由于受社会的变迁、动乱、严重的经济危机以及紧随经济危机之后的世界大战等不利因素的影响，教师教育在 20 世纪三四十年代未能取得实质性的发展，在这期间还出现了学徒制的反复，教师教育课程依然维持和恢复前一阶段的教育理念和方法。

三、20 世纪 50 年代及其后的专业能力型课程的形成

整个 20 世纪 50 年代和 60 年代是澳大利亚公立教育系统快速增长的一个阶段，主要有两个原因。一方面人口自然增长和联邦政府的移民政策带来的移民人数的增长，另一方面联邦政府的政策鼓励家长让孩子在学校里接受更长时间的学校教育。以维多利亚州为例，表 4-1 可以说明受教育人数和教师需求量在这一阶段的增长速度。

---

① B. K. Hyams, *Teacher Preparation in Australia*: *A History of its Development from 1850 to 1950*, Hawthorne, ACER Press, 1979, p. 114.

表 4-1　维多利亚州教育人数和教师需求量①

分类＼年	1951 年	1961 年	1971 年
小学生数	205888	301514	367385
小学校数	1949	1931	1773
小学教师数	6454	10306	17369
中学生数	32209	101062	180960
中学校数	135	257	303
中学教师数	1469	3114	7223

这一阶段更加重视教师培养质量的提高，同时，伴随着澳大利亚公立教育的快速发展和教师教育在高等教育领域的单轨制进程，特别是在技术理性主义和教育批判主义思潮的影响下，教师培养发展成了具有专业能力型特点的课程实践。从教师学院到并入大学体系内课程的发展为代表的课程变革直接体现了这一点，下文选取这一阶段有代表性的墨尔本教师学院（Melbourne Teachers' College）——以从教师学院合并、升格为墨尔本大学教育学院的过程中的课程发展为例，并加以分析。

墨尔本教师学院是现在墨尔本大学教育研究生院（Melbourne Graduate School of Education，University of Melbourne）的前身，从 1888 年获得"墨尔本教师学院"（Melbourne Teachers' College）这一名称开始，一个实际意义上的"教师培训学校"历经发展和变革，特别是在 20 世纪七八十年代经过一系列学校以及院、系的合并、升格等，整合了历史上的中学教师学院（Secondary Teachers' College）、墨尔本教育学院（Melbourne College of Education）、维多利亚州立大学（通常被称作 Melbourne State College，正式的名称是 State College of Victoria）、墨尔本高级教育学院（Melbourne College of Advanced Education）、墨尔本幼儿园培训学校（Melbourne Kindergarten Training College）、豪森教育学院（Hawthorn Institute of Education）等。它是维多利亚州乃至整个澳大利亚教师教育机构变革和课程发展变革的一个具有代表性的

---

① Don Garden, *The Melbourne Teacher Training Colleges: from Training Institution to Melbourne State College 1870－1982*, Richmond, Heinemann Education Australia, 1982, p. 180.

缩影。本书即以墨尔本教师学院在整合进入大学领域的教师教育单轨制以前的课程为例，分析比较在上述教师教育思想和政策实施影响下的课程特点。

(一)专业能力型课程目标

这一阶段教师教育的培养目标按照唐·加登的表述就是"培养国家未来的教师，使他们的生活具有更宽厚的教育性、情感性和文化性"①(educational, emotional and cultural)。事实上，这一表述已经传达出了课程变革的信息，即教师教育要同时关注教师职业领域的专业发展与生活领域的个体发展，使教师有能力为这两个领域的发展做准备。

(二)专业能力型课程结构和内容

20世纪50年代后期教师学院的培训课程就从以一年为主的课程向两年、三年直至四年的课程发展，课程结构和内容也随之发生了变化。1963年，该校开始正式采用两年制的课程结构和内容，到1966年，在高等教育致力于发展教师教育以及开展最低年限为三年的教师教育课程的引导下，教师学院则推进和实施三年制的课程结构和内容，到1968年则开始尝试实施四年制课程。本研究选取该校不同年制的课程分述如下。

1. 两年制课程结构和内容

两年制的课程主要是培养小学教师的课程。

第一年是必修课学年，课程包括教育学、英语、数学、课程与技能、艺术教育、音乐、体育、科学与社会研究。

第二年在第一年的基础上增加了选修课内容，必修内容沿袭第一年的教育学、英语、数学；同时，要选修除第一年必修以外的三门学科课程学习。

两年制的课程基本上还是职业导向型的课程，以学科课程学习为主，辅之以必要的教育专业的课程，主要是教育学和教学法的课程。

2. 三年制课程结构和内容

三年制的课程主要培养中学教师，被称为"中学教师培养课程"(Trained

---

① Don Garden, *The Melbourne Teacher Training Colleges: from Training Institution to Melbourne State College 1870—1982*, Richmond, Heinemann Education Australia, 1982, p. 183.

Secondary Teachers' Certificate，TSTC)，整个内容和结构向专业能力型过渡，科目更加完整，教育学专业的课程更加宽厚，心理学、教学组织、课程论和教学实践的内容更充实，更加注重未来教师能力的培养。

(1) 内容

从内容上来看，这一课程坚持两部分的课程内容，即基础课程学习和教育课程学习，学生必须通过至少六门属于基础课程学习的科目，这些基础课程有些是由大学提供的，有些是教师学院新开设的学术性课程。

(2) 结构

从结构上来看，每名学生都要学习由 14～16 个学习单元组成的两个或三个主修科目、两个或三个辅修科目，以及一个独立的学科课程构成的课程结构。

(3) 学习进度

学习进度一方面要体现内容和程度上的循序渐进，另一方面要体现理论联系实际的逻辑关系。

· 第一年：开展四门学科专业科目的学习；

· 第二年：开展另外两门学科专业科目的学习，同时学习教育理论课程；

· 第三年：学习的科目包括教育心理学、教学组织、教学方法和教学实践，并开展教学实习活动。[①]

(4) 课程结构

在主体的课程结构之外，学校还试图开设一些拓展性课程，这些课程涉及文学、艺术、工艺、语言表达和图书馆学等方面，并且相当一部分是通过让师范生(在某些阶段是选出来的那些在学校学业优异、学有余力的学生)在大学里听课或学习选修课，甚至获得学分。

这类课程的基本特点表现为两点。第一，教师教育课程的知识体系已基本呈现出学科知识、专业知识与技能、实践活动知识三大部分，其中专业知识与技能，包括教育学、心理学和教学法等内容，这些内容比前一个阶段更加受到重视，在内容上也更加科学化，旨在完成教师的专业知识储备。第二，重视通过实践使未来的教师获得专业知识和技能，在实践过程中重视提高个

---

① Don Garden，*The Melbourne Teacher Training Colleges：from Training Institution to Melbourne State College 1870－1982*，Richmond，Heinemann Education Australia，1982，pp. 190-216.

人在专业领域内的能力和个人发展的能力。这些特点都体现了教师专业学习体系里更加宽厚的教师"教育"的意义，超越了职业实用的意义和阶段，可以说，这已经是专业能力型课程的培养模式了。同时，也为四年的大学教育做了准备。

3. 四年制课程结构和内容

到 20 世纪 80 年代，墨尔本教师学院已发展成为墨尔本大学教育学院 (The University of Melbourne Faculty of Education)，在之前 2~3 年制课程的基础上，培养中小学教师的职前教师教育呈现出多元化的态势，既有1~2年制的学位课程(Diploma of Education，入学要求类似于当前的 4+1 或 4+2 课程)，也有四年制的教育学学士学位(Degree of Bachelor of Education, B. Ed)课程，仅以 1986—1987 年墨尔本大学教育学院 B. Ed 课程为例，其科目和内容如表 4-2 所示。

表 4-2　1986—1987 年墨尔本大学教育学院 B. Ed 课程①

科目	内容
澳大利亚教育历史	维多利亚时期的殖民地教育；20 世纪维多利亚殖民地教育；技术教育的发展；大学教育的发展
教育的比较研究	法国；意大利和希腊；苏联；英格兰；中学的课程；教育的管理与控制；技术教育的特性与实施
教育哲学	知识与教育的原理 A；知识与教育的原理 B；文学鉴赏的哲学基础；科学教育哲学；教育理论的目标与特性；教育中的道德议题；音乐教育哲学
教育思想研究	希腊早期的教育思想；卢梭的教育思想；杜威和进步主义教育
教育社会学	青年(教育)政策；性别与学校教育；社会学理论与教育的社会学政策；教育理念的社会学研究；青年文化与课堂
统计与计算机科学	教育统计学导论；教育评估与评价；教育领域的计算机使用
教育心理学	教育成就的心理因素；教育领域的当代心理学议题；教育的社会心理学；认知心理学；心理学理论的教育应用；特别研究项目

---

① Melbourne University, *The University of Melbourne Faculty of Education Hand Book 1982—1988*, Melbourne, Melbourne University, 1982—1988, pp. 20-48.

续表

科目	内容
课程研究	小学阶段的课程发展；课程评估与评估手段导论；中学阶段的课程发展；中学文学教育；有效的数学课程研究
聋哑人教育	听力受损儿童的教育；听力受损儿童的说话训练：理论与实践；听力受损儿童的语言发展；听力受损儿童的教育管理；听力受损儿童的教育实习
教育管理	教育管理原理；教育管理的发展；教育管理的当前政策性议题
当前教育议题	当代教育议题 A；当代教育议题 B

以上可见，同这一阶段前期 2~3 年制的课程相比较，四年制的课程在内容上更加注重培养未来教师的教育专业性，主要表现在两方面。第一，在教师教育的课程领域，除了深化已经得到巩固和发展的教育哲学、教育心理学、教育历史和课程研究的专业部分，更要加强教育社会学、比较教育研究、教育统计学和教育管理学在专业课程中的意义和作用，从而促进教学的专业性发展，更使教师职业的专业性得到根本性的提升。第二，注重深化当前教育议题的内容，不仅在于培养职前教师在教育领域内勤于思考的问题意识，而且也在于提升其在教育领域内的研究意识和解决问题的能力，使其职前教师具有专业人员的基本素质和能力。

(三)专业能力型课程实施与发展的特点

这一阶段教师教育课程的发展不仅体现在时限和结构内容的变化上，课程实施过程中的发展变化也有显著的特点，主要表现在以下几个方面。

第一，课程在一直以来相对狭窄的教师培训(teacher training)的意义中得到发展，并开始体现出更宽泛的教师教育(teacher education)的意义，表现出注重师范学生专业发展的趋势。

第二，课程的结构和内容以教师专业知识的结构和内容为基准来设计，体现出此专业领域知识获得的范围和层次，并通过实践活动使获得的基础知识和教学法知识转化为个人的专业能力。

第三，教学实践性课程是对一贯以来澳大利亚教师教育所重视的教学实践的充实和拓展，它更加强调学生具有学校经验的重要性和意义，强调了在这一过程中学生"能力"的增长，这一能力既包括教学能力，又包括个人发展的能力。

第四，课程实施更加注重满足个体学生发展的需要。这一点由于受到20世纪五六十年代西方社会教育思潮的深刻影响，在体现师生关系的教学模式上表现出更多样化、学生更具自主性、重视学校和生活文化体验、重视交流和对话的辅导方式的特点，如自修、俱乐部、辅导小组和交流日等形式。自20世纪50年代以来这些形式广泛地影响了随后的澳大利亚教师教育课程实施的模式，甚至在今天的教师教育中还有保留，这一点也同当时教育思潮的影响分不开。

(四)专业能力型课程评价

20世纪60年代以来，澳大利亚教师教育在课程评价方面有了一定的发展，而这一发展得益于60年代中期澳大利亚联邦和州两级政府分别引入了职前教师教育课程认证(Pre-service Teacher Education Course Accreditation)的工作。[1] 尽管这一工作直到近半个世纪后，才在澳大利亚的教师教育领域得以通过法律认可的形式实施和发展，但是，其课程认证工作的价值理念、流程和方法都对课程评价的发展有所启发，并为其奠定了理论层面和操作层面上的基础。[2]

首先，从价值理念来看，澳大利亚教师教育自上一阶段在国家公立教育体系内得到巩固和发展后，从理论上来说其发展质量要对"公众"负责，也就是说要向公众确保通过学习这些具体课程，毕业生要具有专业化的品质和能力，课程的认证工作能够帮助课程本身提高专业水准并指向高质量的发展方向。[3] 这一基本理念为澳大利亚职前教师教育课程必须要具有"接受来自公共领域"和"接受来自专业领域"的双重评价奠定了基础。这也为随后课程评价的发展打下了理论基础，即课程评价的工作一方面要体现出向公共利益进行"投

---

[1] Lawrence Ingvarson, Alison Elliott, et al., *Teacher Education Accreditation: A Review of National and International Trends and Practices*, Hawthorne, ACER Press, 2006, p. 5.

[2] Lawrence Ingvarson, Alison Elliott, et al., *Teacher Education Accreditation: A Review of National and International Trends and Practices*, Hawthorne, ACER Press, 2006, pp. 5-8.

[3] Lawrence Ingvarson, Alison Elliott, et al., *Teacher Education Accreditation: A Review of National and International Trends and Practices*, Hawthorne, ACER Press, 2006, p. 2.

资反馈"的意义,另一方面要尊崇专业领域的标准和价值。

其次,从操作层面的流程来看,这一阶段以维多利亚州和昆士兰州两地的大学课程为代表的课程认证工作已经具有了内部课程认证流程和外部课程认证流程两种形式,这两种形式也就成为随后澳大利亚教师教育课程评价使用的两个平行的评价形式。这样的评价形式一方面体现了评价工作是基于对信度和效度的需求而结合使用自评与他评,另一方面也体现了课程健康发展的自我需求。

最后,从操作层面的具体方法来看,这一阶段的认证工作从一开始就比较注重具体课程的内容与结构的评价,注重评价课程具有的毕业生雇用方的支持系统,并且也逐步发展出了课程实施参照的标准体系。

澳大利亚教师教育课程的认证工作带动了系统的课程评价工作的开展,也可以说,将职前教师教育课程的准入认证工作推演和发展到了课程实施、更新和发展的全部阶段,进而形成了课程评价的系统性工作。这一发展在后一个阶段,特别是进入21世纪以后得到了进一步的完善。

以上这些显著的特点都体现了澳大利亚教师教育课程在这一阶段冲破了一贯以来的"培训""技术"等概念的束缚,开始向着更宽厚的"教育""发展"的理念转变,从职业实用型的教育向专业能力型的教育发展和提升。课程目标已不再以培养某一职业的从业人员为唯一目的,而更加注重在个体作为人的发展的前提下,提升教师职业的专业性,通过教师教育专业知识的可操作性应用以及教师教育专业技术的实施而达到,从而使教师不仅具备了从业能力,也具有了专业人员的基本素质和能力。同时,在课程实施过程中因其强调知识的结构和分层而体现了专业能力获得和发展的"标准化"发展趋势。

第五节 教师教育一元化进程与专业能力型课程形成的影响因素

这一时期从影响教师教育及其课程发展的因素来看,可大体分为两个阶段——第二次世界大战前和第二次世界大战后。其中第二次世界大战前阶段继续受进步主义思想的影响,而第二次世界大战后澳大利亚教师教育以及专业发展型课程的形成主要受到两方面的影响。一是培养方式受到了这一时期在西方社会有影响的技术理性主义和教育批判主义思潮的影响。二是培养机构与层次受到了澳大利亚高等教育单轨制运动带来的高等教育的合并、融合以及相应政策变化的影响。

一、第二次世界大战前：进步主义思想的持续影响

第二次世界大战前，影响澳大利亚教育和教师教育发展的主要教育思想同 20 世纪 20 年代一样，进步主义教育思想在澳大利亚得到了一定程度的推广。

其影响的重要表现就是这一阶段开展的一系列小学教学大纲的修订工作。1932 年，维多利亚州修订了小学教学大纲；1936 年，西澳大利亚州也开展了类似的工作。大纲的修订声明要将更多的学生活动融入小学教学中，赋予教师更多的自由，以及不断更新教学内容与教学流程。① 这一教育思想带来的影响在 1931 年关于小学教育的"哈多报告"(Hadow Report)和 1944 年关于教师培训的"麦克奈尔报告"(McNair Report)中都有体现，并且使教育革新成了公众关注的焦点。

以上对普通教育领域的影响也必然会辐射到教师教育领域。例如，教师教育课程要求学生学习和研究这一阶段的教育创新，这些创新内容通常包括小组教学、单元教学、活动教学和游戏教学等受进步主义深刻影响的新的教学理念和方法；同时，学生也被要求阅读和理解杜威的著作。

二、第二次世界大战后：受技术理性主义和教育批判主义思潮影响的教师教育思想

(一)技术理性主义的影响

第二次世界大战以后，随着教师教育在高等教育领域内从二元体系到单轨制的发展，澳大利亚的教师教育课程变革更加体现了从重视职业训练导向的课程向重视理论和研究为基础的专业发展课程模式的转换。这一变革的理论基础来自在欧美国家盛行的受技术理性影响的具有专业发展取向的教师教育思想。

技术理性主义的教师教育思想的根源可追溯到理性主义教育科学视角下的教师教育思想。20 世纪二三十年代，无论英国还是美国，都经历了师范学校升级为师范学院或者教师学院的过程，大学越来越多地参与教师教育。为了争取在大学中的学术地位，教育科学的构建首先急于说明教师作为专业性

---

① ACER, *Review of Education in Australia*, 1938, Hawthorne, ACER Press, p. 205.

职业的依据以及教师教育的科学基础。因此,强调教学作为一种专业的教师教育思想,相信教育科学能够为教学提供专门的知识基础,"教师教育就是使未来的教师掌握教学专业知识和技能,把教师培养成专业人员。这一思想的发展表现在教师教育的内容上就是强调了所谓'教育基础'(foundations of education)的课程"①,认为那些宽厚的"文化"和充分的"学科知识"必须要作为教师教育的"学术"准备,师范生要学习一门或多门社会学课程,以便正确地认识教育在社会中的性质;要学习一门心理学课程,以便将教育理解为个体发展的过程;要开设和重视初等教育和中等教育的历史、教育原则、教学方法,学校的组织和管理,以及学校卫生学等,这些课程都要尽可能源自常规的大学课程,这一点最终也成为推动澳大利亚教师教育完全进入高等教育领域并完成单轨制的重要动因之一。

同时,在教学实习的态度上,理性主义也形成了所谓的"实验立场",即摒弃师范学校里那种注重训练教师掌握教学技术的即时性目的,而提倡以实验和探索的形式发展师范生的专业的水平以取代学徒式技术的培训。很显然,这种理性主义的教育视角对教师角色的认识已经从单纯的职业技艺型角色向学生学习的指导者、教育经验和理念自我建构者的专业发展型角色拓展了。那么,对于教师角色认识的转变使教师教育者进一步思考教师教育内容和形式上的改进,他们由此提倡在教师教育项目中设立那些已经确定的教育基础课程,增强教师教育的学术性并加深师范生对教育的深刻理解;不再将教学实习的意义局限于教学技术上的培训,而是通过实习培养教学专业人员的理性思考和判断能力,从而将教育理论和实践结合起来。

技术理性主义将这些理念从可操作性的层面进行了阐释和发展,以其"专业化、科学化、标准化和界定性"的标准来应用理论和实施技术,按照皮尔逊的观点:"在既定目标的前提下,中心任务就是如何采用最适当的方法来实现此目标,专业实践的任务就是应用专业领域的科学知识和技术来解决问题"。② 从而,教师教育作为一种专业活动被技术理性主义视为应用教育教学专业领域的知识和技术来解决教师培养的问题。

---

① 刘静:《20世纪美国教师教育思想的历史分析》,博士学位论文,北京师范大学,2008。

② Pearson A. T., *The Teacher: The Theory and Practice in Teacher Education*,转引自戴伟芬:《20世纪80年代以来美国教师教育课程思想研究》,博士学位论文,北京师范大学,2010。

技术理性主义对教师教育的专业知识进行了划分和规定,认为专业学院(教师教育机构)在进入或升级为大学的过程中要遵循大学的知识认识论逻辑,视教育为一门应用型科学,对专业知识的准备有着明确的划分,将具体的教师教育的课程划分为基础课程、教学法课程和实践课程。其中,基础课程包括哲学、心理学、社会学和历史等;随即将这些基础课程应用到实践中去的知识,即教学法课程;实践课程的学习是教师成为专业人员的必需环节。

那么,根据技术理性主义的教师教育思想,教师教育的课程势必呈现出以下三个特点。

第一,课程的目标是提升教师职业的专业性,通过可操作性的(教师教育)专业知识的应用以及(教师教育)专业技术的实施而达到这一目标,从而使教师具备从业能力。

第二,课程结构和内容以教师专业知识的结构和内容为基准来设计,体现出此专业领域知识获得的范围和层次,并通过实践活动使获得的基础知识和教学法知识转化为个人在专业领域内的能力。

第三,课程实施过程中因其强调技术操作的特性从而体现了专业能力获得和发展的"标准化"发展趋势。

有研究者指出,受技术理性主义影响的教师教育的课程思想是20世纪80年代以来美国教师教育思想的组成部分,它体现了专业取向的趋势。事实上,这一思想也影响了这一阶段澳大利亚教师教育课程的变革,特别是在澳大利亚教师教育基本已进入高等教育的范畴并且这一阶段高等教育体系实现了单轨制的背景下,技术理性主义课程的特点就更加明显,并呈现出了朝"标准化"方向发展的趋势。[1] 奈特等人在分析从20世纪80年代初到90年代澳大利亚教师教育变革的特点时,也将这一阶段教师教育的特点归纳为培养"有能力的从业者",而其课程培养的特点即加强对职前及继续教师教育的质量、内容和结构的标准化建设与理性贡献。下文将对课程结构和内容做具体分析。[2]

---

[1] 戴伟芬:《20世纪80年代以来美国教师教育课程思想研究》,博士学位论文,北京师范大学,2010。

[2] John Knight, Bob Lingard, et al., "Reforming Teacher Education Policy under Labor Government in Australia 1983-1993", British Journal of Sociology of Education, 1994 (4), pp. 451-466.

(二)教育批判主义思潮的影响

20世纪中叶以来,社会变革波澜壮阔,政治的两极分化、经济发展的科技化、文化的多元化和资讯的信息化等,都使社会的进步和人类的发展面临着前所未有的挑战,特别是第二次世界大战以后,西方国家进入社会高速变革的时期,正如20世纪70年代西方流行的阿尔文·托夫勒(Alvin Toffler)的著作《未来的冲击》(*Future Shock*)中描述的那样,技术的巨大变革带来了一个加速变化的时代,西方社会传统的价值观和行为方式受到了质疑与抛弃。面临这样的社会变革,尽管教育的变革并未停歇,但是学校教育的单一性、封闭性的特点却没有大的变化;同时,制度化教育带来了弊端。例如,进步主义教育的改革降低了学校教育的学术性和学生的学习质量,而随后一系列的改革为提高教育内容的科学性和学术水准而加重学生的学业负担导致了理论脱离实践,从而使人们对学校教育充满悲观、失望的情绪。而20世纪60年代和70年代的越南战争事件更是加速了以年青一代诉求"自由"的反叛和骚动为表象及代表的社会思潮的到来。这种社会思潮也反映在了教育领域,"自由"成为口号,其中最有影响力的教育思潮来自A. S. 尼尔(A. S. Neil)和伊万·伊利赫(Ivan Illich)。他们的教育理念中有对组织化学校弊端的抨击;对学生实施自我教育、自我学习的责任的培养;树立起更宽阔、更丰富的在社会和生活中学习的网络式教育的理想;鼓励和帮助学生获得自我判断和批判性思维的精神等。[①] 这些都是教育批判主义的显著标志,即把教育制度、教育目标、教育管理、内容、方法和师生关系等作为批判对象,对学校教育的封闭性、强制性和等级性的特点进行最为集中的批判。这些都深刻影响了当时西方国家在高等教育领域首当其冲的教师与学生的沟通方式,并进一步影响了教学模式。澳大利亚的教师教育领域也受到了影响,在教师教育课程中就有鲜明的体现。

第一,体现在以师生关系的变革为核心的教学模式的发展上,它是具有更多样化、学生自主性、重视学校和生活文化体验、重视交流和对话等特点的学习方式。例如,自修、各种俱乐部和一系列辅导小组等形式应运而生。

[①] Don Garden, *The Melbourne Teacher Training Colleges:from Training Institution to Melbourne State College 1870—1982*, Richmond, Heinemann Education Australia, 1982, p. 201.

辅导小组的学习模式体现了这一阶段的学院精神和追寻学习自由的热情,是由一些教员负责每周进行的小组会面活动,这一活动旨在为学生和教员及学术权威们提供交流的机会,使教员能够不断地了解学生的学习进程或问题所在,从而给出建议和指导。随后,这类活动在各个学校逐渐发展成了"交流日"的形式。以墨尔本教师学院为例,交流日约定俗成在星期三,活动地点主要集中在大学联合会礼堂(University Union Theatre,这一地点和名称至今仍然保留在墨尔本大学校园内,并且还具有从历史上继承来的相当一部分的传统功能)。主要的活动内容和时间安排是有规律的。上午安排学生的各种音乐活动、客座演讲者的演讲和议会辩论等集中活动,随后学生们进行分组讨论,并以所有学生都参加的一小时左右的音乐活动结束上午的部分;下午则是各种体育和俱乐部活动,学生可以参加十多种体育活动,也可以选择参加各种俱乐部活动,其中"社会服务俱乐部"(Social Service Club)的学生通常会作为志愿者为学生服务,学校的类似体育和俱乐部的活动发展到近30种。

第二,注重有益于个人发展和专业发展的年度教育游学和其他活动。事实上,教育游学形式来自英式传统,国内大学间以体育竞赛为主的方式进行联校互访活动,一般为一周或数周。在以"自由为潮"的年代,学生们为了"鼓动""参与""席卷"以"自由"和"批判"为名的各项活动,加强和利用了原有的学校间的串联和固定联系,随着时间的推移,这也发展成为一种学校间的教育交流方式,并逐渐成为重在展示各校学生体育活动多样化和竞争力的社会学习活动。类似这种在生活、交流、体育和休闲中形成的学习传统随后也进一步得到发展,还有学生自己组织的有固定时间的舞会、烧烤和野餐会等,甚至连喝咖啡也成为交流和学习的方式。[1] 墨尔本大学校园周边的一些咖啡馆几乎成了这类教育交流活动的固定场所,至今仍然保留着这一传统,发挥着类似当年的作用。

三、高等教育单轨制运动以及相应政策的影响

澳大利亚高等教育领域的里程碑前文已提到,20世纪80年代末期出现了由当时的联邦教育部部长道金斯(Dawkins)领导的国家高等教育单轨制运动。

---

[1] Don Garden, *The Melbourne Teacher Training Colleges: from Training Institution to Melbourne State College 1870—1982*, Richmond, Heinemann Education Australia, 1982, pp. 202-203.

1988年，在政府的推动下，澳大利亚57所高等教育学院与19所大学合并，形成了统一的高等教育体制，高等教育双轨制宣告结束，高级教育学院消失，在原有的基础上重建了38所新型大学。从整个澳大利亚高等教育发展的角度看，这次改革的直接目的是在政府的驱动下理顺澳大利亚高等教育的内部结构，促成这一改革的主要原因是高级教育学院自身的发展壮大，但其具体原因是多元和多层次的，仅从教师教育发展需要的角度来看，这种转换有一定的社会发展背景。正如道金斯所言："教师的质量是学校质量的核心部分……我们必须要探寻能够促进教师职前和持续的教师教育的路径，以应对教育、经济和社会发展转变的需要。"[1]

如前文所述，基于将教师教育视作职业技术训练和技能培养的理论逻辑，综合型大学和高级教育学院以及技术与继续教育学院分别侧重于学历学位教育、专业训练和职业技术教育，其中，相当一部分教师教育工作由高级教育学院承担。但是，随着教师教育向培养专业能力型人才的方向迈进，教师教育的课程更明显地体现出了如前文分析的内容的宽厚、结构的分层、实施的可操作性，以及具有专业标准关照的特点和趋势，这就不仅为教师教育大学化提出了要求，而且也为其做了准备。因此，在这一单轨制运动过程中道金斯改革的主要切入点是在大学的体系内更加注重教师教学能力的提高，大学的教师教育课程增加了对学生未来教学内容的训练等。正如德怀尔（Dwyer）指出的那样，这个阶段高等教育的大合并以及双轨制的消失提高了大学里教师教育的地位。[2] 这种提高主要是从教师教育实践性课程实施的角度来看的，包括地点和模式，即在大学的学习环境里，从重视职业训练导向的课程向重视理论和研究为基础的课程模式转换，同时为了提高教学质量，不再将教学实习的意义局限于教学技术的培训，而是通过实习的形式培养教学专业人员的理性思考和判断能力，从而将教育理论和实践结合起来。可以说，这一高等教育单轨制运动给教师教育课程带来的影响，既是教师教育进入大学体系后大学"内部逻辑"的要求，也是对教师教育课程自身发展变革的主动回应。

---

[1] Michael Dyson, "Teacher Education: Reviewed to the Eyeballs but where is the Evidence of Significant and Meaningful Change?" NZARE/AARE Joint Conference, Auckland, 2003.

[2] Michael Dyson, "Teacher Education: Reviewed to the Eyeballs but where is the Evidence of Significant and Meaningful Change?" NZARE/AARE Joint Conference, Auckland, 2003.

本章小结

从20世纪30年代到20世纪80年代，澳大利亚的教师教育实现了在高等教育中的一元化，并向着专业能力型课程的方向推进，其主要特点和发展趋势：

第一，随着第二次世界大战后澳大利亚公立教育系统的快速发展，国家对学校教育、教学有了新的重视点，"马丁报告"等一系列报告，显示出国家开始将学校教学作为一种专业，进而指明了教师教育专业化的发展方向。尽管这一阶段相关的教育报告还在使用"培训"一词来描述教师的培养工作，但是却倾向于建立起完整的教师教育体系，并且确定了教师作为专业人员的身份以及教师培养过程理论与实践结合的专业化；同时，也开始关注"专业"的基准，关注教师教育中技术性能力的成分，关注如何将教师教育中的技艺部分和专业部分结合起来，以及如何认识理论和实践这两部分，特别提出教师教育是个人与其专业发展的持续过程的重要理念。

第二，在这一阶段，澳大利亚的教师教育经历了二元体系的形成、发展与融合，最终使教师教育实现了在高等教育中的一元化。高等教育的大合并以及双轨制的消失不仅提高了大学里教师教育的地位，而且也进一步推动了教师教育课程向专业能力型方向的变革。

第三，从教师教育课程理念来看，在以技术理性、教育批判思潮为代表的理念的影响下，这一阶段的发展开始体现出更宽泛的"教师教育"的意义，突破了一直以来相对狭窄的"教师培训"的意义，更加注重满足个体师范生能力发展的需要，使其更具专业人员的基本素质和能力，从而从职业实用型的教师教育课程发展成为专业能力型的教师教育课程。

第五章 教师教育标准化时代的到来及专业标准型课程的实践：20世纪90年代以来

澳大利亚的教师教育在经过了高等教育单轨制及课程专业化的发展后，教师教育的政策更加注重教师专业化和教师质量的提高。同时，在结构功能主义专业观的影响下，教师教育更加注重教师和教学专业权威机构在教师教育标准化工作中发挥的作用。就此，自20世纪90年代以来，以教师与教学权威机构的发展、教师教育标准化运动、现代教师资格认证制度的建立和标准化教师教育课程认证体系的构建四项内容为标志的澳大利亚教师教育进入了一个标准化时代，在课程上也体现了专业标准型的实践特点。

第一节 教师教育标准化时代的到来

20世纪90年代，澳大利亚的教师教育进入一个新的时期，教师教育变革的核心体现在四方面。第一，教师与教学专业权威机构的发展；第二，教师教育标准化运动；第三，现代教师资格认证制度的确立；第四，标准化教师教育课程认证体系的构建。这四方面的发展标志着澳大利亚教师教育标准化时代的到来。

一、标准化与教师教育标准化

"标准"这一词汇在汉语中是有渊源的，《辞海》(第六版)

解释为"衡量事物的准则"，并引申为榜样与规范的意思，《现代汉语词典》(第七版)增加了一种释义，即"本身合于准则，可供同类事物比较核对的"。而本文讨论的"标准"和"标准化"的概念援引了英文"standard"和"standardization"的含义，这组词汇最早意为"直立的支撑物"，后来被用于量衡的系统中，以及工业生产当中，在教育领域这一词汇最早是与学校教育中阅读和写作等能力指标(standards)相关的。① 到现当代，随着结构功能主义专业观的发展，主流的教育思想更加认同专业化的过程，即探寻某一职业发展过程中情感中立的、自我定向的部分，将其以标准或准则的形式呈现出来，用以规范和促进这一领域在社会运行中发挥的功能。

由此可见，当前教育领域内的"标准"不仅有衡量准则的意思，也有权威性、公认性的意味;② 进而，我们可以将"标准化"定义为具有权威的机构制定的准则和规范，并就其达成一致共识和推广使用的过程。

基于上述标准和标准化的定义，观照这一阶段澳大利亚教师教育的发展，可以看到最显著的特点——影响教师教育发展的各个方面都进入了标准化的操作层面。首先，制定和推广标准的专业权威机构得到了发展。其次，教师教育课程标准、教师专业(发展)标准、教师教学及教学能力标准纷纷出台，形成了教师教育标准化的运动。最后，这一阶段的现代教师资格认证制度和教师教育课程认证体系也都在标准化的基础上得以构建和确立。

由此，本书认为澳大利亚的教师教育进入了一个标准化时代。

二、教师与教学专业权威机构的发展

在教师与教学专业标准化发展过程中教师与教学专业权威机构发挥着核心作用，甚至决定了其他三方面发展的可能性和程度。虽然这些专业权威机构在身份上经政府的认可、在运作上大多受政府的资助，但是其成员主要由教师、教师工会、大学和教师雇用方以及政府相关部门共同组成，从这一角度来说这体现了从完全由政府资助并掌握权力开始向教师专业团体以及教师雇用方做出权力上的让渡。

---

① 参见[英]雷蒙·威廉斯:《关键词:文化与社会的词汇》，刘建基译，454~459页，北京，生活·读书·新知三联书店，2005。
② 朱旭东、李琼:《教师教育标准体系研究》，19页，北京，北京师范大学出版社，2011。

澳大利亚作为一个教育行政联邦制国家，自然也就发展出了联邦级和各州或地区级的专业权威机构，这样的两级专业权威机构既有地方自主权，又有一定的成员隶属关系。

(一)国家级专业权威机构的发展

1. AFTRAA

澳大利亚教师注册与认证机构评议会（Australasian Forum of Teacher Registration and Accreditation Authorities，AFTRAA）成立于2003年，其成员为各州或地区的教师管理局（或协会），2007年正式更名为澳大利亚教师管理局（Australasian Teacher Regulatory Authorities，ATRA）。这一教师专业权威机构不仅具有对教师资格认证工作上的权威，而且具有对教师教育课程的审批权。所有通过地方教师管理局正式审批通过的教师教育课程也被其他成员认可。其主要工作领域包括以下方面。

·协助澳大利亚和新西兰联邦协调各所属评议会成员发展和提升教学的专业标准和专业学习的合作性工作。

·为各所属评议会成员主席和资深项目官员提供以下服务：对共同关心的问题的建议、向包括州或地区一级相关权威部门提供共同关心问题的议案和建议、集中和发布涉及集体利益的信息、有效评估任何正在实施的行动、达成一致的决议等。

·确定问题并确定问题研究的优先权，这些议题涉及各所属评议会成员的需求，同其他教育机构、政府和社群的关系，鼓励、支持或发布、宣扬研究的结果。

·提倡实施各项教师规范，包括教师的注册、教师的认证和教师资格制度。

·对一切影响包括教师注册、教师认证和教师资格制度的规定快速做出反应。

·提升各所属评议会成员工作的效益。

·在澳大利亚、新西兰乃至国际范围内为提高教师质量这一共同兴趣点而联络和咨询各类教育组织。

·代表所属评议会成员的观点就有关教师质量的问题同政府、政府级权威机构、公共组织以及大型社团或任何部门开展讨论。

·从公众和教师调控部门收集所有可能影响教师注册、教师认证和教师资格制度的规定，正在或预备发挥作用的影响立法的知识，无论其来自澳大利亚、新西兰还是海外。

•增加评议会成员的集体利益，认可每一个评议会成员或一群评议会成员的最大利益不受约束的权利，以及认可在评议会框架内每个成员追求特别利益的权利。

•协助各成员提高知识水平，不为涉及有关国家或地区的法律或相关规定的废止、更改或有可能取消其成员身份的任何活动提供可能。①

2. AITSL

澳大利亚教学与学校领导协会（Australian Institute for Teaching and School Leadership，AITSL）成立于2001年。它是澳大利亚教师教育课程认证体系制定、实施以及质量保证的国家级专业权威机构，其主要工作职能包括以下方面。

•制定与维持缜密的教学与学校领导专业标准。

•在专业标准的基础上开展被确认的教师国家认证工作。

•通过专业标准、专业学习以及对职前教师教育课程的国家认定工作促进和主导教师和学校领导高质量的专业发展工作。

•承担和进入到相关工作的国际性研究和创新当中。

•组织教师和学校领导的年度国家荣誉授奖活动。

•同政府及非政府的学校系统、主要相关部门（包括专业团体和教育协会、教师教育者、商业和学校社群）、澳大利亚课程评价和报告机构（Australian Curriculum Assessment and Reporting Authority，ACARA）以及澳大利亚教育服务组织（Education Services Australia，ESA）开展工作合作。

•依据1994年移民管理规定执行对"有技能的学前、小学和中学教师的移民"评估。②

（二）各州或地区级专业权威机构的发展

维多利亚教学协会（Victorian Teaching Institute，VTI）是一个管理和促进教师专业发展的法定权威机构。它是依据《2001年维多利亚教学协会法》（Victorian Institute of Teaching Act 2001）的相关规定成立的。12个成员组成该协会的管理

---

① "About Us," http://www.aitsl.edu.au/about-us/about-us-landing.html，2017-02-24.
② "About Us," http://www.aitsl.edu.au/about-us/about-us-landing.html，2017-02-24.

委员会，成员主体多是来自公立学校、天主教学校和私立学校的一线教师。维多利亚教学协会主要从事以下六方面的工作。第一，注册教师工作，确保有资格者方可进入该州的学校执教。第二，促进教师更宽泛的专业发展方向。第三，发展教师专业的实践标准。第四，有组织地指导、支持新入职教师的教学。第五，对新教师的职前教师教育学业进行认可与资格鉴定。第六，调查与检查教学中出现的严重失职行为和教学能力不合格或不适当现象。①

2000年和2001年新南威尔士政府分别发表了有关教师教育的评论"乔治·拉姆齐报告"和"吉姆·迈克莫兰报告"，要求成立教师协会以致力于提高教师质量和教师地位。这两个报告要求成立教师协会以致力于提高教师质量和教师地位，这推进了新南威尔士州教师协会的建立。《2004年教师协会法》(Institute of Teachers Act 2004)规定了该州教师协会的功能与法律基础；《2005年教师协会规章》(Institute of Teachers Regulation 2005)进行了一些修改。该协会由一名主席、一个教育质量理事会和一个管理委员会组成。该协会主要具有以下几方面的功能。第一，向州教育部部长提供关于教师专业标准的内容、发展、应用以及其他建议(包括部长作为教师资格鉴定权威对非政府学校教师资格认可、终止与撤回方面的功能)。第二，建议和帮助教师资格的认定。第三，对教师资格认定过程进行监控；第四，确保教师专业标准的公平性与一贯性。②

昆士兰教师学会(QLD College of Teachers)成立于2006年，它是一个具有法律效力，且专门对教师资格进行认定的机构。在此之前昆士兰州教师注册主要由1971年建立的昆士兰注册教师管理委员会(QLD Board of Teachers Registration)承担，2006年1月1日该教师管理委员会被昆士兰教师学会取代。昆士兰教师学会由董事会、董事主席和支持它的一些委员会组成。《2005教育法》[Education (Queensland College of Teachers) Act 2005]规定了昆士兰教师学会有以下主要功能。第一，给予合格教师以教师注册和教学准入的资格。第二，决定教师注册与准入必须满足的初始和发展中的合格条件。第三，认可教师继续教育需满足的合格条件。第四，安排教师认可的犯罪历史检查和教师注册或准入申请事项。第五，临时注册(provisional registration)需要的对相

---

① "About Us,"http：//www.vit.vic.edu.au/content.asp? Document_ID=5，2017-02-27.

② "Institute of Teachers Act 2004,"http：//www.nswteachers.nsw.edu.au/Library.html, 2009-09-01.

关职前教师教育的认可与监控。第六,推进关于教师专业标准的发展和应用。第七,对认可教师进行注册与档案记录并对其专业行为和专业能力进行调查。第八,促进教师的专业行为或认可教师的实践方式。第九,对教师专业的相关规章进行评论和研究,并推进教师专业走向公共领域。①

南澳大利亚注册教师管理委员会(SA Teacher Registration Board)成立于2004年,《2004年注册教师与标准法》(Teachers Registration and Standards Act 2004)是其法律基础。该委员会由16个成员组成,其中代表成员由政府任命。委员会每月召开一次会议,其主要功能体现在三方面。第一,对教师进行注册管理。第二,推进教师教育发展。第三,推进教师专业水平的发展。②

西澳大利亚教育学会(WA College of Teaching)成立于2004年9月15日,《2004年西澳大利亚教育学会法》(Western Australian College of Teaching Act 2004)为其提供了法律基础。它的成立是对教师专业化的一个重要回应,旨在成立专业权威机构以管理该州的教师专业和提升教师专业地位。该学会由19名成员组成,通常每年召开十次会议。截至2009年该学会已拥有了43000名成员,学会的主要工作是推进教师专业标准、价值的制定和规定,提供注册,联络教师用人单位和有教师教育项目的大学,促进和鼓励教师的继续教育。

塔斯马尼亚州注册教师管理委员会(TAS Teacher Registration Board)由州立教育部部长任命的十位代表成员组成,任期3年,其成员代表分别来自公立学校、天主教学校和私立学校。塔斯马尼亚注册教师管理注册委员会以《2000年教师注册法》为依据,2001年4月其组委会成立。塔斯马尼亚注册教师管理委员会主要具有教师资格鉴定、注册和推进教师教育与教师专业水平发展等功能。③

2004年8月19日澳大利亚北部地区的立法会通过了《北部地区教师注册法》[Teacher Registration (Northern Territory) Act]。依据该法建立了具有独立法律地位的注册教师管理委员会。这一委员会由各个教育组织提名任命的12名成员组成,每年至少举行三次会议,主要负责给教师注册或者授予招聘主体招聘未注册者的权力;联络教师教育和教师专业发展供给部门;支持教

---

① "Education (Queensland College of Teachers) Act 2005," http://www.qct.edu.au/college/functions.html,2017-03-01.
② "Registering in South Australia," http://www.trb.sa.edu.au/,2017-03-01.
③ "Teacher Registration Act," http://trb.tas.gov.au/about/default.htm,2017-03-01.

师教育学术的发展；促进教师伦理发展。① 目前，澳大利亚北部地区已经建立了四个理事会帮助注册教师管理委员会实现其功能。专业标准与伦理理事会——通过提高教师专业标准和伦理要求提高教育质量和学生的表现；投诉与咨询理事会——通过报告严重失职行为和调查能力严重不合格者来提高教育质量和促进教师专业发展；注册程序理事会——确保该地区所有学校的教师具有从业资格和良好的品质；职前资格鉴定理事会——给注册教师委员会提供对职前教师教育的评估和资格鉴定方面的建议，确保师范毕业生能满足教师注册要求的有关新手教师的标准。②

通过了解以上教师与教学专业权威机构的成立依据、成员构成和核心工作等，可以看出，这些专业权威机构最终都是以法律认可的形式，通过建立在以多方合作的专业团体或协会的初级形式基础之上，发展成了由来自大学、学校、教育行政部门、社区和其他相关社群的人员组成的机构，以建设教师专业化的发展方向为核心内容，这一专业化的方向主要包括教师的知识、教师的能力结构、教师的培养和教师的资格认定。

三、教师教育标准化运动的进程

20世纪90年代以来澳大利亚教师教育进入了标准化时期，这一阶段的标准化运动是从各个方面推进的，重要标志就是从联邦到各州有关教师和教师教育的一系列专业标准的制定与实施。

首先，从教师标准制定的级别来看，联邦一级制定与实施专业标准的工作一直受到重视，从20世纪90年代初的国家级教师教育课程标准到2011年2月出台的最新国家教师专业标准，一直为澳大利亚的教师专业标准化运动设定框架。同时，各州也都在积极充实着这一工作，并被要求与联邦标准保持一致的方向。到目前为止，联邦一级的标准不断出台、更新，各州也都陆续拥有了自己的标准文本。

其次，从教师标准内容分类上来看，主要包括三方面。第一，教师教育课程标准。第二，教师专业发展标准。第三，教师教学标准。这三方面的内

---

① "Teacher Registration (Northern Territory) Act," http：//www.trb.nt.gov.au/about_us/index.shtml；http：//www.trb.nt.gov.au/index.shtml, 2017-03-01.

② "About Us," http：//www.trb.nt.gov.au/about_us/committees.shtml#professional_standards，2017-03-01.

容在早期国家级标准中往往是结合在一起的，标准化运动的发展进入21世纪以后就更加细化了。从文本制定使用的概念来看，早期主要采用了"（专业）标准"(Professional Standards)"（能力）框架"(Competency Framework)"，并（或）结合"指导纲要"(Guideline)的用法，到近期各州和国家级标准都主要采用了"（专业）标准"的概念。

最后，从标准出台的影响范围和级别来看，20世纪90年代开始出现了国家级标准，其中，两个标准产生了一定的影响——1992年澳大利亚教学委员会(Australia Teaching Council)出台的《初任教师能力标准》(Beginning Teachers Competency Framework)和1996年该委员会出台的《国家初任教师教学能力标准：国家教学与学习质量计划》(National competency framework for beginning teaching: National Project on the Quality of Teaching and Learning)。尽管这个委员会存在并发挥作用的时间并不长久，这两个标准文本的制定和推行工作在当时也并没有使各州在其州的范围内将发展标准化运动的注意力吸引到国家一级的层次上来。但是，这两个标准文本的出台为标准化运动在国家级的高度拉开了序幕，其内容和影响也为随后的国家级标准的出台和各州的标准化运动做了铺垫。紧随其后的是1998年出台的《职前教师教育项目的国家标准与指导》(Preparing a Profession, Report of the National Standards and Guidelines for Initial Teacher Education Project, NSGITE)和2003年出台的《国家教学专业标准》[A National Framework for Professional Standards for Teaching, ANFPST(2003)]，这两个标准为进入21世纪以后各州制定并发展更加细化的有关教师的专业标准打下了基础。到2011年澳大利亚教学与学校领导协会经由澳大利亚教育与学前儿童发展及青年事务部部长理事会(Ministerial Council for Education, Early Childhood Development and Youth Affairs, MCEECDYA)正式通过而在全国范围内颁布、实施《2011年国家教师专业标准》[National Professional Standards for Teachers, NPST(2011)]。同时，各州也都发展出了自己的专业标准，下文详述。

以下从内容分类的角度分析这一阶段澳大利亚教师教育标准化运动的进程。

(一)教师教育课程标准

1. 20世纪90年代到21世纪初有影响的国家级教师教育课程标准

1998年，澳大利亚教育学院院长委员会(Australian Council of Deans of Education, ACDE)在联邦就业、教育培训和青年事务部的资助下，制定了针对澳大利亚基础教育领域教师教育的标准和指导纲要——《职前教师教育项目的国家标准与指导》[Preparing a Profession, Report of the National Standards and Guidelines for Initial Teacher Education Project, NSGITE(1998)]以形成高标准的教师教育。这一标准和纲要是澳大利亚这一阶段教师教育的标准化，特别是国家级水平上的一个里程碑式的产物。它的影响主要有两方面。一是为在其以后出台的各国家级和州一级的教师专业发展标准、教学标准和教师教育课程标准打下了参考的基础。二是深刻地影响了澳大利亚教师教育课程的内容和设计，就像标准报告当中指出的那样。

需要强调的是，本报告的顾问委员会在各州和地区都发现了具有模范意义的教师教育(的标准研究文本)，这一点明确地说明了当前我们越来越重视通过研究来支持教师教育(课程)的内容和设计。毫无疑问，澳大利亚的大学若能像期待中的那样，适当地参考和利用本报告的成果，就会使澳大利亚的教师教育提升到国际性的标准。①

这一标准文本包括三部分，主要内容如表 5-1 所示。

表 5-1　NSGITE 主要内容

结构	标准内容
第一部分：师范毕业生的培养标准和指导纲要(Graduate Standards and Guidelines)	基本专业特性标准；对学生的关注、健康、安全的责任标准；对学生的了解及与其交流的标准；针对土著文化、社区、学生的教育标准；掌握教学内容的标准；实施课程能力的标准；读写能力标准；算术能力标准；教学与学习能力标准；与学习者的关系及行为管理标准；技术能力标准；考核与评价能力标准；与他人合作的能力标准；在学校及其他系统中工作能力的标准
第二部分：课程标准和指导纲要(Program Standards and Guidelines)	课程开展、实施、监督的程序与标准；课程人员；课程的物质条件及其他设施要求；学生的选拔与入学标准；课程；持续时间；课程结构与实施程序；教学与学习方式；考核
第三部分：课程管理的标准和指导纲要(Organizational Standards and Guidelines)	课程实施的主机构；合作的(大学的)院、系；合作的教学实习学校

---

① K. C. Adey. *Preparing a Profession*: *Report of the National Standards and Guidelines for Initial Teacher Education Project*, Canberra, Australian Council of Deans of Education, 1998, p. 4.

从教师教育课程设计的角度来看，这三部分内容规定了澳大利亚教师教育课程的目标、内容、实施和管理保障。①

2. 新近国家级教师教育课程标准

2010年澳大利亚教学与学校领导协会（Australian Institute for Teaching and School Leadership，AITSL）经由澳大利亚教育、儿童发展和青年事务部部长理事会批准正式发布了"职前教师教育课程国家认证系统报告"（National System for the Accreditation of Pre-service Teacher Education Programs，NSAPTEP）。这是澳大利亚从联邦层面保障教师教育课程标准的新动态，也是澳大利亚教师教育标准化和教师教育课程标准化的新发展。这规定了教师教育必须达到的最低标准，基本内容如表5-2所示。

表5-2 NSAPTEP基本内容②

构成要素	基本内容
课程目标	展示如何保证师范毕业生达到毕业标准
课时	学生掌握课程的最少时间和标准时间
课程开发	由谁开发？有哪些利益相关者？如何开发？
课程结构及内容	包括专业学习、学科学习和专业实践
课程准入	学生修习课程的条件和标准
合作伙伴关系	同中小学建立起来的长期合作关系；如何积极维持这一关系？
课程资源	师资队伍情况、教育设施等基础教学资源
课程评估	如何对学生的学习进行评估？如何对利益相关者提供反馈？

这一标准的内容无论同以前的国家级标准相比，还是与教师教育发展比较先进的州或地区的标准相比，并没有实质性的突破。这充其量是一个规范、完整的教师教育课程标准，但是，它的亮点在于教师教育的课程标准被正式地、从联邦级的层面纳入职前教师教育课程国家认证体系当中了，成了认证体系实施遵循的标准之一（另一个标准是"师范生毕业标准"），它是国家认证体系实施的一个核心环节（在后文有关教师教育课程国家认证体系部分再进行进一步论述）。

---

① 具体内容参见附录一。
② "National System for the Accreditation of Pre-service Teacher Education Programs Proposal for Consultation," http://www.aitsl.edu.au/ta/webdav/site/tasite/shared/AITSL_Preservice_Consultation_Paper.pdf, 2, 20, 7, 27. 2017-03-01.

(二)教师专业发展标准

20世纪90年代以后的教师专业发展是以专业发展标准的制定为代表的，这一发展过程经历了两大阶段。第一阶段是整个20世纪90年代和21世纪初，澳大利亚国家级教师专业发展标准的制定和推广阶段，代表性的工作是前文提及的1998年出台的NSGITE和2003年出台的ANFPST（虽然这一标准在名称上使用了"教学专业"的说法，但其内容仍然是教师整体性专业发展的标准）。第二阶段是在前一阶段国家级工作的基础上，各州和地区大力制定和推行各自的教师专业发展标准。

1. 20世纪90年代到21世纪初有影响的国家级教师专业发展标准

(1) NSGITE(1998)

NSGITE是以国家教师教育标准的制定命名的，实际上各个部分都涉及了教师的专业标准。其中，第一部分"师范毕业生的培养标准和指导纲要"可以看作规定了这一阶段澳大利亚的教师及教师职业的基本专业标准。

具体来看，对教师的要求主要包括基本专业特性标准；关注、健康、安全的责任标准；对学生的了解及与其交流；土著文化、社区、学生的教育；掌握教学内容；实施课程的能力；读写能力；算术能力；教学与学习能力；与学习者的关系及行为管理；技术能力；考核与评价能力；与他人合作；在学校及其他系统中工作。①

(2) ANFPST(2003)②

1990年，（澳大利亚）国家就业、教育和培训委员会（National Board of Employment Education and Training，NBEET）发表了"教师教育的形成：一些建议"③，报告认为，当前存在一系列多样化的教师教育形式，这种多样化满足了各种不同的需要，且被证明是非常有效的，其基本职业准备的时间至

---

① 具体内容参见附录一。

② 虽然这一标准被称作"教学"标准，但从内容和框架来看，这一部分可以被看作教师专业发展标准的一个文本，本文在这里进行详述，后文有关教学专业标准的部分再提及本文本涉及的相关部分。

③ National Board of Employment, Education and Training, *The Shape of Teacher Education: Some Proposals: Report of the National Board of Employment, Education and Training*, Canberra: Australian Government Publishing Service Press, 1990, p. 4.

少是三年，这符合国家标准。① 澳大利亚是一个联邦制国家，虽然联邦政府承担着资助教育事业的重要责任，但是具体实施教育的权力由各州和行政地区掌控。因此，各州、行政地区之间的教师专业标准并不通用，这给教师流动带来很大的不便，并且成为澳大利亚长期以来一直存在的一个重大问题，也成为教师职业不能吸引和留住高质量教师的原因之一。同时，因为教师职业在社会中还处于相对较低的地位，因此确定国家统一的教师专业标准可以提高教师的地位，增强公众对教师职业的信心。教师职业自身也需要一个明确的专业标准作为教师专业发展的动力，对教师的各种专业发展活动进行评估。建立国家统一的、较高水平的教师专业标准对解决澳大利亚教师职业现存的各种问题有一定的意义。

1999年，联邦政府在南澳大利亚的阿德莱德颁布了"21世纪学校教育的国家目标"，也被称之为"阿德莱德宣言"（Adelaide Declaration，以下简称"宣言"），第一次在国家层面上提出学校教育的目标。"宣言"强调澳大利亚所有年轻人都有接受高质量的学校教育的权利，学校应全面、充分地发展所有学生的天赋和能力。"宣言"特别强调，教师素质是提高学生学业成绩和实现国家教育目标的核心因素。要提高教师职业地位，进一步促进课程及相关的评估、资格认证和质量标准在各州和地区之间的互认和价值对等，从而提高公众对学校教育的信心。作为实现这些国家目标的关键一步，州和行政区教育部部长级会议于2001年7月成立了教师质量和教育领导工作小组（Teacher Quality and Educational Leadership Taskforce，TQELT）。工作小组主要对以下问题提供咨询：教师的职业准备和持续的专业发展以提高教学的质量和标准；教师、校长的职业标准，包括入职的标准和持续满足学生需要的专业标准。可以说，"宣言"为澳大利亚新世纪学校教育的发展确立了清晰明确的方向。

2001年，联邦教育部发布了教师教育方面的重要文件《21世纪的教师：制作差异》，以提高教师的教学质量、学校的办学效益和学生的学习成绩。② 该文件的重要内容之一，就是提出了联邦高质量教师计划（Commonwealth

---

① National Board of Employment, Education and Training, *The Shape of Teacher Education: Some Proposals: Report of the National Board of Employment, Education and Training*, Canberra: Australian Government Publishing Service Press, 1990, p. 4.

② *Teachers for the 21st century: making the difference*, Canberra, Department of Education, Training and Youth Affairs, 2000.

Quality Teacher Program），其根本目的在于帮助教师提高专业技能，适应信息时代的要求。此后联邦教育、科学和培训部及各教育团体又接连颁布了一系列行动计划和研究报告，通过政策引领和拨款的方式引导教师教育活动的展开。2003年，澳大利亚联邦教育、就业培训和青年事务部颁布了《联邦高质量教师计划——2003年行动纲要》。2004年颁布了《2004—2005年行动指南》，向高质量的教师培养方向发展。

2003年出台的《国家教学专业标准》①旨在继续促进学校教学质量和教师能力的提高。这一标准的出台有着两大重要背景。第一，整个20世纪八九十年代，在教师教育领域开始了对教师以"能力的发展为基础"的研究和发展。从20世纪90年代末开始，在英国、美国以及澳大利亚，对教师教育的研究开始从"能力转向标准"（competencies to standards）。② 第二，1999年联邦政府的教育、就业培训和青年事务部（Ministerial Council on Education, Employment Training and Youth Affairs, MCEETYA）颁布的"宣言"旨在在国家协作的框架下改进澳大利亚的学校教育，以期达到这些目的：使学校成为教师、学生、家庭同工商业和社群合作的学习社区；提高教学专业的质量和地位；持续发展课程以及相关的评价、评估体系，以确保提高其质量和在全国范围内得到认同；通过明确教育标准的提高学生的学业水平以及评估和测量学校教育的有效性、效率、公平度等，提高公众对学校教育的信心。

在以上这些重要的教育发展背景的推动下，TQELT旨在对以下工作做出研究并提出建议：提高职前教师教育和教师的继续教育的教学质量和标准；教师与学校领导的专业标准，包括教师准入标准和满足学生持续发展的专业需要。基于以上教育发展背景和工作使命，MCEETYA出台了这一标准，并强调此标准同前一阶段讨论的有关教师能力标准的不同就是此标准包括了有关价值、态度等因素，并更加重视教师的教育过程、目标和努力，而非只重视教育结果本身。可是说，这一标准的出台正是对20世纪80年代以来教学专业化以及教师教育标准化趋势的呼应。此标准的具体内容如下。

---

① Ministerial Council on Education, Employment, Training and Youth Affairs. A National Framework for Professional Standards for Teaching.

② Ministerial Council on Education, Employment, Training and Youth Affairs. A National Framework for Professional Standards for Teaching.

①标准制定的理论基础

第一，高质量的教学（Quality Teaching）。此标准的制定主要基于对高质量教学的认可和研究。

来自全球范围的研究证明，教师的质量是影响学生学业表现的重要因素之一；高质量的教学是学校系统、有效发展的核心部分，其中教师和学生之间建立起批判性的教学关系将有助于教学工作的开展。

对拥有良好教学效果的教师的知识、做法和价值观进行分析和确认，将促进其被广泛认同和推广，进而巩固教师工作的专业化地位。

知晓如何获得这些教师的知识、做法和价值观是制定国家级教学标准的核心工作。因此，工作小组在参考了这一时期大量的国际相关标准后制定了此标准的核心专业标准，即专业知识、专业实践、专业价值观和专业关系。

第二，职业理想和成就（Career Aspirations and Achievements）。

制定教学专业标准一定要基于教学职业的实际状况和对此职业新理念的了解。研究表明，21世纪的职业发展趋势更具有"灵活性"和"组合性"，劳动力资源的发展特点是在职业生涯中能够在多个机构内从事多种类型的工作。因此，对教师的培养也要使教师能够在这样的大背景下适应更灵活的职业生涯。而教师的专业学习过程就是促进教师专业发展和通过标准来支持教师职业发展的核心阶段。

教师的专业学习是个持续的过程，包括职前的学习和在职的专业发展。以知识为本的教学生涯要求教师能够坚持终身学习。而专业标准的价值对于教师来说，就在于能够使教师自己直接掌握和控制专业学习的方向和策略；同时还能够有效地计划和组织他们持续不断地学习。因此，把握教师职业的整体状态是制定该标准的关键，同样，工作小组在参考了这一时期国际范围内的相关文本后，将教师的教学生涯发展维度划分为新手水平、能手水平、成就水平和领导力水平。

第三，国家层面工作的重要性、关系和预期目标。之所以将这一标准的制定工作上升到国家层面，主要基于以下原因。

首先，制定国家级教学专业标准，明确澳大利亚教师为促进学生学业而必备的知识、理解力、技能和价值观将有助于实现国家学校教育的目标（National Goals of Schooling）。

其次，国家级的工作将协调和平衡来自联邦、州和各地区的资助，从而将提高教师水平作为优先发展的部分。

再次，教育的国际化要求澳大利亚从国家层面出发保障国家范围内教育的质量，从而提高教育的国际竞争力。

最后，当今社会教师、学生和家长的（高）流动性要求从国家层面确保教师和教学质量以及其带有共识的稳定性。

除此之外，学生、家庭和社区的利益需求，要求确保所有教师达到一个最低的标准，同时对于家长来说，也需要得到来自国家层面的努力以保障高质量的教学。这一工作需要得到州和地区的支持和实施，只有这样才能反映教师、教师组织、专业团体、教师教育者、教师雇用方以及其他相关人士和部门的真实意见和状况，并完善在这一发展中的工作。

因此，这一工作的预期目标是提供国家级认可标准以支持和促进学生的学习；描述教师可以达到的不同层次的教学水平，并确保教师拥有达到这些标准的发展机会；为建立国家层面的教学质量打下基础；为形成国家统一的教师教育项目的毕业生标准打下基础；加强职前教师教育并确保教师继续教育的有效性；为联邦、州和地区持续支持教师的专业学习政策和行动打下基础。

②标准的主要内容

第一，职业生涯发展维度（Career Dimensions）。

新手水平：处于这一水平阶段的教师要有准备、有技巧地进行持续的专业学习；要能够明确自己的专业发展需要，能够从同事那里寻求支持和帮助；对自己的专业学习和学生的学习表现出较高的期待；对学生和学生学业的责任表现在愿意帮助学生达到有可能达到的最好的教育结果；要具有责任心、热情和个人技巧以完成自己在学校和更广泛的社群环境中的专业工作，并为学校的发展做出贡献。

能手水平：专业能手教师具有成功的教学经验，能够有效地监督、评价和计划学生的学习，并且能够因材施教；专业能手阶段的教师要有有效和持续的专业学习的记录和积累；他们能够同别人开展协同工作，以此加强专业实践，并在合作中对确定和解决自己的学习问题具有高度的责任心；他们是学校及更广泛的社群工作中的重要成员，并在工作相关群体中发挥重要作用。

成就水平：成就水平阶段的教师能得到同行的敬重，他们有高度专业和成功的实践经验，在具有深度学科知识和教学法方面得到其他教师的认可；他们始终跟随专业学习的发展进度并做出自己的贡献，同时还能够帮助他人的专业学习；他们是专业领域和学校里的中坚力量；他们能够有效地与不同的对象交流并在群体中起到促进专业互动的作用。

领导力水平：领导力水平阶段的教师有出色的教学经验，有加强教学和提高学习质量的责任心；他们是对学生、同行、专业群体和更广泛群体有教育远见的负责人；通晓最先进的教学法并能够把这些教学法运用到专业学习中；他们拥有出色的人际关系和领导力技巧；他们尊重他人的聪明才智，帮助和鼓励他人发挥潜能；将批判地分析和解决问题的技能运用于处理教育问题中，并且参与到持续的专业学习当中，帮助和支持他人的专业学习需要；同其他相关群体有效地沟通以确保学校的发展和学生学习水平的提高。

第二，专业要素（Professional Elements）。

专业知识：通常情况下，教师需要知晓指导教学的基础理念、原理和结构；教师要了解教育与其他学科领域的联系并能够整合知识领域间和跨知识领域的学习；他们知道有效地教授知识内容，知道学生学习过程中会遇到的问题和障碍。进一步而言，教学效果好的教师要能够细致地了解年轻人学习的特点以及自己如何帮助他们学习；教师知晓并能够阐明一系列有关学习的理论；他们知晓并能够将多元的社会、文化背景与学生的状况以及学生的学习联系起来；教师能够把上述这些不同的因素运用于学生的建构学习中。

专业实践：教师要能够有效地同学生交流并制订清晰的学习目标；他们能够实施一定的技术和教学策略，并能够运用一系列工具、活动和资源使学生参与到学习当中来；能够依据一定的逻辑、结构选择和组织内容以达到既定的学习目标；教师要善于处理课堂上的一系列行为和情况，要能够建构起良好的学习氛围；教师要创建安全和支持性强的学习环境，并且要承担起保护学生安全和福利的责任；教师要制订学习计划，使用一系列形成性和总结性评价技术反馈学习效果并调整学习计划；教师要理解教学评价的意义，理解给予学生正式和非正式的学习反馈是激励学生学习的方式。

专业伦理：教师要对自己的发展以及持续分析、评价和加强专业实践负责；教师要理解自己的工作环境处于不断的变化中，因此需要适应并对这些变化做出反应；教师要认识到自己的工作需要和家长以及关心教育的人士打交道，因此对学生的教育工作是一项共担的事业；教师要对自己的工作以及他人的工作持有高度的专业道德，尊重学生及其多元性；在和学生、同事、专业群体中的成员以及社群中的成员打交道的过程中，教师要时刻坚持专业的做法。

专业关系：教师会遇到来自多元平等的社群背景的学生，要在同所有层次的社群建立专业关系的过程中迎接一切挑战；要在这样的背景下积极地使其他专业成员或社群成员参与到针对个体学生和小组学生的学习设计和组织中来；要认识其同学校、家庭与社区的紧密合作对发展学生的社会性和聪明才智的重要意义；教师要认同并培养自己同学生之间建立在信任、尊重和信心基础之上的批判性师生关系。

③标准受到的批评和质疑

在随后一段时间的推广过程中，标准受到了一定的批评和质疑，其中一个重要的声音来自澳大利亚教育研究协会（Australian Association for Research in Education，AARE），这个协会是澳大利亚当时推进教育研究的顶级机构，它拥有来自国内外大学、学校、学校权威管理部门、教师组织、政府部门、非政府研究机构的教育研究者以及个体研究者和咨询人员等共1500多名，其中不少人士从事着教师教育的工作和学校教育政策的制定工作。协会对这一标准制定工作的质疑在于专业标准的概念界定和范围，在肯定教师的技能、知识和价值观等在个体教师专业发展方面的重要作用的同时，也指出了标准的制定忽略了教师工作作为"集体性专业"（collective profession）发展的部分，其专业标准的制定范围既没有体现出教师的集体性工作，也没有体现出教师作为研究者、课程发展贡献者、教育政策发展贡献者和社群中的一员的意义。①

尽管有着这样那样的质疑，这一标准在这一阶段还是起到了重要的基础性作用。

2. 国家标准影响下各州和地区的教师专业标准②

在20世纪90年代及21世纪初期澳大利亚国家级教师专业标准发展打下的基础上，各州陆续在这些标准的理念和文本之上建立和完善了各州的专业标准工作。以下以新南威尔士州的标准为例，并概述其他各州和地区的标准内容。

(1)新南威尔士州的教师专业标准

新南威尔士州有关教师专业标准的框架由四个关键阶段、三个专业领域和七个基本单元构成。

四个关键阶段是新手教师阶段、专业能力阶段、专业成就阶段和专业领导能力阶段。新手教师阶段是针对刚开始教师生涯的教师而言的，他们要具

---

① AARE. National Framework for Standards for Teaching，2003.

② 这一部分内容参考了本文作者参与的"教育部人文社会科学重点研究基地北京师范大学教师教育研究中心"2009年课题"教师资格制度的国际比较研究"中由李育球博士和本文作者负责的澳大利亚的部分。

备有效计划和管理学习的知识、技能、价值和态度，准备好持续地进行专业学习，从而在学校和更广的社会中担当起教师的角色。专业能力阶段要求教师展示出成功的教学经验，达到应有的专业能力标准，有效地监管、评价和计划学习。处于专业成就阶段的教师是高度熟练的、有效教学的实践者，被其他教师认为具有深厚的学科知识和教育论知识，为专业学习、教育讨论以及指导新教师做出了贡献，拥有杰出的教育经验并承诺提高教学质量。处于专业领导能力阶段的教师具有出色的教学经验，承担着提高学生学习质量的重任，善于应用先进的教学法，以促进学校发展有重要意义。

三个专业领域是专业知识、专业实践和专业承诺，分为以下七个单元。第一，教师知道如何将教学内容教给学生，内容包括学科知识、教学论知识、本州课程必备知识和信息交流技术知识等维度。第二，教师了解学生及学生怎么学，内容包括尊重学生的多元社会、文化、伦理和宗教背景以及了解这些因素影响学习的相关知识，关于特定年龄阶段学生群体的身体、社会和智力发展特征，关于学生不同的学习方式的知识，关于学生技能、兴趣和先前的成绩如何影响学习的知识，关于致力于学生需要的策略方面的知识。第三，教师计划、评定和报告有效学习，此单元包括教学计划与目标、教学程序、选择与组织教学内容、教学材料与资源的选择、发展与利用，学习评估，给学生反馈，评估与监管学生的进步与记录，报告，计划评价。第四，教师与学生有效的沟通，内容包括有效的课堂讨论与沟通、学生分组、教的策略。第五，教师通过课堂管理技巧创造和维持可靠的并富有挑战性的学习环境，内容包括创造尊重与和谐的环境，建构有价值的、学生的观点受到尊重的学习氛围，平稳且有效地管理课堂行为，管理学生的行为，提高学生的学习责任感，确保学生的安全。第六，教师不断地提高自己的专业知识实践能力，内容包括实践的分析和反思能力、参与个人的和同事的专业发展、为专业团体的发展做出贡献。第七，教师积极地参与专业群体和更广泛的社群活动，包括与家长和与关心教育的人士沟通、让家长和这些人士参与到教育进程中、为学校和更广的社会的做贡献、专业伦理与行为。1～2单元属于专业知识、3～5单元属于专业实践、6～7单元属于专业承诺。表5-3列举了单元1和单元2的具体专业标准。[①]

[①] "Professional Teaching Standards," http：//www.nswteachers.nsw.edu.au/Main-Professional-Teaching-Standards.html, 2017-03-01.

表 5-3　新南威尔士州专业标准

单元1：教师知道教学内容和如何教给学生					
维度	关键阶段			
	新手教师	专业能力教师	专业成就教师	专业领导力教师
学科知识	示范相关的学科知识结构、与学生的互动方式和核心概念	通过有效的、内容丰富的教学活动教授学科知识	跟其他教师分享全面的教学经验以发展具有模范性的丰富且有效的教学活动	发起或领导关于通过运用高水平的学科内容知识以促进学生学习的策略、计划和过程
教学论知识	示范基于调查研究基础上的学科教学的教学论知识	运用基于研究基础上的学科实践和理论知识以满足学生学习的需要	指导同事确保课堂教学和教学策略具有合理的教育理论和研究基础	发起或领导具有教学论知识、基于研究的有效的教学策略和方法
本州课程必备知识	运用本州的教学纲要或教学法，设计和执行课程内容	运用本州教学纲要或教学法设计和执行彼此有联系或高度相关的（contextually）教学系列	通过本州的教学纲要或教学法以及课程必备的专家知识推进高度相关的高质量的教学	评价现存的教学计划并运用专家知识来领导教学向着更深的程度发展
信息和交流技术（ICT）知识	掌握和尝试运用下列技能：基本运算技能、信息技术、软件评价技能、有效使用互联网、管理课堂的教学论技能	在课堂上熟练运用下列纲要性要求：基本运算技能、信息技术、软件评价技能、有效使用互联网、管理课堂的教学论技能	展示和分享ICT通用知识、技能：基本运算技能、信息技术、软件评价技能、有效使用互联网、管理课堂的教学论技能	发起或领导把ICT整合到学习环境中的策略和过程

续表

维度	关键阶段			
	新手教师	专业能力	专业成就	专业领导
	单元2：教师了解学生以及学生怎么学

维度	新手教师	专业能力	专业成就	专业领导
了解且尊重学生的多元社会、文化、伦理和宗教背景以及这些因素对学习的影响	了解和尊重学生的多元社会、文化和宗教背景以及这些因素如何影响学生的学习	运用社会、伦理、文化和宗教方面的知识满足所有学生的学习需要	展示和分享用以满足所有学生学习需要的社会、伦理、文化和宗教的社会背景因素方面的理论与实践知识	运用有关学生多样性的专门理论知识，发展有效的实践指导、计划和教学策略以体现学生的社会、伦理、文化和宗教背景
有关特定年龄阶段学生群体的身体、社会和智力发展特征的知识	在认识到学生一般身心发展规律的同时了解关于学生在典型阶段身体、社会和智力方面发展的知识	运用学生在典型阶段身体、社会和智力发展方面的知识	展示和分享关于学生在特定阶段与一般阶段在身体、社会和智力发展方面的不同	运用关于学生典型阶段的身体、社会和智力发展方面的专家知识监管和评价教学实践
有关学生不同学习方式的知识	了解不同的学习方式方面的知识	运用学生不同的学习方式的理论和实践知识提高学生的学习成绩	分享不同的学习方式的理论与实践知识以提高学习成绩	运用关于不同学习方式提高学习成绩的专门知识，评价和监管教学实践
学生已有的技能、兴趣和先前的成绩如何影响学习的知识	了解关于学生的技能、兴趣和先前的成绩如何影响学习的知识	运用关于学生的技能、兴趣和先前的成绩如何影响学习的知识	展示和分享关于学生的技能、兴趣和先前的成绩如何影响学习的知识和理解	运用关于学生的技能、兴趣和先前的成绩如何影响学习的专家知识，评价和监管教学实践

续表

维度	关键阶段			
	新手教师	专业能力	专业成就	专业领导
致力于学生需要的教学策略方面的知识	了解为满足这些学生需要采取的特定教育策略的知识：土著居民与托雷斯海峡学生；有特殊教育需要的学生；非英语语言背景的学生；具有挑战性行为的学生	运用以下教育满足这些学生需要的有效策略的能力：土著居民与托雷斯海峡学生；有特殊教育需要的学生；非英语语言背景的学生；具有挑战性行为的学生	支持其他同事并提供建议执行一系列的文化策略以满足下列学生的需要：土著居民与托雷斯海峡学生；有特殊教育需要的学生；非英语语言背景的学生；具有挑战性行为的学生	评价和监管有效的教育和文化策略以满足下列学生的需要：土著居民与托雷斯海峡学生；有特殊教育需要的学生；非英语语言背景的学生；具有挑战性行为的学生

单元2：教师了解学生以及学生怎么学

(2)其他各州或地区的教师专业标准

维多利亚州的全职注册教师的专业实践标准[①]是截至目前该州比较具有代表性的文本，内容包括专业知识、专业实践和专业承诺（professional engagement）三方面共八大标准（标准1～3属于专业知识标准，标准4～6属于专业实践标准，标准7～8属于专业承诺标准）。标准1. 教师知晓学生如何学以及自身如何有效地教。包括教师利用学习和当代教学方面的研究指导教学实践，知道先前知识、学习语言和在学习过程中讨论、反思与小组互动的重要性，知道如何使学生积极地参与学习活动，知道如何进行课堂教学设计，如何利用教学资源和教学活动结构。标准2. 教师知道教学内容。包括教师对教学内容、过程和技能的批判性理解，教师能清楚地向学生表达教学内容的关键特征等，并能示范如何运用，教师知道教学方法论、教学资源和技巧，教师熟知与教学内容相关的文本、政策和其他材料。标准

[①] "Standards of Professional Practice for Full Registration," http：//www.vit.vic.edu.au/content.asp? Document _ ID=23，2017-03-01.

3. 教师了解学生。包括教师了解学生的优缺点及其对学生学习的影响，教师意识到学生的社会、文化和宗教背景并平等地对待学生，教师理解、尊重学生的个性并对学生的社会需求和他们交往方式保持敏感的态度，教师知道与学生家长沟通的重要性。标准 4. 教师计划与评价有效的学习。包括教师利用关于学生、教学内容和教学论的知识，建构明确的、可达到的学生学习目标；教师计划通过广泛的活动和资源为所有学生提供有意义的学习机会；教师管理学生的学习并记录其学习进程；教师选择评价学生学习的策略并向学生和学生家长或监护人提供反馈以形成更好的教学计划。标准 5. 创造和维持安全且具有挑战的学习环境。包括教师建构尊重个性、重视建构积极的学习环境；教师提供让学生参与的学习环境，鼓励学生承担学习责任；教师运用课堂的教学材料和资源创造一个安全且能够激励学习的环境。标准 6. 教师运用教学策略和资源让学生参与有效的学习。包括教师与学生有效地沟通以使他们的学习计划清晰、学习环境和谐，教师通过讨论和团体活动为学生探究新观念、推进知识和技能发展提供机会，运用教学策略、技术、活动和资源，教师给学生和家长或监护人提供关于学生知识技能发展的有意义反馈。标准 7. 反思、评价和发展专业知识与实践。包括教师有规律地反思和评判性地评价他们的专业知识和教学效果，与同事合作并探讨当代问题以发展他们的专业实践，识别自身专业学习的需要并计划和参与专业发展活动，发展组织与管理能力以有效承担非教学职责。标准 8. 专业中的积极成员。包括教师为学校发展贡献力量，与其他教师、家长以及更广泛的社团有效合作以有助于学生的有效学习，提升学习、教育的价值和教师专业在社会中的地位，理解和完成法律责任并分担整合专业团体的责任。

昆士兰州教师学会的专业标准委员会负责昆士兰教师专业标准的策略方向设定、发展和执行。2006 年出台的《昆士兰教师专业标准》(Professional Standards for Qld Teachers 2006)[①]规定了十大标准，其中每条标准都由五部分构成，包括标题、范围、实践、知识与价值构成。这十大标准的标题是设计与实践个体和团体的富有弹性的学习经验，设计与实践发展语言、文化和数字能力的学习经验，设计与实践在智力上具有挑战性的学习经验，

---

① "Professional Standards for Qld Teachers 2006," http://www.qct.edu.au/standards/index.html, 2017-03-01.

设计与实践多样性的学习经验,建设性地评价和报告学生的学习,支持个性发展与参与社会实践,创造与维持安全和支持性的学习环境,构建与家庭和社区的积极关系,为专业团队做出贡献,不断地实践反思与专业更新发展。

南澳大利亚教师专业标准分为新手教师专业标准和教师专业提升的专业标准。新手教师专业标准是职前教师教育毕业生步入教师职业的标准。[①] 专业提升的专业标准[②]即从临时性注册教师转为注册教师的专业标准,其有三个核心原则:专业关系、专业知识和专业实践。专业关系包括专业学习和同行学习(教师在专业团体内积极地参与个人的和同行的学习)、尊重学生(教师培养与所有学习者信任和相互尊重的关系、与家长和团体的合作关系)、与家长和专业团体的合作关系(教师与家长和更广的团体有效地的工作)。专业知识包括学习过程(教师知道学习过程与如何教)、学习内容(教师知道教的内容)、学生语境(教师知道学生的语境和多样性)。专业实践包括计划与教学(教师计划和实施成功学习的教学策略)、反馈与报告(教师评估和报告学习结果)、学习环境(教师创造安全且具有挑战性的有利于学习的环境)。

西澳大利亚2003年颁布了该州教师专业的九大标准。[③] 标准1. 学生:教师了解、尊重学生的多样化需要并做出回应。标准2. 课程:教师熟悉并教授相关的课程内容与技能。标准3. 教学:教师知道学生如何学及教师如何有效地教。标准4. 教学实践:教师运用教学实践和资源使学生参与有效的学习。标准5. 学习环境:教师创造、维持安全的、具有挑战性的、建设性的学习环境。标准6. 计划与评估:教师计划、执行、评估并报告有效学习。标准7. 专业学习:教师反思、批判性评价和提高自身的专业知识和技能。标准8. 专业责任:教师以伦理的、专业的方式支持专业的整合。标准9. 有效的合作关系:教师建立和维持校内外之间的合作关系。

塔斯马尼亚州现行的教师专业标准已经拥有了三个专业发展阶段的标准,

---

① "Professional Teaching Standards-Entry to the Register," http://www.trb.sa.edu.au/, 2017-03-01.

② "Professional Teaching Standards-Change of Status," http://www.trb.sa.edu.au/, 2017-03-01.

③ "Western Australian Professional Standards for Teaching," http://www.collegeofteaching.wa.edu.au/, 2017-03-01.

即2005年专业能力教师与专业成就教师标准、2007年新手教师标准和正在建构中的专业领导教师标准。新手教师的专业标准描述了已经完成了职前学业的毕业生将要达到的标准。即将开始教师生涯的新手教师被期待通过研究获得对教学的理论性理解，通过被指导的实习课和见习期的有限教学实践获得对教学理论的运用。新手教师标准还包括对当前专业知识和对教学实践的理解，理解专业发展与学校、职前教师教育机构之间有效的专业关系的重要性并展示这方面的能力，示范计划、维持安全的、具有包容性与支撑性的学习环境。专业能力教师标准描述了全部教师准入的专业标准，要求对学生评估、计划和对教学内容以及专业关系的发展做出贡献，要求建立积极的学习环境并达到一定的专业知识和理解水平。专业能力教师标准还包括在教学实践中示范和理解专业知识，发展与学生、学校及更广泛的团体之间的专业关系，对学生的学习需要进行评估、计划和教学。专业成就教师标准描述了教师达到的高度熟练和成功的教学实践，描述了教师对知识、熟练程度和教学论方面的专家级见解。成就教师标准还包括扩张、解释并把有深度的专业知识和理解整合到教学实践中，发展和维持与学生、学校以及更广的网络间的学习合作关系，计划、实行和评估适应个体的差别化教学，维持建设性的、安全的和包容式的学习环境。

北部地区的教师专业标准也分为毕业教师、能力教师和成就教师三种教师专业实践标准。每种又划分为专业承诺、专业知识和专业实践三个方面。①

3. 国家级教师专业发展标准的出台

随着澳大利亚教育标准化运动的推进，为进一步提升国际影响力，澳大利亚健康、体育和休闲委员会（Australian Council for Health, Physical Education and Recreation, ACHPER）于2008年12月针对澳大利亚青少年的教育发布了"澳大利亚青少年教育目标之墨尔本宣言"（Melbourne Declaration on Education Goals for Young Australians，简称"墨尔本宣言"），这是联邦政府特别支持的一项教育发展纲要。"墨尔本宣言"提出澳大利亚学校教育的目的是促进公平、实现卓越；把学生培养成成功的学习者、充满自信心和创造力

---

① "Professional Standards," http：//www.trb.nt.gov.au/prof _ standards/index.shtml，2017-03-01.

的个人；使学生成为积极向上、知识丰富的社会公民。① 为了响应"墨尔本宣言"提出的教育目标，联邦开始了新一轮的教师专业发展标准的修订工作。直至 2011 年 2 月 MCEECDYA 正式颁布、实施了新的国家教师专业标准②，并要求其他所有的教师专业标准都要与此保持一致。这一标准的主体结构包括横向度上的内容标准和纵向度上的发展阶段标准，如表 5-4、表 5-5 所示。

(1) 横向度内容标准

表 5-4 横向度内容标准

专业知识	标准 1：有关学生的知识和怎样教学生的知识 • 学生身心发展水平和个性特征的知识 • 学生学习方式的知识 • 学生不同语言、文化、宗教和社会经济背景的知识 • 土著和托雷斯海峡学生的教学策略知识 • 满足不同学生能力发展需求的因材施教的知识 • 支持特殊学生完全参与的策略知识
	标准 2：教学内容知识和怎样教授这些教学内容的知识 • 策略性教学知识和学科内容知识 • 教学内容的选择和组织的知识 • 关于课程评价和报告的知识 • 了解和尊重土著和托雷斯海峡学生以促进民族间和谐相处的策略性知识 • 培养学生读写和数学能力的知识 • 教育信息技术的知识
专业实践	标准 3：计划并开展有效的教学 • 设立有挑战性的学习目标 • 有计划、有组织、有秩序地安排学生的学习 • 有效运用教学策略 • 选择和运用教学资源 • 运用有效的课堂交流技术 • 评价并提高教学的有效性 • 使家长或监护人充分参与教育过程

---

① "Melbourne Declaration on Education Goals for Young Australians，December 2008，"http：//www. achper. org. au/index. php，2017-03-01.

② "National Quality Framework for Early Childhood Education，"http：//www. teacher-standards. aitsl. edu. au/，2017-03-01.

续表

专业实践	**标准4：创建并维持支持性和安全的学习环境** • 支持学生的参与 • 实施课堂管理 • 管理有挑战性的学生的行为 • 确保学生的安全 • 安全、负责地运用现代信息技术
	标准5：评价、反馈、报告学生的学习情况 • 评价学生的学习 • 给学生提供学习反馈 • 对学生的学习进行可靠、连续的评价 • 正确解释评估学生的数据 • 报告学生的学习成绩
专业参与	**标准6：参与专业学习** • 认可并设计教师的专业学习需求 • 参与专业学习并促进实践能力的提高 • 参与同事间的合作并促进实践能力的提高 • 应用专业学习的成果并以此促进学生的学习
	标准7：专业性地保持与同事、家长或监护人以及专业团体的联系 • 具有专业伦理和责任 • 遵守相关的行政管理规定和组织要求 • 参与同家长或监护人的合作 • 参与到教学团体和专业团体中

(2)纵向度发展阶段标准

表5-5　纵向度发展阶段标准

入职教师阶段	已经完成职前教师教育的课程，具备该课程认证所需素质的教师（这一点也是NPST对全职注册教师的前提要求）
胜任教师阶段	已完全掌握七个内容标准的要求，并具备全职注册教师的素质。强调了教师在教学中对学生个性化需求的满足以及为学生创建有效的学习情境，提高学生的学习兴趣和积极性
优秀教师阶段	独立自主地工作，与同事开展良好的合作以促进自身和同行实践能力的提高，积极参与校内外的专业活动；与上一个阶段相比，本阶段教师更具有合作能力、指导能力以及对学生长远发展的影响力
领导教师阶段	同行、家长或监护人以及专业团体公认的和尊敬的卓越教师。与上一个阶段相比，创造能力更加突出、组织能力更强、教育能力更高超，此阶段教师是学校或专业团体的代表者

除了规定以上两个向度的标准内容外,NPST 将这两个向度进行了矩阵式的整合,对处于不同发展阶段的教师在七个内容标准上的具体要求做了进一步描述,这就使 NPST 在文本上看起来具备了较强的可操作性。基于澳大利亚一贯以来的地方教育分权制,各地对这一标准仍然采取观望的态度,或以此为鉴充实和发展自己的标准文本和工作。

综观澳大利亚各州和地区现行的教师专业标准,不难发现一个显著特点:各州和地区的教师专业标准的理念基本一致,其框架和具体要求也大同小异;各州都以教师专业化为基本理念,澳大利亚的教师专业标准从职业的历时维度和专业的共时维度展开并与教师资格鉴定或注册紧密联系,其关系如表 5-6 所示。①

表 5-6 澳大利亚教师专业标准与教师资格鉴定/注册联系

维度	教师专业标准框架				备注
职业维度	新手教师	能力教师	成就教师	领导教师	遵循教师职业发展逻辑,符合教师资格鉴定或注册程序
专业维度	专业知识	专业实践	专业价值	专业关系	遵循教师专业化内涵延伸的逻辑。知识与实践在价值导向下相互促进,并在专业关系建构的和谐生态中可持续发展,符合教师资格鉴定或注册的精神实质

(三)教师教学及教学能力标准

随着专业标准化运动的推进,专业标准的制定更加细致和具有指导意义。进入 21 世纪后,有关教师教学和教学能力标准的制定成了澳大利亚教育教学改革的新工作。近年来,这更成为澳大利亚教育领域专业标准化运动的一个方向。本书认为,其中比较有代表性的标准,一个是前文提及的 2003 年由当时的 MCEETYA 颁布的 ANFPST;另一个是 2008 年由维多利亚州发布的 e5 教学模式改革方案。

1. ANFPST(2003)

MCEETYA 于 2003 年 11 月颁布了 ANFPST,其主要目的是提高教师教学

---

① "A national frame work for professional standards for teaching- teacher quality and educational leadership taskforce," http://www.trb.nt.gov.au/prof _ standards/index.shtml,2017-03-01.

的质量,促进澳大利亚学校教学的专业化。这是澳大利亚在全国范围内颁布的第一个教师教学专业标准,标准制定的结构如前所述,遵循纵向上的四个发展阶段以及四个专业要素来规定。其中具体的内容描述既是教师专业发展的标准,又是教学工作的指导文本。不过,这一标准在描述上还是比较笼统和概括的,对具体教学的指导在操作性上有一定的难度。

事实上,这一教学专业标准在全国范围内的推行效果并不理想,一方面可能由于标准对教师的具体教学工作指导的可操作性不够强,另一方面也由于澳大利亚长期以来实施教育分权制的制度,特别体现在教师教育、教师资格制度实施等工作的地方化特点上,因此各州和地区在推行一个由联邦发布的尚有操作困难的标准的积极性不高,同时,也正因为如此,各州和地区一级的同类工作才有了更大的空间和各自的特点。

2. e5 教学及教学能力标准(2008)

维多利亚州的工作具有代表性,特别是在 2008 年发布了由参与(engage)、探索(explore)、解释(explain)、阐述(elaborate)、评估(evaluate)五部分组成的 e5 教学模式的改革方案,而这一方案实质上是一个有关教师教学专业发展标准的文本。① 基于这一教育改革方案的前瞻性,维多利亚州教育部门结合其他相关内容甚至将其介绍到了 2010 年上海世博会的澳大利亚教育展示会上。

2008 年维多利亚州教育部门发布的 e5 教学模式的改革方案,确定了师资力量的提高是下一阶段改革的重点。这一改革在全州公立学校广泛开展,到目前为止已有数千位教师参与了相关实践活动,探索出了"e5 教学模式—教学实践能力指标—教师教学专业发展标准"的探索路径。② 这个标准以必须保障维多利亚州的每个孩子每年在学校教育中学习和进步为根本目标。项目组认为:"长远来看,如果课堂和学校的教学质量最终没有得到提高,学生的成绩也是不可能进步的"。③ 这项改革将学校教学革新作为基调,将教师教学能力的提升作为核心,积极吸收了国际上已有的相关教育教学标准框架和

---

① "The e5 instruction model," http://www.education.vic.gov.au/proflearning/e5/, 2017-03-01.

② 参见袁丽、黄运红,等:《澳大利亚维多利亚州基于 e5 教学模式下的教师教学专业发展标准述评》,载《比较教育研究》,2011(8)。

③ F. Richard Elmore, *School Reform from the Inside Out*: *Policy*, *Practice and Performance*, Cambridge, Harvard Education Press, 2004, p.220.

成果①，从知识、技能和行为的角度对参考的教学模式进行了考察，确定了适合本土的研究路径，即开发 e5 教学模式，描述具体教学阶段的主要内容。在此基础上确立了有效教学行为所要求的知识、技能和素质，即教学实践能力指标，进而将每一项能力指标细化为不同质量级别的教师教学专业发展标准。

(1) e5 教学模式的内容

① 参与

培养积极的师生关系和学生之间的关系，形成对学习和互动的共同期望；激发学生的兴趣与好奇心，鼓励学生提问，并将所学结合到现实生活中；安排学习任务引出学生已有的知识，鼓励学生温故知新；提出学习目的，确立具有挑战性的学习目标，明确评估要求和成绩要求；帮助学生确定完成学习目标的过程。

② 探索

布置具有挑战性的作业，鼓励学生提出问题、研究问题和收集相关资料，并且拓展思路；为学生提供工具，告诉他们步骤，以便组织信息和构想；鉴别学生的构想，质疑错误的想法；帮助学生扩大视野，反思自己的学习；牢记学习要求，留意学生的反馈，并适时介入。

③ 解释

给学生机会，让他们通过语言或非语言的方式展示其当前的理解水平；清晰地讲授相关知识、概念和技能；提出策略，让学生把新旧知识联系和组织起来；帮助学生发表观点，运用语言与图像，引导学生参与听、看、读、写、说的各项活动；循序渐进地评定学生的理解水平，创造机会让学生练习新技能。

④ 阐述

让学生参与对话，不断延伸和完善学生的理解；支持学生辨识，支持学生建立原则或规则；选择的内容涵盖熟悉和陌生的背景，不断构建学生转换和归纳知识的能力；支持学生提出假设并予以验证，得出结论并加以证明；监督学生的理解，提供明确的反馈，并据此调整教学。

---

① 主要有澳大利亚昆士兰州教育与培训部"富有成效教学法"(Productive Pedagogies)；美国加州大学"五标有效教学法"(The Five Standards for Effective Pedagogy)；美国威斯康星大学"真实学习教学法"(Authentic Pedagogy)；美国"BSCS 教学模式"(The BSCS Instructional Model)。

⑤评估

支持学生不断完善学习效果和提高自己的学习水平；结合各个阶段的学习目标正式记录学生的进步；提供反馈，帮助学生评估成绩；支持学生反思自己的学习过程，反思努力学习对成绩产生的影响；指导学生明确今后的学习目标。

（2）基于 e5 教学模式内容确立教学实践能力指标

在描述教学各阶段主要内容的基础上，e5 教学模式确立了在以上教学实践领域中的能力指标。项目组认为，"能力"包含两层意思，第一层意思指具备才能的性质，即能够做事和执行专业工作的才能。第二层意思指一种未开发的能力或属性，能够转为使用的条件，为发展今后的特长提供基础，包括拥有今后专业工作所需的知识和技能。以上教学模式的主要内容能够基本确定有效教学行为所要求的知识、技能和素质，即教学实践能力，如表 5-7 所示。

表 5-7 e5 教学模式教学实践能力指标

	参与	探索	解释	阐述	评估
教学实践能力指标	·制定共同规范 ·确定学习的准备程度 ·树立学习目标 ·发展元认知能力	·鼓励提问 ·组织提问 ·保持课堂活力	·提出新的内容 ·促进语言和读写能力 ·巩固联系	·促进实质性交流 ·培养高层次思考 ·监测进步	·对照标准评估表现 ·促进学生自我评估

这一系列能力指标代表了教师应展示的知识和技能，是对教学模式主要内容的提炼和支持。同时，每一项能力指标又可细化为不同质量级别的教学专业发展标准。

（3）基于教学能力指标细化的教师教学专业发展标准

基于教学模式的五个部分和每部分的能力指标，方案把教师的教学发展在每部分上划分为具有连续性的四个级别，并且每一级别细化出教学专业标准，如表 5-8 至表 5-12 所示。

表 5-8 各部分细化的专业标准——参与

一级	通过制定课堂规范，树立行为典范，构建一个安全有序的学习环境；礼貌地对待每个学生，鼓励他们努力学习；激发学生的兴趣和好奇心，并与学生的兴趣联系起来；解释学习目的，通过询问学生对题目的理解，评估学生已有的知识；以学年预期标准为基础，清楚地阐明学习的目标，将评估要求告知学生；利用工具，运用策略，支持学生的思考过程，拓展学生对元认知的理解；支持学生判别什么是他们知道的，什么是他们需要知道的，让学生监督自己的学习

续表

二级	通过向所有学生传达在行为上和学习上对他们的期望，保证良好的学习环境，这些期待也来自学校的价值观；经常与每个学生交流，始终如一地公平对待他们；采用激励机制，引导学生说出已有知识，支持学生将自己的经历与学习题目联系起来；并根据需要利用这些信息，区分不同学生群体的学习目标；将特别的活动和学习目标联系起来，以论证学习目的；与学生沟通评估要求时，向学生解释评估标准；运用不同的标签和定义，模拟不同的思维类型
三级	与学生讨论日常的学习，讨论互动的协议；回应每个学生的社会与情感需求；采用广泛的策略，评估和记忆学生已有的知识；并以此信息作为起始点，以课程标准为基础，确定学习目标；在交流评估要求时，以学生作业为范例，示范预期的标准；口述自己的思维方式，并展示策略的运用；利用工具，运用策略，帮助学生反思自己的学习
四级	参考自己与学生之间互动的共同规范和共同责任，强化协议；使用现有信息，确定每个学生目前的理解水平；运用学生编写的问题将拓展学习的重点与学生生活联系起来；支持学生使用证据决定个性化的学习目标，并使之符合课程标准；提供评估指标，根据课程标准，举例说明评估递增的等级；支持学生评估自己和他人的思维；帮助学生监督学习成果

表5-9 各部分细化的专业标准—探索

一级	提出各种类型的问题，鼓励学生分享经验，让学生参与提问；要求学生阐述对关键概念和想法的理解，以及判断错误观念的想法；选择与问题相关的资料，并有序地展示资料范例；采用引导性问题，协助学生选择相关的资料；建立高效的学习环境，为课堂设定一个大纲，将作业的时限告知学生；用课堂制度管理学生的行为
二级	提出问题，激励学生对疑问做进一步调查，通过联系学习重点和实际应用，增加学生的经验；观察和倾听学生的互动，并对错误观念做出反馈；提供额外的资源和工具记录信息，满足学生的需求；持续监督学生，在需要让学生保持参与、继续质疑时进行干预；建构课堂结构，安排常规事务，提供时间表以支持时间管理
三级	提供经验，总结学生的错误概念，设计问题，质疑学生的想法；教导学生选择对应的质疑策略，以及收集和选择相关信息；解释采用特定策略的原因，帮助学生组织信息；适应常规事务，调整时间，带给学生更多的学习机会和最深的理解；强调共同的行为规范和预期行为，维持课堂的活力

续表

四级	介绍新观点，扩大提问范围，支持学生反思自己的理解；通过分配特别的任务和问题，纠正学生的错误概念，达到拓展思路的目的；鼓励学生选择合适的工具和策略记录和收集信息；教导学生评估信息质量；注意学生的语言和非语言信息，回应学生的行为，从而支持其学习；提供策略，让学生有效地管理自己的时间

表 5-10　各部分细化的专业标准—解释

一级	支持学生找到解释，了解问题提出的意义；基于学年标准，提出新的内容，并且用不同的方法表现内容，提高学生的理解力；用语言描述新内容和以往学习之间的联系，并不断鼓励学生阐明他们的认识；为学生提供实践新技能和新方法的机会；确定学生的英语熟练度，完善教学；模拟英语语言的使用习惯，开发学生的语言和读写能力；构建语言这一学科的模型，布置作业时将不同模式的语言结合在一起
二级	根据学生对提问的解释确定他们目前的理解能力，并相应地引入新内容；根据学生的需求，选择多种方式来表现相同的内容；为学生提供合作的机会，让他们分享对问题的解释，并支持学生将以往和现有的知识联系起来；为学生提供多种机会，运用各种各样的练习，巩固新知识；在所有课程范围内，明确地教授英语的惯用方法；教授学科语言，布置作业，鼓励学生采用多种语言模式
三级	以学生对提问的理解程度为基础，区分不同的教学内容；根据学生的需要调整表达方式；使用类比和比喻的方式说明各种观点之间的关系，帮助学生将新知识与以往的知识联系起来，使其理解更透彻；为学生组织机会，通过强化实践巩固具体的技能和方法；根据学生的英语能力，相应地提出策略，满足学生的读写能力要求；解释选择特定语言模式的原因，并期望学生使用学科语言
四级	评估学生的理解水平，根据学生的理解，针对个别需求选择和引入内容；帮助学生选择策略，证明想法之间的关系，并将新旧知识联系起来；要求学生以多种方式表达理解；引导学生建立独立的实践步骤，巩固和拓展学生的理解水平；支持学生使用学科语言，支持学生选择适合作业的语言模式；支持学生制定和使用策略，满足作业对读写能力的要求

表 5-11　各部分细化的专业标准—阐述

一级	给学生布置需要动脑筋的作业，清楚地告诉学生作业的认知要求；将类似背景中的概念实例提供给学生，帮助他们应用到学习上；运用策略让所有学生集中精神，促进思想交流；选择话题，组织交流，促使学生思考主要概念；监督学生的理解，为学生提供具体的作业反馈，根据学生的反应改进教学
二级	布置作业，支持知识的转换，帮助学生在熟悉或不熟悉的环境中应用概念；做出示范，并提供思考工具和策略来支持这种转换；整合等待时间，支持学生思考并进行反馈；安排交流，认可学生的想法的价值，并运用这些想法构建个人和集体的理解；根据交流的目的将学生分组，根据评估标准对监督过程提供反馈，并根据小组的需要改变教学方式
三级	布置作业，要求学生处理信息和想法，生成规则和原理；支持学生在陌生的背景下测试这些规则和原理；通过关于协议的交谈，支持所有学生做出有意义的贡献，创建想法，相互质疑；通过提问探查学生的思维，促使学生证明自己的答案；提供反馈并创造机会让学生互相反馈；监督学生的进步，并在学生需要时介入
四级	说明布置作业和形成评估的分类法；在拓展新的学习内容时，支持学生通过证据质疑基本原理之下的假设；为学生组织机会保持交流，加深个人认识和集体认识；支持学生批评彼此的想法，使交流更加严谨和智慧；持续监督学生的进步，并提供反馈，让每个学生都了解自己需要改进的地方

表 5-12　各部分细化的专业标准—评估

一级	协助学生做好认知的准备；评估学生的成绩并交流学生的进步；提出指导性的问题，让学生反思自己的学习；支持学生在明确自己的实力和进步的空间的基础上制订今后的学习目标
二级	给出策略，让学生反思并改良自己在认知准备中的学习；在正式或非正式评估中收集的证据，以此判断学生的进步；运用学生进步的例子将学习进步和学习目标进行对比；为自己的反思确定策略模式；支持学生反思自己的成绩和学习过程，制订今后的学习目标
三级	在准备认知的过程中，为学生创造机会单独或合作评估；运用课程标准中提及的指标判断学生的成绩；同事间依照课程标准树立的学习目标交流学生的进步；支持学生回顾学习过程，确认学习的证据，反思总体的进度；支持学生确定今后的学习目标，支持其改进学习策略
四级	主持课堂内外（的学习）以保证一致的判断；支持学生反思学习效果并评估使用的策略；运用学生的反思和教师的判断，参照课堂标准，同学生讨论其进步的情况；参与学生的讨论，帮助学生明确今后的学习目标和策略

注：以上提及的英语条目是针对澳大利亚作为移民国家的多语言使用情况而强调的。

(4)e5教学模式下教师教学专业发展标准实施的特点

教师教学专业发展标准在实施过程中是以改革方案的形式推进的,此项改革的动向从2003年维多利亚州《公立学校蓝图》(The Blueprint for Public School)发布后开始酝酿,2008年12月正式颁布了经过反复实践和循环的论证,其呈现的促进教师专业发展的特点如下。

①从教师对自我专业发展目标的确定入手

许多学校运用e5模式,以教师对自我专业发展目标的确定为切入点,让教师根据自己当前的情况进行自我评估,进而确定自己专业发展的目标。目标的确定要遵循SMART原则,即特定性(Specific):目标有侧重点;可衡量性(Measurable):能够选择合适的方法对目标进行评估;可实现性(Attainable):目标能够达到;现实性(Realistic):适合教师本人;时间限制性(Time limited):目标以一个学年为期限。

②建立教师专业发展团体,发挥专家型教师的引领作用

首先,在维多利亚州的许多地区由专家型教师担任教师的"辅导员",他们以不同的方式发挥引领作用,如分析学校整体和个体教师的发展需求;定期召开辅导员讨论会;在课堂示范最好的教学实践;同个别教师或教师小组面谈,讨论教师提出的问题;与不同年级的教师小组面谈以及其他和课堂实践有关的会面等。其次,辅导员的"课堂辅导工作"得到更多的重视,并与同行教师共同参加示范课及课后讨论。

③"走遍校园"(Taking a Tour of the School)活动

在e5模式的推动下,学校对公众和社会开放学校和教学,尤其欢迎教育教学的专业同行以及能够提出批评建议的参与者,通过这一切入点,强化学校的有效运作;同时直观地使来访者对学校创造了什么类型的学习环境以及遵循怎样的学校价值观有了认识并产生反馈。

④推介"e5卓越公共艺术教学"的改进

维多利亚州教育部门在公立学校全面特别推介"在e5教学模式指导下的公共艺术教学改进",为教师的艺术教学提供包括卡尔多公共艺术教学(Kaldor Public Art Projects)在内的一系列丰富的资源和指导。

可以看出,此方案基于教学能力指标细化的教师教学专业发展标准体现了四个特点。第一,标准非常细化,重点是关注教学实践中的基本问题,但又并非是"问题解决方案大全",其仍然注重指出教师专业发展的方向。第二,虽然标准旨在指导教师的具体教学工作,但是其仍以学习理论作为基本理论

根据，同时关照学生的学习和教师的学习。第三，e5模式的每一部分，纵向体现了一系列分等级但是具有连续性的专业水平级别。第四，不同级别的教学专业化实现程度体现了需要依据连续性的实现程度。其中，低级别的表现一般是更高级别水平的初级形态。①

综上，到目前为止，澳大利亚在教师教育领域已经建立起了一个横向度内容上包括教师教育课程标准、教师专业发展标准和教师教学标准三大方面，纵向度国家和地区级双重层次上的专业标准网络建设，如表5-13所示。

表 5-13 教师与教师教育专业标准发展

	教师教育课程标准	教师专业发展标准	教师教学标准
联邦级	NSGITE(1998) NSADTEP(2012)	NSGITE(1998) ANFPST(2003) NPST(2011)	ANFPST(2003)
州级	②	各州皆有标准文本或参考文本	各州皆有标准文本或参考文本，以维多利亚州e5标准(2008)为代表

这一发展趋势呈现出自20世纪90年代以来澳大利亚教师教育的标准化发展图景。

四、现代教师资格制度的正式确立

(一)20世纪90年代奠定了教师资格制度发展的基础

教育资格制度的发展是教师教育发展一个重要组成部分，也是教师专业化的必然要求。直到20世纪90年代中期澳大利亚的教师资格制度都没有真正实现制度化和法制化。由于当时各州都没有关于教师注册的立法，所以并没有规定教师入职的最低资格要求，有些没有经过正规训练的人也可以从教，即便新南威尔士州的《1998教学标准法案》(Teaching Standards Bill)中也没有规定教师注册和录用所需要的特定的教师教育，因为这个法案是以标准驱动而不是以资格驱动为目的的。直到1998年，虽然澳大利亚四分之一的教师队

---

① 参见袁丽、黄运红，等：《澳大利亚维多利亚州基于e5教学模式下的教师教学专业发展标准述评》，载《比较教育研究》，2011(8)。

② 本研究尚未查到各州制定的相应文本。

伍提高了从业的资格，但仍有一半以上的教师队伍接受的训练仍少于四年。①

但这一时期出现了澳大利亚两种教师资格制度的初步实践：证书制(certification)与注册制(registration)。布赖恩·查尔斯(Brian Charles)对这两种教师资格制度的实践做出了如下辨析，如表5-14所示。②

表5-14 澳大利亚教师资格制度类型比较

证书制	注册制
"证书"是教师雇用主体实施的一种管理机制	"注册"是依据州的法律授予的从事教学实践的执照
由作为教育雇用主体最高代表的政府教育主管(Director-General，主管公立学校部分)或教育部部长(Minister，主管非公立学校部分)本人或其授权的他人或机构	由非雇用主体的法律性注册管理委员会给予注册
雇用者作为法定主体有权规定和改变最低资格	注册管理委员会规定最低资格标准，在观念上代表着专业观点
专业纪律是雇用者的权限	专业纪律是管理委员会的权限
政府部门管辖下的学校系统③内教学纪律和行为不合格并不妨碍其作为其他部门管辖下的教师	有不合格教学行为者禁止在同一州的任何地方甚至是其他州任教
证书属特定学校系统的管理，也就是说具有公立学校教师资格证书的教师不会因此具有在其他系统(学校)的教学资格(以新南威尔士州为例)	依据法律，注册可以在特定学校系统中也可以在一般学校系统中。在昆士兰州和南澳大利亚州，系统内所有教师的注册是普遍或者强制性的；在维多利亚州，其对政府公立学校的教师是强制性的

---

① Brian Charles O'Donnell, B. A. M. ED. Admin, "A Model for Registering Teachers, Accrediting Teacher Education and Awarding Advanced Certification in Australia：A Means for Advancing the Status of Teaching as an Autonomous Profession,"PhD diss., University of Western Sydney, 2000.

② Brian Charles O'Donnell, B. A. M. ED. Admin, "A Model for Registering Teachers, Accrediting Teacher Education and Awarding Advanced Certification in Australia：A Means for Advancing the Status of Teaching as an Autonomous Profession,"PhD diss, University of Western Sydney, 2000, p. 87.

③ 澳大利亚基础教育的学校系统分为三类：政府公立学校(Public school)系统、(天主)教会学校(Catholic School)系统、私立学校(Independent School)系统。

续表

证书制	注册制
在本州获得证书的教师不能得到其他州的承认	一些州和地区已建立了相互认可的教师注册制度，如南澳大利亚州、塔斯马尼亚州，以及同新西兰之间的相互认可
证书有试用期	注册有试用或临时注册期限
大学里的教师教育者不需要证书，因为大学在州教育局局长的管辖之外	在昆士兰州需要进入到中、小学校，对师范实习生进行指导和管理工作的教师教育者必须注册，在南澳大利亚州则不必
被授予教师证书后无须更新或再次被授予，除非出现失职行为或者能力问题；证书具有永久有效性	注册定期更新；不更新注册的教师将被教师注册管理委员会合法地终止教学行为

各州分别采取了这两种类型中的一种，如新南威尔士州采取了证书制，维多利亚州、昆士兰州、南澳大利亚州、塔斯马尼亚州采取了注册制。这两种类型的教师资格制度的初步实践奠定了21世纪澳大利亚教师资格制度发展的基础和方向，也成为教师教育专业标准化时代的重要标志。

(二)21世纪以来教师资格制度的成熟与发展

进入21世纪，特别是2004年几乎可以被称为澳大利亚的"教师资格制度年"。这一年，在全国范围内出现了四部推动教师资格制度发展的法规：南澳大利亚州《2004年教师注册与标准法》、新南威尔士州《2004年教师协会法》、澳大利亚北部地区《北部地区教师注册法》和西澳大利亚州《2004年西澳大利亚教育学会法》。这些法律、法规都比较完备地规定了教师资格鉴定或注册等相关制度，使其在职前教师教育、教师专业标准和教师专业伦理等方面都有很大的发展。正是在20世纪90年代的证书制与注册制基础上发展出现行的教师资格鉴定制与教师注册制度。新南威尔士州实行的是教师资格鉴定制度，其他各州和地区主要实行的是教师注册制度。

1. 实施教师资格制度的相关机构

各州和地区的教师资格制度工作分别由在这一阶段成立和发展的各个教师和教学专业团体承担，它们是各州或地区实施和发展教师资格制度的主要机构。这些机构包括维多利亚教学协会（Victorian Institute of Teaching）、新南威尔士教师学会(NSW Institute of Teachers)、昆士兰注册教师管理委员会(QLD Board of Teacher Registration)、昆士兰教师学会(QLD College of Teachers)、南澳大利亚注册教师管理委员会(SA Teacher Registration Board)、塔斯马尼亚注册教师管理委员会(TAS Teacher Registration Board)、西澳大利亚教育学会(WA College of Teaching)和北部地区注册教师管理委员会(NT Teacher Registration Board)等，这些教师资格的认定或注册机构都是依据相关法律运行的，如表5-15所示。

表5-15 澳大利亚各州或地区教师资格鉴定或注册机构成立时间及其法律依据

州或地区	教师资格认定或注册机构	法律依据	时间/年
昆士兰州①	昆士兰注册教师管理委员会	《1970 教育法修正案》	1971
	昆士兰教师学会	《2005 教育法》	2006
塔斯马尼亚州	塔斯马尼亚注册教师管理委员会	《2000 年教师注册法》	2001
南澳大利亚州	南澳大利亚注册教师管理委员会	《2004 年教师注册与标准法》	2004
新南威尔士州	新南威尔士教师协会	《2004 年教师协会法》	2004
西澳大利亚州	西澳大利亚教育学会	《2004 年西澳大利亚教育学会法》	2004
北部地区	北部地区注册教师管理委员会	《北部地区教师注册法》	2004

① 昆士兰州的教师注册和资格认证的工作比其他州开展得都早。这是澳大利亚这一类型工作的第一家。1974 年，昆士兰州建立了"教师注册委员会"(Board of Teacher Registration, BTR)以提高教师教育的质量和教学职业的地位。委员会被授权监督教师的入职和昆士兰州当时实施的教师注册工作。在随后的 32 年间，这一委员会监管了昆士兰州所有的教师教育课程的发展和资格认证(直到 2005 年昆士兰教师学会成立，并于 2006 年开始接替以上工作)，只有学习了这一委员会认可的课程，学生才能够注册获得专业许可证并在昆士兰州的学校里任教(而其他州在随后很长的一段时间后才开始实施类似模式，有的地方甚至晚了 30 年)。同时，BTR 还以合法化机构的资格认定角色对当时的教师学院和大学提出了课程专业发展上的要求。例如，这一委员会就要求所有教师教育的课程必须包括以下基本内容。1. 专业学习(包括社会学和教育心理学导论和更高层次的内容)；2. 不同学科或学科内容的学习；3. 课程(论)学习；4. 专业实践(包括对天数的要求，至少有 80 天被指导的教学实践和 20 天其他领域的实践活动)，从而彰显出其对教师资格认定及教师教育课程发展的监督作用。

2. 各州或地区教师资格制度的实施

(1)基于教师雇用主体的资格鉴定制

新南威尔士州现行的教师资格制度是在20世纪90年代的证书制的基础上发展起来的，与其他各州和地区实施的教师资格制度有着显著的不同。其核心是在新南威尔士教师协会的规范、合作和指导下，由"教师（资格）鉴定权威"(Teacher Accreditation Authority, TAA)①具体操作实施的教师资格鉴定管理机制，而这一教师资格鉴定管理机制是以各学校的鉴定管理(School-based accreditation scheme)工作为基础的。这一鉴定工作的基本特点如表5-16所示。

表5-16　新南威尔士州现行教师资格制度TAA鉴定管理工作的基本特点

鉴定对象的适用范围	公立学校及非公立学校的准入职教师(new scheme teacher)和在职教师
鉴定工作的类别	入职教师资格强制性鉴定(mandatory accreditation of new scheme teachers) 在职教师专业发展层次强制性及自愿性鉴定(mandatory and voluntary accreditation of transition scheme teachers at professional competence level) 解雇教师的鉴定(revocation of accreditation)
鉴定工作依据的专业标准	《专业教学标准》② 《教师专业发展标准》③

这一鉴定工作的基本流程如图5-1所示。

---

① 新南威尔士州的《2004年教师协会法》规定了"教师（资格）鉴定权威"(teacher accreditation authority, TAA)是由作为教育雇用主体最高代表的政府教育主管(Director-General，主管公立学校部分)或教育部部长(Minister，主管非公立学校部分)本人或其授权的他人或机构组成。由于这一鉴定工作是在新南威尔士州教师协会的规范、合作和指导下由"基于学校"(school-based work)来实施的教师资格管理机制，因此，TAA的成员大多是各学校的教育管理者。

② 新南威尔士州制订的《教师专业教学标准》。

③ 新南威尔士州制订的《教师专业发展标准》。

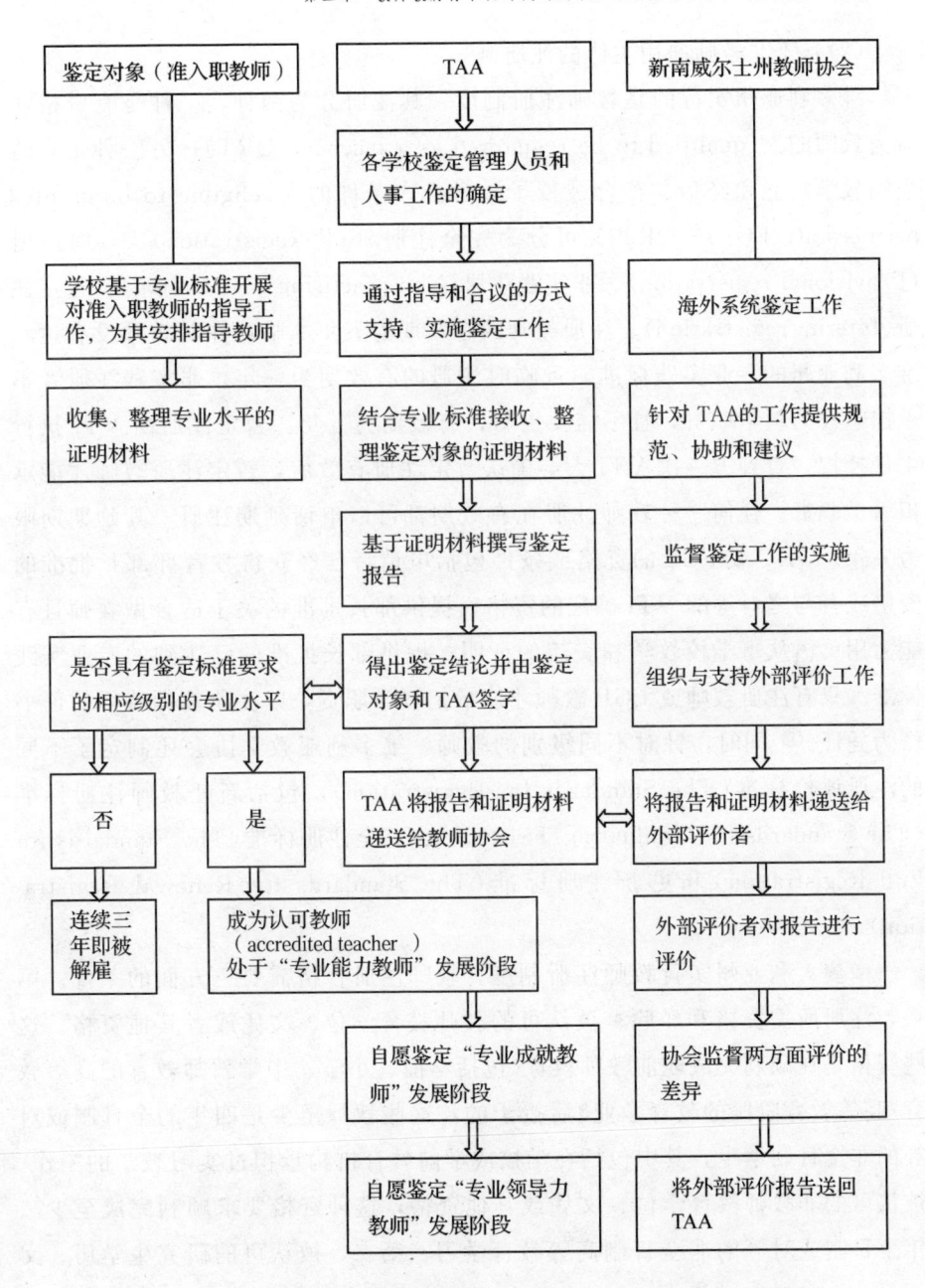

```
鉴定对象（准入职教师）          TAA                新南威尔士州教师协会

                         各学校鉴定管理人员和
                         人事工作的确定

学校基于专业标准开展      通过指导和合议的方式         海外系统鉴定工作
对准入职教师的指导工      支持、实施鉴定工作
作，为其安排指导教师

收集、整理专业水平的      结合专业标准接收、整         针对TAA的工作提供规
证明材料                 理鉴定对象的证明材料         范、协助和建议

                         基于证明材料撰写鉴定         监督鉴定工作的实施
                         报告

是否具有鉴定标准要求      得出鉴定结论并由鉴定         组织与支持外部评价工作
的相应级别的专业水平      对象和TAA签字

    否        是         TAA将报告和证明材料          将报告和证明材料递送给
                         递送给教师协会               外部评价者

连续三年即被解雇          成为认可教师                 外部评价者对报告进行
                         （accredited teacher）       评价
                         处于"专业能力教师"发展阶段

                         自愿鉴定"专业成就教          协会监督两方面评价的
                         师"发展阶段                  差异

                         自愿鉴定"专业领导力          将外部评价报告送回
                         教师"发展阶段                TAA
```

图 5-1　新南威尔士州现行教师资格制度 TAA 鉴定管理工作流程①

---

① "The Teacher Accreditation," http://www.nswteachers.nsw.edu.au/accreditation-policies-manual/Acc _ The-Teacher-Accreditation-Manual/，2017-03-01.

(2)基于非教师雇用主体的注册制

维多利亚州实行的是教师注册制度。其注册分为两种,一种是有资格注册为教师的人(qualified to be registered as a teacher,QRT);另一种是有适当的教学技能和经历、符合被授予教学准入条件的人(eligible to be granted permission,EGP)。QRT 又可分为完全注册(Full Registration)、临时注册(Provisional registration)、非实践注册(Non-practising registration)和暂定注册(Interim registration)。注册教师的有效期为五年。临时注册教师没有达到维多利亚州的专业实践标准,且临时注册的有效期为一年。非实践注册者不承担学校的教学职责,且不需要更新,有效期为五年。暂定注册由 VTI 执行主任授权,直到下一次 VTI 大会确认暂定注册有效后,暂定注册教师才能承担教学职责。任何一种教师注册在有效期都可以申请延期注册,其延期期限为一年。QRT 或 EGP 的资格或条件包括申请者已经获得教育部部长批准的资格或者与之对等的 VTI 确定的资格;提供部长批准的关于适合做教师且有能力用英语从事学校教学和交流的证明;提供部长批准的已达到的专业实践标准。只有注册教师或 EGP 教师才能承担教学职责,以注册教师获得的证书作为凭证。[1] 同时,针对不同级别的教师,维多利亚教学协会还制定了不同的注册评价标准(The Standards for Registration),包括新任教师注册标准(The Standards for Graduating Teachers)、完全注册标准(The Standards for Full Registration)和更新注册标准(The Standards for Renewal Registration)。[2]

南澳大利亚州实行教师注册制度。教师注册合格需要三方面的条件。第一,注册所需资格和经验、被认可的教师教育学位、文凭或者其他资格。这些资格是在顺利完成职前教师教育(包括学前、小学、中学教师教育的高等教育/高等教育阶段的教育学业)后授予的,这些教师至少是四年的全日制或对等的非全日制学生,其中包括在学校或学前教育机构承担过实习教学的工作。被认可的非教师教育学位、文凭或其他资格,这种资格要求顺利完成至少三年全日制或对等的非全日制高等教育学习。第二,被认可的研究生学历、文

---

[1] "Education and Training Reform Act 2006," http://www.vit.vic.edu.au/content.asp?Document_ID=5,2009-09-01.

[2] Victorian Institute of Teaching. Victorian Institute of Teaching Annual Report. Melbourne:Victorian Institute of Teaching,2011.

凭或其他资格。这种资格是在顺利完成职前教师教育（包括学前、小学、中学教师教育的高等教育/高等教育阶段的教育学业）后授予的，要求完成至少一年的全日制或对等的非全日制的学习，这其中包括在学校或学前教育机构承担过教学实习工作。第三，满足了教师专业标准条件，必须已在申请注册的前一年里顺利完成了标准要求的课程。没有一年的学校教学经历的教师只能注册临时教师。注册主任给注册合格者以 TRB① 批准的形式发放注册证书。未注册教师可以向 TRB 申请教学特许。TRB 可以特许申请者在 TRB 指定的条件下在特定时期从事特定科目的教学。这里的条件包括限制教学的地方或环境。从授予注册到第三年的 1 月 31 日为注册有效期，在有效期结束前需要更新注册。特许教学的有效期相对短些。②

在北部地区，顺利完成了教师注册认可的学业或在外地顺利完成了对等学业的人可以向北部地区注册教师管理委员会申请注册。注册条件有以下三点。第一，有教育资格。准教师需获得查尔斯·达尔文大学北部地区土著教育巴齐勒学院的四年制教育学位或教育文凭。澳大利亚其他州或地区认可的四年制教育学位，或被 TRB 认可的在新西兰或其他国家获得四年制学位，其中至少经历了 45 天的教学实习。第二，有教学能力，其中包括良好的英语能力。国际英语测试系统、国际第二语言精通等级和教师专业英语评估，其中任何一种都可作为英语是否合格的依据。第三，有良好的品质。注册申请者在 TRB 注册决议悬而未决之际可以注明理由，请求注册主任发放暂时注册证书。TRB 给申请合格者发放注册证书。证书有效期不超过五年。TRB 给已注册教师更新注册，发放新的注册证书，更新的注册有效期不超过五年。③

塔斯马尼亚州实施教师注册制度。在塔斯马尼亚州，在没有注册教师指导监管的情况下，个人是不能在学校进行教学工作的。教师注册可分为注册、临时注册和有限授权三类。注册的标准有三类。第一类是注册申请者已顺利完成了 TRB 认可的教师教育学业，至少有一年全职的教学经验或 TRB 认可的可注册的教育和经历，或者符合 TRB 的临时注册条件；申请者品质良好；

---

① 注：BTR 与 TRB(Teacher Registration Board)意义相同，不同地区的书写方式不同。

② "Teachers Registration and Standards Act 2004," http://www.trb.sa.edu.au/ 2017-03-01.

③ "Teacher Registration (Northern Territory) Act," http://www.trb.nt.gov.au/, 2017-03-01.

注册有效期为三年，从 1 月 1 日到第三年的 12 月 31 日；注册延期在注册有效期结束前可以申请延长期，其延长的时限为一年；注册更新的有效期为三年；注册或更新注册成功时，TRB 发放注册、临时注册或更新注册证书。第二类是临时注册，其有效期和延长期均为一年。第三类是有限授权，其有效期与延长期均不能超两年。①

西澳大利亚州也实行教师注册制度，分为注册教师和临时注册教师两种。注册教师有效期为五年，需要更新注册；临时注册教师有效期是三年。②

五、标准化教师教育课程认证体系的构建

教师教育课程的专业认证与评价在世界领域内已越来越成为国际教师教育课程发展的趋势。③ 20 世纪 80 年代以来，制定标准化的教师教育课程认证体系是伴随着终身教育思潮和教师专业化思潮兴起的，是各国纷纷走向教师教育标准化道路的一个重要体现。④

澳大利亚自 1996 年开始从联邦的层面着手教师教育课程的认证工作，完善了联邦和州两级的职前教师教育课程的认证体系，具体的认证工作主要是通过各州教师或教学专业权威机构（如 ACDE）⑤的参与，制定了一定的认证标准和指导纲要。例如，1996 年的《国家卓越项目计划》(Projects of National Significance Program)和 1997 年的《职前教师教育国家标准和指导纲要》(National Standards and Guidelines for Initial Teacher Education Project)，为职前教师教育的课程制定了一定的标准；2006 年，由 AFTRAA 主导的（职前）教师教育课程审批的国家认证讨论框架《教师专业教育课程的国家认证》(Aurealia-wide Accreditation of Programs for the Professional Preparation of Teachers)出台；2010 年正式发布了"职前教师教育课程国家认证体系咨询报

---

① "Teachers Registration Act 2000," http：//trb.tas.gov.au/discipline.htm，2017-03-01.

② ."Western Australian College of Teaching Act 2004," http：//www.collegeof-teaching.wa.edu.au/，2017-03-01.

③ 参见朱旭东、李琼：《教师教育标准体系研究》，89 页，北京，北京师范大学出版社，2011。

④ 参见朱旭东、李琼：《教师教育标准体系研究》，89 页，北京，北京师范大学出版社，2011。

⑤ 缩写或缩写的机构或组织的扩展名参见附录四。

告"(National System for the Accreditation of Pre-service Teacher Education Programs-Proposal for Consultation)①，此报告初步构建了一个标准化的职前教师教育课程国家认证体系②，这既是澳大利亚从联邦层面保障职前教师教育课程质量的重要举措，又是澳大利亚教师教育标准化的一个新发展。③

这一认证体系具有比较完备的基本框架，包括体系目标、实施原则、依据标准和认证程序，具有典型的标准化方向、标准化内容和标准化流程的特点。

(一)体系目标

第一，为教师教育机构提供充分的外部质量保障。

第二，使培养出来的教师的质量获得国内和国际的高度认可。

第三，提升潜在雇用方对合格教师条件的理解和评判，打破招募教师的地域限制。

第四，提升教师教育机构的工作效率，为未来的招生和在全国范围内提供师资力量打下基础。

(二)实施原则

体系的实施原则规定了这一体系的标准化方向，原则包括以下六方面内容。

1. 合作性原则

合作性原则强调在高等教师教育机构、中小学、教师群体、雇用方以及课程认证权威机构之间建立起强有力的合作关系。

2. 统一性原则

这一体系在构建过程中着力建立起全国统一的认证框架，提供全国统一的认证标准，包括师范毕业生标准、教师教育课程标准和认证主体，构建了较以前第一个完整的联邦层面的认证体系，对提升毕业生队伍整体的社会公

---

① "National System for the Accreditation of Pre-service Teacher Education Programs-Proposal for Consultation," http://www.saasso.asn.au/media/files/7313.pdf, 2017-03-01.

② "1996-Present: National Accreditation of Pre-Service Teacher Education Courses," http://www.nswtec.nsw.edu.au/downloads/2009/a-short-history-of-national-accreditation, 2017-03-01.

③ 参见邓丹：《澳大利亚教师教育标准化的新发展——"职前教师教育课程国家认证系统"的构建》，载《比较教育研究》，2011(8)。

信力有积极的作用。

3. 专业认证的裁决性原则

这一体系旨在打造当下可实施的具有专业认证品质的裁决性程序。

4. 综合性原则

这一体系旨在将学前、小学和中学教师教育课程认证全部纳入其中。

5. 灵活与创新的适用性原则

在综合性原则的前提下，为保证课程的适用性，该体系鼓励各教师教育机构根据社会需要和自身特点来设置课程、不断调整课程并积极创新，以满足教师专业发展和学生学习进步的要求。

6. 实证性原则

这一体系鼓励具有实证性的课程实践工作，支持被证明的高质量的教师教育课程和项目。

（三）依据标准

这一体系的构建主要依据统一的标准和流程：师范毕业生标准、教师教育课程标准和标准化权威模式认证流程，并规定了体系的标准化内容。

1. 师范毕业生标准

师范毕业生标准继续遵循2003年联邦层面颁布的《国家教师资格标准》，内容包括教师从专业知识、专业实践和专业参与三个层面了解学生、知晓学生如何学习，掌握教学内容、知晓如何教授，制定和落实有效的教学和学习策略，创建并保持安全、支持性强的学习环境，对学生的学习进行评估并给予口头和书面反馈，积极开展专业学习，同高校、家长或监护人、社区等保持密切的联系，这七方面的基本要素规定了课程培养的具体目标和绩效考核方式。

2. 教师教育课程标准

这一体系中的教师教育课程标准是教师教育机构必须达到的最低标准，从课程目标、课程学习时间、课程开发、课程结构及内容、课程准入条件、伙伴关系、课程资源和课程评估八方面做了具体规定，既为申请机构提供了参考框架，又为认证机构设定了考评范围。

3. 标准化权威模式认证流程

统一认证主体是这一体系中体现标准化权威的部分，规定了认证主体为澳大利亚教师管理局和澳大利亚教学与学校领导协会。前者是体系的执行主体,即依据体系的相关规定接受教师教育机构的认证申请,组织评审并撰写认证报告,最终做出认证决议。后者是体系的监督主体,其工作内容包括参与标准的制定,并监督其过程;提名专业领域外的外部评审委员参与评审过程;制定具体实施体系流程的时间表;为保证体系实施的有效性建立相关的国家级数据库,并同其他相关机构保持密切联系。这两个主体各司其职、相辅相成,共同促进体系的良性运转,堪称标准化权威模式。

(四)认证程序

这一体系的认证程序体现了标准化流程的特质,其核心认证阶段的结构如图 5-2 所示。

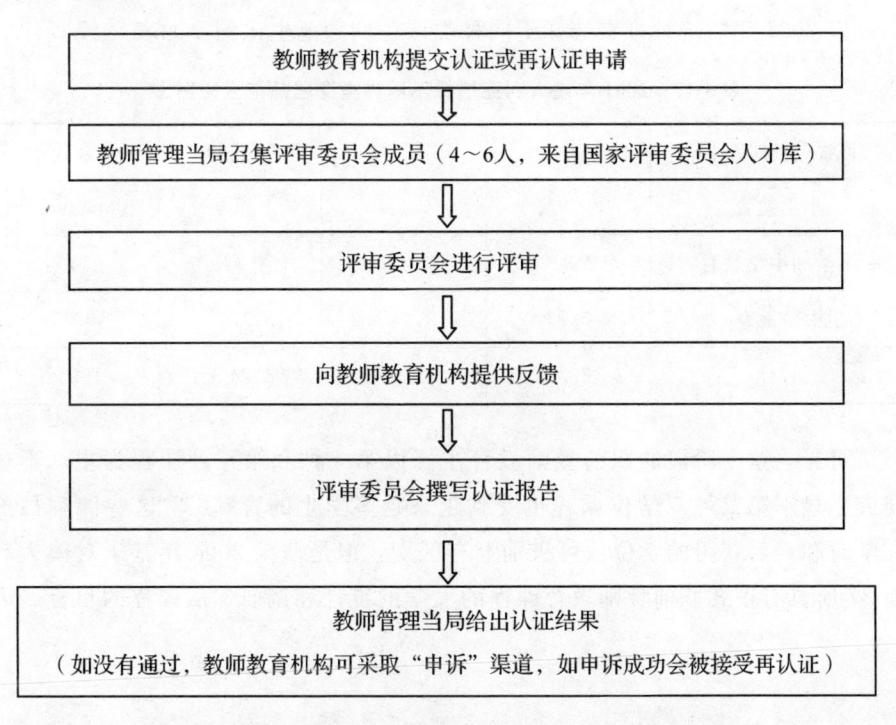

```
教师教育机构提交认证或再认证申请
            ↓
教师管理当局召集评审委员会成员(4~6人,来自国家评审委员会人才库)
            ↓
评审委员会进行评审
            ↓
向教师教育机构提供反馈
            ↓
评审委员会撰写认证报告
            ↓
教师管理当局给出认证结果
(如没有通过,教师教育机构可采取"申诉"渠道,如申诉成功会被接受再认证)
```

图 5-2 澳大利亚教师教育课程认证程序:核心认证程序

综上可见,这一标准化认证体系的构建是在 20 世纪 90 年代以来澳大利亚教师教育标准化运动的基础之上逐渐完善起来的。虽然在规范性和科学性上尚有改进的空间,但这一体系在国家层面的构建标志着澳大利亚教师教育标准化运动的全面展开。

第二节 专业标准型课程的实践

经过20世纪90年代之前专业能力型课程的发展，特别是在教师教育专业标准化运动的推动下，澳大利亚职前教师教育课程呈现出专业标准型的特点。这一阶段，澳大利亚职前教师教育课程的类别主要有三种。

第一种是三到四年的本科单学位课程，如教育学学士。

第二种是四到五年的本科双学位课程，如教育学学士和文学学士，并遵循各自的考试体系。

第三种是一到两年的研究生文凭或学位课程，如教育学文凭或教学硕士。

以2001年的统计来看选择不同种类课程的师范生比例，如表5-17所示。

表5-17 2001年澳大利亚选择不同种类课程师范生比例[1]

课程（专业方向）	第一种	第二种	第三种	（合计）
小学教育	29.9%	5.1%	10.5%	45.5%
小学和中学教育	2.3%	0.4%	2.7%	5.4%
中学教育	10.1%	7.8%	31.2%	49.1%
合计	42.3%	13.3%	44.4%	100%

可见，这一阶段的职前教师教育主要以第一种和第三种课程为主，不过研究也显示第二种双学位课程也受到越来越多学生的青睐。[2] 这些课程虽然在学时和最后获得的学位认可级别上有区别，但是截至2004年基于对澳大利亚37所具有正式职前教师教育课程的大学的统计和调研，从课程的目标、内

---

[1] Roy Ballantyne, D. John Bain, et al., "Teacher Education Courses and Completions: Initial Teacher Education Course and 1999, 2000 and 2001 completions," Commonwealth of Australia, Department of Education, Science and Training, 2002, p. 32.

[2] Lawrence Ingvarson, Adrian Beavis et al., *Pre-Service Teacher Education in Australia: A Mapping Study of Selection Processes, Course Structure and Content and Accreditation Processes*, Melbourne, ACER Press, 2004, pp. 37-38.

容和结构以及实施和评价来考察,核心部分都是相同的。① 下文对整体课程的两个部分——大学课程和学校专业经验(这一部分类似于我国的师范生在中小学的见习、实习部分),先整体描述课程的目标、基本要求、结构和内容以及实施情况,再专门分析学校专业经验部分的课程,最后总述整体课程的评价。

一、专业标准型课程目标

这一阶段,职前教师教育课程的总体目标主要在于以下五方面。组织学生完成教学第一线的实践活动;课程的重点是让学生掌握教师必需的知识准备,包括学科知识、教学法知识、课程设计和人类发展的知识;为学生在教学中使用信息交流技术做好准备;使学生掌握理论联系实践的方法;使学校教师和领导者通过课程的实施参与职前教师教育。具体的课程部分还有更加细化的目标表述。

二、专业标准型课程的结构和内容

(一)整体课程的结构和内容

选取较有代表性和能比较全面反映这一阶段澳大利亚职前教师教育课程结构和内容的课程——2004年迪肯大学的小学教育专业的教育学学士课程和2011年墨尔本大学的小学教育专业的教育学学士课程,并将二者加以分析和比较。这一阶段其他大学不同类型教师教育课程的结构和内容,请见本书附录三。

2004年,迪肯大学的B.Ed课程是全日制四年课程,包括32个课程学习单元,每个单元的学习时间是一学期,每周三小时。学生必须完成至少32个课程学习单元,包括六个单元必修的"教育学专业课"的系列学习;12个单元的专业课(Key Learning Areas,KLA)的内容;六个单元的语言和文学课;六个单元的KLA选自外院、系的课程②;两个单元的KLA以外的课程。具体内容如表5-18所示。

---

① Lawrence Ingvarson, Adrian Beavis, et al., *Pre-Service Teacher Education In Australia*: *A Mapping Study of Selection Processes*, Course Structure and Content and Accreditation Processes, Melbourne, ACER Press, 2004, pp. 37-38.

② 此"课程"指具体学习的课目。

表 5-18　迪肯大学职前教师教育小学教育专业 B. Ed 课程结构与内容

学年	学期	学习单元	学校专业经验(实习)
1	1	1. 教育学专业课 1：儿童的成长过程的知识 2. 语言核心课程单元 1A：儿童文学 3. 科学核心课程单元 1A：生态与环境 4. 第一级专业课程	
1	2	1. 教育学专业课 2：有关学生的知识 2. 语言核心课程单元 1B：不同文本知识的研究 3. 数学核心课程单元 1A：数的学问：代数与概率 4. 第一级专业课程	学校专业经验 1： 5 个下校日 (10 周，每周半日)
2	1	1. 教育学专业课 3：创建有效的学习环境 2. 数学核心课程单元 1B：空间模型的排列组合 3. 基础语言教育 1：语言与文学——儿童年龄早期阶段(p～2)① 4. 第二级专业课程	学校专业经验 2A： 10 个下校日
2	2	1. 教育学专业课 4：课程、评价与报告 2. 科学核心课程单元 1B：物理环境 3. 基础数学教育 1：培养数理概念 4. 第二级专业课程	学校专业经验 2B： 5 个实习日 & 5 个下校日
3	1	1. 基础语言教育 2：发展语言和文学：儿童年龄中级阶段(3～4)② 2. 基础数学教育 2：创建探究式课堂(inquiry-based classroom) 3. 第三级专业课程之一 4. 第二级及以上选修课之一	学校专业经验 3A： 10 个实习日 & 5 个下校日
3	2	1. 基础社会学教育 2. 基础科学教育 3. 第三级专业课程之一 4. 第二级及以上选修课之一	学校专业经验 3B： 10 个实习日 & 5 个下校日

---

① 学前班到小学二年级。
② 小学三年级到四年级。

续表

学年	学期	学习单元	学校专业经验(实习)
4	1	1. 教育学专业课5：建立专业关系 2. 小学的艺术课教学 3. 基础体育与健康教育 4. 基础技术教育	学校专业经验4A： 10个下校日
	2	1. 教育学专业课6：如何适应教学工作 2. 基础艺术教育：有重点的学习 3. 基础语言教育3：语文教师——专业与交流 4. 基础数学教育：专业实践与数学——设计课程	学校专业经验4B： 20个实习日

注：学生必须完成80天的学校专业经验。

首先，这一具有代表性的职前教师教育课程非常专注学科知识和学科教学知识，同时，也专注于使师范生了解如何促进学习者的学习，以及在专门的领域里，如何获得相关知识概念，如数学、文学、科学等。其次，这类课程鼓励师范生熟悉和理解整个学校的课程框架，特别是了解学生学习的内容与课程设计，从而鼓励他们参与到课程的建构中。除学校专业经验课程以外，其他课程几乎都是在大学里完成的。

2011年，墨尔本大学的B. Ed课程也同样是全日制四年课程，如表5-19所示。学生必须完成大学里的必修课和选修课以及125天以上(从事语言教学的实习生要多加8周)的实习工作。必修课包括贯穿四年的教育学专业课、核心必修课、数学核心课程、语言类核心课程、科学类核心课程、艺术类核心课程和体育核心课程，选修课则涉及艺术、体育和文学等多个方面。针对不同教学领域的学习，这一课程有不同的设计。例如，针对数学教育的学习，第二年根据第一年的学习成绩分流——如成绩在75分以上，学生则可以读高级班，其他均为基础班，如果第三年或第四年基础班的学生成绩达到75分以上，学生也可以申请进高级班，这就为他们在小学从事不同阶段的数学教学工作打下了基础。这一课程的重点是贯穿四年的教育学专业课，它的范围涉及教育心理学、教育社会学、教育理论与实践、教育哲学和课程等基础领域，同时也添加了职前教师教育课程，课程很少涉及有关师范生就业指导与实践方面的内容，而这一部分在当时课程发展与教师入职标准和教师资格认证等紧密相连的情况下，深受学生的欢迎。

表 5-19　墨尔本大学小学教育专业 B.Ed 课程结构与内容

学年	学期	学习单元
1	1&2	1. 教育学专业课1：教育心理学——儿童，学校与社会 2. 数学核心课程1：数学知识——代数
1	1	1. 核心必修课程：社会与环境科学 2. 艺术核心必修课程：表演学 3. 科学核心必修课程1：自然科学与科技知识 4. 专业实习：5个实习日
1	2	1. 语言核心课程单元1：语言与文学 2. 艺术核心必修课程：音乐 3. 体育核心必修课程1：健康教育与体育 4. 专业实习：10个实习日
2	1&2	1. 教育学专业课2A：教育心理学——理论与实践 2. 核心必修课程：电脑信息与科技 3. 数学核心课程2：数学知识——代数与概率 （基础班 & 高级班平均分75%以上）
2	1	1. 教育学专业课2B：土著人的历史与知识 2. 艺术核心必修课程：视觉艺术 3. 专业实习：5个实习日
2	2	1. 语言类核心课程2：语言与文学——早起教育的阅读和写作（P-2） 2. 艺术核心必修课程：艺术类和文化类课程相结合的课程设计 3. 体育核心必修课程2：健康教育与体育——小学实践项目 4. 专业实习：15个实习日
3	1&2	1. 教育学专业课3A：教育哲学 2. 选修课1：艺术专业课/体育/儿童文学 3. 第二语言教学（从事语言类教学多加4周实习）
3	1	1. 数学核心课程3：数学知识——解题方法培养与课程设计 2. 教育学专业课3B：有特殊需要的儿童的教育 3. 专业实习：15个实习日
3	2	1. 语言核心必修课程3：语言与文学——教学方法与教材运用 2. 科学核心必修课程2：自然科学与科技——课程设计 3. 专业实习—普通实习：15个实习日 4. 语言类实习：20个实习日

续表

学年	学期	学习单元
4	1&2	1. 教育学专业课 4A：课程设计——所有课程的相互结合 2. 选修课 2：艺术专业课/体育/儿童文学 3. 第二语言 LOTE/英文 TESOL（从事语言类教学多加 4 周实习）
	1	1. 教育学专业课 4B：师范生就业指导与实践（准备简历、面试、资源、注意事项等） 2. 语言核心必修课程：语言与文学 3. 数学核心必修课程：数学知识——社会数学教学现状，教学方法与资源 4. 专业实习：连续 20 个实习日之后 10 周每周 2 个实习日
	2	1. 选修课 2（同第 4 学年 1&2） 2. 科学核心必修课程 3：自然科学小学实践项目 3. 语言类专业实习：20 个实习日

通过对以上两校课程发展的比较可以看出，这一阶段的课程从内容来看，涉及的知识包括学科知识、教学法知识、课程设计知识和人类发展的知识，其中 20% 的课程内容要求学生必须从大学本院系以外的其他院系习得；从结构上来看，课程能够体现出从专业基础到专业深入的设计理念，并突出了引导师范生循序渐进地完成学校实践经验和理论联系实践的部分。

(二)学校专业经验

1. 学校专业经验在整个课程中的目标和基本要求

把学生的专业经验视为职前教师教育课程中具有"整合"性质的部分和理论联系实践的重要环节，这一看法在这一阶段的澳大利亚教师教育领域已经是一个广泛而深入的共识了。[1] ACDE 将师范生的专业经验视为教师教育的"核心"，并强调理论和实践必须"相互支持"。尽管当时对这一理念已经达成共识，但是如何在职前教师教育的课程中建构、组织和给予经费支持在澳大利亚仍然是一个莫衷一是的议题，在实施过程中还有诸多变量影响这一理念的贯彻。不过，这一阶段澳大利亚的相关研究和报告已经明确提出了改进建议。第一，师范生要最大可能地进入学校的日常教学中。第二，教师教育课程要同学校建立良好的合作关系。第三，要处理好课程中师范生实践活动的

---

[1] Lawrence Ingvarson, Adrian Beavis, et al., *Pre-Service Teacher Education In Australia: A Mapping Study of Selection Processes, Course Structure and Content and Accreditation Processes*, Melbourne, ACER Press, 2004, p. 28.

经费与管理同教育原则和需要的关系。① 当下的实际问题是为学生提供的实践场所(中小学)还不够,大学常常为此犯难,而要建立起良好的伙伴关系需要通过所有相关部门和人员的共同努力才能够达到。总之,这一部分课程的具体目标是增强师范生的专业和个体发展,通过在实践学校里对有关专业、课程和教学法知识的学习,提高学生的教学技能,并提高他们对教学目的、过程和结果的反思实践能力。

关于对师范生专业经验的要求,所有的课程都要求达到两个标准。第一,学生必须通过专业经验的考核。第二,学生专业经验的课程学时(按天数计算)必须满足教师资格认证部门规定的最低时限,这一点充分体现了教师教育课程把国家教师资格认证标准作为参考的底线。

2. 学校专业经验的结构和内容

在教师教育的整体课程结构中,专业经验既是一个独立的课程,又属于"教学法"课程的一部分。相当多的学校采取的结构是学生先在较短时间内熟悉学校工作和学校,然后承担有限的一小部分教学活动或助教工作,最后要承担起完整的班级工作。这一过程一般来说在培养中小学教师的四年制的课程里是贯穿始终的,每个学期或隔一个学期都有安排,一般在第一年开始的几周里就有熟悉学校工作的学习安排,到第四年就要求学生能够完全承担班级的日常工作;那些一年或两年的教师教育课程也同样遵循这一流程,不过熟悉学校工作这一内容往往就被压缩在很短的时间里完成。当然,有的学校课程会根据大学校历的实际情况将这一部分安排在传统的学期间或学期外的时间里,如双学位的课程等。

从这一部分的学时上来看,四年制的本科课程是 95~140 天;一年制的硕士课程是 40~65 天,如 4+1 课程模式;两年制的硕士课程是 50~115 天,如 4+2 课程模式。从实践学校合作工作的角度来看,指导实习生的工作分为两部分,一部分是所谓的"付费指导"时间,即按课时对指导教师支付相应的实习生指导费,其工作内容包括指导实习生的在校工作或评课活动;另一部分是所谓的"无付费实习"时间,实习生要做类似于"课堂志愿者"的工作,当然,这一部分工作也属于实习工作的必修部分。

大部分课程都会把实习生的在校时间安排成从一天逐渐过渡到一段连续

---

① Committee for the Review of Teaching and Teacher Education. Australia's Teacher: Australia's Future, Advancing Innovation, Science, Technology and Mathematics: Background data and analysis", Canberra: Department of Education, Science and Technology, 2003.

性的"实习日",这样便于实习生和学校指导教师从单纯的指导和被指导关系发展成为同事和"指导教师"的关系,进而促进实习生的专业技能的发展。①一般来说,起初的一两个学期,实习生一周去学校一天,被称作"下校日"。下校日一般都是"无付费实习"的内容,即做课堂志愿者并完成熟悉学校、教学工作、课堂观察、参与个体或小组学生的活动等实践学习的任务,也有一些课程是四年内都安排了师范生的下校日实践。连续性实习安排在后两年,把见习、助教、针对小组的教学和针对全班的教学结合在一起的专业实践活动,一般是3周~10周,最后的阶段要求实习生能够独立设计和实施教学内容以及承担全班的管理工作。

大部分课程的设计会在前两个阶段的实习结束后增加一个类似于"班主任完全责任工作"的部分,这部分在20世纪90年代早期被借鉴到澳大利亚的职前教师教育项目当中②,一般是4周~10周,实习生在这一阶段被称作"助理教师"或者"副手教师",类似于"代理班主任"或"副班主任"的身份,在接受指导的情况下全权负责小学一个班级、中学一个或几个班级的一门学科的教育教学工作,这时的实习生几乎可以被视为学校的一个外编教师。这个阶段是否付费给实习学校或指导教师,要依具体情况而定。这一阶段的实践安排活动一般都要基于大学和中小学之间的校本合作项目或特殊的协议。

综上,这一阶段澳大利亚职前教师教育课程中,专业经验学习的时间如表5-20所示。

表5-20 澳大利亚职前教师教育课程专业经验学的时间③

课程类型	专业经验学习时(天)	大学指导教师的参与时(天)
小学教育 本科生 四年制	95~140	0~27
小学教育 研究生 一年制	40~65	4~10
小学教育 研究生 两年制	50~102	1~14

---

① G. Dawson & N. McCulla, "Interships," The Teacher Education Council Annual Conference, Sydney, 1996.

② G. Dawson & N. McCulla, "Interships", A paper presented to the Teacher Education Council Annual Conference, Sydney, June, 1996.

③ Lawrence Ingvarson, Adrian Beavis, et al., *Pre-Service Teacher Education In Australia: A Mapping Study of Selection Processes, Course Structure and Content and Accreditation Processes*, Melbourne, ACER Press, 2004, pp. 37-38.

续表

课程类型	专业经验学习时(天)	大学指导教师的参与时(天)
中学教育 本科生 四年制	50～160	0～18
中学教育 研究生 一年制	45～60	0～6
中学教育 研究生 一年制	55～115	0～10

3. 学校专业经验的实施

对于课程中这一部分专业经验的学习，师范生认为那些对他们教学反馈的部分、实践技能指导的部分和能够加强理论联系实践的部分是最有效的经验。因此，在教学第一线积累专业经验的过程中，高效利用时间，特别是帮助实习生提高能力的辅助性工作的质量是这一部分课程有效实施的关键。

针对这一工作，有研究显示澳大利亚所有大学的职前教师教育课程都明确规定了在专业实践活动中学生的身份与学习任务、大学指导教师和学校指导教师的身份与指导任务，大多以指导手册或工作记录书的形式来确保实施。[①] 在专业实践中，大学指导教师和学校指导教师对实习生的评价工作非常重要，这一评价工作既有正式的评价形式和结果，又有在实践过程中的非正式的口头评价和反馈。另外，"班主任完全责任工作"部分在实施过程中逐渐受到了更多的重视。同时，专业经验在实施过程中有诸多需要改进的地方，如学校指导教师的指导工作本应是更具体的和可操作性强的，应是切实使实习生体会到理论联系实践的指导性工作，但有时会流于形式，没有同大学指导教师的工作区分开来。从表 5-20 也可以看出，大学指导教师的下校指导有时不到位，也有的大学因为师资短缺而招收兼职指导教师做师范生实习下校的指导工作，这有可能使课程实施的连贯性受到一定的影响。另外，还有些大学教师的指导工作是通过所谓的"语音指导"，即电话或电子邮件等非面对面的形式来完成的。不过，大部分大学课程的实施人员都表示大学指导教师都有相关的指导经验，即使新入职或新招募的人员也会接受一定的培训。

在合作关系方面，课程管理者认识到同教师雇用权威部门、大学、教师协会以及其他相关部门建立良好的合作关系能使师范生的学校专业经验得到更好的发展，特别是这一阶段建立起来的不同于以往的以"学期为单元"的实习工作更有助于实习生深入地熟悉和浸入实际的学校工作。从这一点来看阿

---

① Lawrence Ingvarson, Adrian Beavis, et al., *Pre-Service Teacher Education In Australia: A Mapping Study of Selection Processes, Course Structure and Content and Accreditation Processes*, Melbourne, ACER Press, 2004, pp. 37-38.

旺戴尔学院和昆士兰中央大学做出了课程实施上的革新，前者从第一学期开始就为每个师范生配备了一名学校指导教师，一直到全部课程学习的结束，后者同学校的合作关系深入到教师教育课程的所有方面。

三、专业标准型课程实施与专业标准

这一阶段的课程实施除了前文在结构和主要内容部分介绍的学生必须通过专业经验部分的考核、完成专业经验部分的学时（按天数计算）满足教师资格认证部门规定的最低限度的特点外，在实施过程中最重要的特点就是紧密地与各州或地区，乃至国家级的有关教师与教学以及教师教育课程的标准内容联系在一起，标准的内容从不同的角度几乎覆盖了课程实施的所有方面。劳伦斯·英格瓦森及其研究团队在对这一阶段澳大利亚的 37 所开设职前教师教育课程的大学中的不同类型的课程进行研究时，课程的内容和实施都紧密地同已有的各级标准的内容和具体要求联系在一起。研究认为，从课程实施的角度看，有关教师和教学专业的标准以及教师教育课程的标准可以划分为八方面。第一，有关学科知识的标准。第二，有关学生及学生如何学习的标准。第三，有关课程计划，包括目标、内容和资源的标准。第四，有关教学技能，包括沟通、提问、讨论、参与和反馈的标准。第五，有关教室环境的创设、组织和管理的标准。第六，有关诊断和评价学生的学习、为学生提供反馈的标准。第七，有关专业责任，如与家长等人的沟通的标准。第八，有关信息技术的使用标准。从这八方面来分析教师教育课程的实施，分析在实施过程中是否或多大程度上体现了标准对课程内容和实施的影响，也就是说已有的标准是否能够覆盖或指导教师教育课程的实施。研究依据上面八方面的划分，分析了这些课程的具体表述并进行了调查访问，对部分课程与标准的覆盖关系做出了判断，本文选取了三种课程中有代表性的迪肯大学 B. Ed 课程、昆士兰科技大学研究生学位课程和莫纳什大学双学位课程的专业标准覆盖分析。[①] 具体内容如表 5-21 至表 5-23 所示。

---

① Lawrence Ingvarson, Adrian Beavis & Elithbeth Kleinhenz, et al., *Pre-Service Teacher Education In Australia: A Mapping Study of Selection Processes, Course Structure and Content and Accreditation Processes*, Hawthorne, ACER Press, 2004, pp. 42-97.

表5-21 迪肯大学 B. Ed 课程专业标准覆盖分析
（课程代号：E359）

学年	学期	学习单元	学科知识	学生及学生如何学习的知识	课程计划：目标、内容、资源	教学技能：沟通、提问、讨论、参与、反馈	教室环境的创设、组织、管理	诊断和评价学生的学习，为学生提供反馈	专业责任：与家长等人的沟通	信息技术的使用
1	1	1. 教育学专业课1：儿童与成年人的知识 2. 语言核心课程单元1A：儿童文学 3. 科学核心课程单元1A：生态与环境 4. 第一级专业课程	★ ★ ★	★ ★	√					
	2	1. 教育学专业课2：学习者的知识 2. 语言核心课程单元1B：语文的探索 3. 数学核心课程单元1A：数的学问 4. 第一级专业课程	★ ★ ★	★ √ √	√					
2	1	1. 教育学专业课3：创建有效学习的环境 2. 数学核心课程单元1B：空间的模型 3. 基础语言教育1：语言与文学——儿童早期阶段 4. 第二级专业课程	★ ★	√ √	√		√			
	2	1. 教育学专业课4：课程、评价与报告 2. 科学核心课程单元1B：物理环境 3. 基础数学教育1：培养数感概念 4. 第二级专业课程	★ ★	√ √	√			√		

续表

学年	学期	学习单元	学科知识	学生及学生如何学习的知识	课程计划：目标、内容、资源	教学技能：沟通、提问、讨论、参与反馈	教室环境的创设、组织、管理	诊断和评价学生的学习，为学生提供反馈	专业责任：与家长等人的沟通	信息技术的使用
3	1	1. 基础语言教育 2：发展语言和文学：儿童年龄中级阶段	√	√	√					
		2. 基础数学教育 2：创建探究式(inquiry-based)课堂	√	√						
		3. 第三级专业课程之一	★							
		4. 第二级及以上选修课之一	★							
	2	1. 基础社会学教育	√	√						
		2. 基础科学教育	√							
		3. 第三级专业课程之一	★							
		4. 第二级及以上选修课之一	★							
4	1	1. 教育专业课 5：建立专业关系	√		√	√			√	
		2. 小学专业课 6：如何适应教学工作	√		√	√				
		3. 基础艺术教育	√							
		4. 基础体育与卫生教育	√							
	2	1. 教育专业课：专业实践与数学——专业交流	√		√		√	√	√	√
		2. 基础艺术教育	√							
		3. 基础语言教育 3：语文教师——专业交流	√		√		√	√	√	
		4. 基础数学教育：专业实践与数学——设计与全纳的课程	√		√		√	√	√	√

注：学生同时还必须完成 80 天的学校专业经验学习。
★ 表示具有强覆盖关系；√ 表示具有覆盖关系。

表 5-22　昆士兰科技大学研究生学位课程专业标准覆盖分析
（课程代号：ED55）

学年	学期	学习单元	学科知识	学生及学生如何学习的知识	课程计划：目标、内容、资源	教学技能：沟通、提问、讨论、参与反馈	教室环境的创设、组织、管理	诊断和评价学生的学习、为学生提供反馈	专业责任：与家长等人的沟通	信息技术的使用
1	1	1. 人类的发展与教育 2. 中学专业实践 1：课堂管理 3. 学习的网络 4. 教育研究：新时代的教学		★		√	√			★
1	2	1. 教与学的心理学 2. 中学专业实践 2：课程的决策 3. 课程学习 1A 4. 课程学习 1B		√	★ ★	√ √ √	√	√	√	
1	暑期选修	1. 教育研究选修课 2. 教育研究选修课 3. 中学专业实践 3：全纳性的课程			√		√		√	
2	1	1. 理解教育实践活动 2. 中学专业实践 4：初任教师 3. 课程学习 2A 4. 课程学习 2B			√ ★ ★	√ √		√	√	

★表示具有强覆盖关系；√表示具有覆盖关系。

第五章 教师教育标准化时代的到来及专业标准型课程的实践：20世纪90年代以来

表5-23 莫纳什大学双学位课程① 专业标准覆盖分析
（课程代号：BA/Bed 1641）

学年	学期	学习单元	学科知识	学生及学生如何学习的知识	课程计划：目标、内容、资源	教学技能：沟通、提问、讨论、参与反馈	教室环境的创设、组织、管理	诊断和评价学生的学习，为学生提供反馈	专业责任：与家长等人的沟通	信息技术的使用
1	1	1. 学习的理论 2. 第一年通识课程A 3. 第一年通识课程B 4. 第一年通识课程C	★ ★★ ★★ ★★	★						
	2	1. 教学的理论 2. 第一年通识课程A 3. 第一年通识课程B 4. 第一年通识课程C	★ ★★ ★★ ★★	√		√				
2	1	1. 教室之外的教育 2. 第二年通识课程A 3. 第二年通识课程B 4. 第二年通识课程C	★ ★★ ★★ ★★			★				
	2	1. 教师的世界 2. 第二年通识课程A 3. 第二年通识课程B 4. 第二年通识课程C	★ ★★ ★★ ★★							

① 注：该课程适用于全日制学生和非全日制学生。

续表

学年	学期	学习单元	学科知识	学生及学生如何学习的知识	课程计划：目标、内容、资源	教学技能：沟通、提问、讨论、参与反馈	教室环境的创设、组织、管理	诊断和评价学生的学习，为学生提供反馈	专业责任：与家长等人的沟通	信息技术的使用
3	1	1. 评价学习 2. 语言与文学 3. 第三年通识课程C 4. 第三年通识课程C#	★ ★		√					
3	2	1. 课程与教学法 2. 儿童成长过程 3. 第三年通识课程C 4. 第三年通识课程C#	★ ★	★	√					
4	1	1. 教学方法与实践1A 2. 教学方法与实践2A 3. 专业问题研究：专注于课堂 4. 教育学选修课			★ ★	√ √		√ √	√	√
4	2	1. 教学方法与实践1B 2. 教学方法与实践2B 3. 专业问题研究：专注于课堂 4. 教育学选修课			★ ★	√ √		√ √	√	√

注：
1. 课程A：选修其他专业领域的教学法课程；
2. 课程B：任何一门人类学、行为科学研究、戏剧、英语、地理、历史、犹太人研究、语言学、政治学、心理学、社会学；
3. 课程C：任何一门古代史、人类学、行为科学研究、戏剧、英语、历史、地理、犹太人研究、英语非母语的第二语言教学研究、音乐、语言学、政治学、心理学、社会学。此处及附录课程C#表示不同于课程C的通识课程。
★表示具有强覆盖关系；√表示具有覆盖关系。

170

通过对课程专业标准覆盖的分析可以得出以下结论。首先，这一阶段澳大利亚职前教师教育的课程及其实施已经能够在所有方面找到相关标准的支持与参考，特别是在课程实施过程中甚至可以把专业标准作为师范生向合格教师发展的指挥棒。其次，整体课程中有关学科知识、学习者的知识、课程知识及其实施和教学法知识等同专业标准的联系特别紧密。最后，由于研究过程中尚没有找到足够的证据加以联系，因此该研究也特别说明个别课程中没有显示出同专业标准相联系的部分，这有可能是研究方法本身的缺陷而非研究对象的实际状况。

四、专业标准型课程评价

课程评价是保障课程体系质量的重要环节，澳大利亚教师教育课程体系的评价在这个阶段由外部评估和内部评价两部分组成，这是较前一阶段相对完整的体系。外部评估指由大学以外的专业机构或监管机构依据专业评价标准对大学课程的质量及实施过程进行的评价。内部评价是澳大利亚的大学课程质量的自我保障工作，其评价工作的依据是澳大利亚高等教育质量和标准机构(Tertiary Education Quality and Standards Agency，TEQSA)[①]的相关质量保障的标准和要求。

(一)外部评估

到目前为止，澳大利亚教师教育课程的外部评估工作由各州或地区负责。以昆士兰州、南澳大利亚州、塔斯马尼亚州和维多利亚州为例，评估由各自的教师注册权威机构实施，特别是昆士兰州和维多利亚州的教师注册机构对教师教育课程的外部评估具有直接的法律效力。毫无疑问，这一点充分体现了教师教育标准化的一个重要进程：教师注册的权威机构有权力和渠道通过一系列有关教师发展的专业标准来直接影响职前教师教育的培养，即影响大学中教师教育的课程，从而使教师教育的课程体现出标准化的特点，以截至2005年各州或地区的大学职前教师教育课程的外部评估主体为例，如表5-24所示。

---

① 其前身为澳大利亚大学质量机构(Australian University Quality Agency，AUQA)。

表 5-24　2005 澳大利亚各州或地区大学职前教师教育课程的外部评估主体

州或地区	外部评估主体	通过法案形式认可
首府地区	首府地区教育学院	
北部地区	教师注册委员会	
新南威尔士州	教师资格顾问评审团	
昆士兰州	昆士兰州教师注册委员会	
南澳大利亚州	南澳大利亚教师注册委员会	
塔斯马尼亚州	塔斯马尼亚教师注册委员会	2000 年教师注册法案
维多利亚州	维多利亚教师协会下属的教师教育课程认证委员会	2001 年维多利亚教师协会法案
西澳大利亚	西澳大利亚教学学院	

外部评估的具体实施，以开展职前教师教育课程外部评估工作最早的昆士兰州为例，评估由昆士兰注册教师管理委员会承担，并责成其专业教育委员会(Board's Professional Education Committee，PEC)实施。①

PEC 的成员包括注册教师、昆士兰州所有具有教师教育课程的高校教育学院的院长，以及来自下列组织或机构：昆士兰教育委员会、昆士兰天主教教育委员会、昆士兰独立学校协会(即私立学校协会)、州政府就业与培训部、州政府儿童事务办公室、托儿所与幼儿园协会、教育诊断咨询机构、教师协会和家长委员会等的提名人。大学教师教育课程的评估团成员主要来自 PEC，由 6~7 人组成，包括 PEC 主席、两位非评估对象的教育学院院长、一位雇用权威代表、一位教师协会代表、一位其他组织或机构的提名人代表。另外，评估团还有一位来自本专业领域外的专家成员。

评估工作主要分为三个阶段。第一个阶段是从课程实施的起始阶段开始的，评审团要进行一系列对课程实施的会谈和访问工作。第二个阶段是课程完全实施一轮后的评估工作，如两年的研究生课程结束后或四年的本科生课程结束后。第三个阶段是以四年为一个周期的评估，其间每年要有包括一份书面报告在内的年度评估报告，PEC 要根据评审团的报告给出建议并特别关

---

① Lawrence Ingvarson, Adrian Beavis, et al., *Pre-Service Teacher Education In Australia: A Mapping Study of Selection Processes, Course Structure and Content and Accreditation Processes*, Melbourne, ACER Press, 2004, pp. 66-67.

注在此期间课程发生的显著变化。

整体的评估工作有专业标准作为依据，这一标准规定了教师教育毕业生的专业标准和合格初任教师的支持性工作；课程评估的强制性工作，如提供必要的与课程实施相关的文本和证据；课程实施咨询的指导等。大学必须为此提供以下内容：课程结构、学习单元的全部大纲；课程的理论和研究基础；课程发展与进程的评述；有关课程的资讯信息；课程的物质保障设施；学生入选程序；学校实践经验部分的信息和资料，包括时间和评价标准等。

评审团在工作期间还会做课程实施现场的调研或监督，大学要及时通知委员会有关课程变更的所有信息。另外，目前此类外部评估工作在澳大利亚越来越重视两方面的参考和证据。一是大学内部的评价结果。二是师范毕业生在课程结束后的能力表现，这一部分证据的取得往往采用对毕业生的跟踪调研或调查问卷的方式。同时，外部评估工作越来越体现出帮助课程完善建设的合作性和咨询性的价值评估取向，评估机构委员会的成员越来越多地同大学的课程设计成员从课程实施的早期一起工作和讨论，体现出"以评促建"的态度，因此，他们也常常被大学视为"尊贵诤友"。

需要特别说明的是，大学或者州一级的教育行政部门有时会委托教育研究机构对该校或该地区的教师教育课程做供参考的评估工作，这也可被视作外部评估的一种类型。例如，ACER 资助发表的研究报告"维多利亚州的教师教育课程"就对 2004 年维多利亚州大学的职前教师教育课程做出了外部评估，其评估的重点是课程实施的有效性；[1] 澳大利亚政府资助的研究项目"教师质量报告"成果之一《昆士兰中心大学学习管理专业本科课程评估》。[2]

（二）内部评价

如前所述各校的内部评价工作依据 TEQSA 的标准和规定来实施，TEQSA 同它的前身 AUQA 一样是独立的、非营利的国家机构，经由 MCEETYA

---

[1] Lawrence Ingvarson, Adrian Beavis, et al., Teacher Education Courses in Victoria: Perceptions of Their Effectiveness and Factors Affecting Their Impact, Hawthorne, ACER Press, 2004.

[2] Lawrence Ingvarson, Adrian Beavis, et al., An Evaluation of the Bachelor of Learning Management at Central Queensland University. Melbourne, ACEReSearch, 2015.

建立于 2000 年，负责澳大利亚高等教育的质量作提升、审核和报告的工作。①TEQSA 在大学课程内部评价工作中的作用在于促进大学开展内部的课程评价并帮助其选择适当的评价方式，也就是说，以内部评价工作的指导地位报告澳大利亚高等教育的相关标准，而非外部评估工作的立场。

以昆士兰州为例，大学的教师教育课程每五年做一次调整，这一调整工作主要基于学校的内部评价工作，学校的内部评价工作越来越多地重视收集数据：毕业生对于用人市场的适应度、课程学习对于毕业生实际工作的贡献以及课程有效性的证据。这些分析数据的收集目前主要通过学校对毕业生和相关人士或部门的调查问卷，或通过市场调查公司来完成。②

有研究者指出，外部评估和内部评价工作的结合往往有相辅相成的效果，昆士兰州和维多利亚州的大学因较早地接受课程的外部评估工作，其随后的内部评价工作也因此开展得更加成熟和有效。③

综上课程评价的介绍与分析可以看出，这一阶段澳大利亚教师教育课程的评价工作主要有以下特点。第一，课程评价工作已建立起了较成熟的外部评估和内部评价相结合的体系，并正处于发展完善的过程中。第二，州或地区的外部评估工作的主体是具有法律效力的专业权威机构，部分评估主体的工作甚至直接得到了法案的认定，所有评估主体同其他教师及教学专业机构遵循共同的专业标准。第三，无论外部评估还是内部评价工作，它们的依据都是这一阶段陆续建立起来的各项教师与教学的专业标准，并同时依据正在完善的各项教师教育课程评价标准和指导方针。第四，外部评估工作越来越体现出帮助课程完善合作性和咨询性的评估价值取向，而内部评价工作体现出为制定适应毕业生实际工作和发展需要的专业标准而做出课程的周期性调整。对于课程评价工作的讨论和批评意见主要有以下两点。第一，国家体系

---

① Lawrence Ingvarson, Alison Elliott, et al., *Teacher Education Accreditation: A Review of National and International Trends and Practices*, Sydney, Australian Institute for Teaching and School Leadership LTD, 2006, p. 11.

② Lawrence Ingvarson, Adrian Beavis, et al., *Pre-Service Teacher Education In Australia: A Mapping Study of Selection Processes, Course Structure and Content and Accreditation Processes*, Melbourne, ARER Press, 2004, p. 67.

③ Lawrence Ingvarson, Adrian Beavis, et al., *Pre-Service Teacher Education In Australia: A Mapping Study of Selection Processes, Course Structure and Content and Accreditation Processes*, Melbourne, ARER Press, 2004, p. 73-74.

下的课程评估是否会导致"过度标准化",即要考虑到不同学校培养不同类型师范生的背景而做出相应的调整。第二,标准化体系下的评估是否会强化师范生的学业表现而忽视毕业后的能力水平。

综上,这一阶段澳大利亚教师教育课程在专业标准型课程的方向上做出了实践性的尝试和努力,其基本特点表现为以下三点。第一,课程内容被专业标准覆盖,基本结构包括文理教育、学科专业教育、专业教育和学校专业实习四个主要的部分,特别强调专业教育和专业实习的重要性。第二,课程的实施可以参考专业标准。第三,课程评估依据专业标准来建构和开展。第四,外部课程评估的主体是有关教师注册和资格认定的权威机构,主要通过教师及教学专业标准影响课程的调整和实施。

第三节 教师教育标准化及专业标准型课程实践的影响因素

这一阶段欧美社会的主流专业观——结构功能主义深刻影响了20世纪90年代以来澳大利亚教师教育的标准化进程以及专业标准型课程的实践。同时,教师教育政策的实施都指向或推进了教师教育标准化的进程,也成为在政策层面上影响教师教育专业标准化课程实践的推动力量。

一、结构功能主义影响下的教师教育思想

结构功能主义是在实证主义的影响下发展起来的一种社会学理论,尽管其形成于20世纪上半叶,但是其发展和影响力一直持续到下半叶乃至当前,在20世纪七八十年代,结构功能主义在欧美国家非常活跃,并成为社会主流的专业观,20世纪80年代以后教师专业化进程都受到了结构功能主义专业观的影响,自然也影响了澳大利亚教师教育领域的思想和课程实践的发展,特别是影响到20世纪90年代以来教师教育标准化的进程以及专业标准型课程的实践。

结构功能主义的基本理念认为,社会运行是由各种彼此相互关联的结构组成的功能体系,结构是发挥某种功能的相对稳定的系统,专业化就是寻求构成专业的结构变量,这些重要的变量就是在专业中普遍使用的标准或准则。结构功能主义理论的代表人物帕森斯(T. Parsons)从结构功能主义的角度分析了构成"专业"的变量,即普遍性、情感中立、专门性与自我定向。也就是说,

专业化的过程就是探寻某一职业发展过程中情感中立的、自我定向的那部分内容，将其以标准或准则的形式呈现出来，用以规范和促进这一领域在社会运行中发挥的作用。同时，帕森斯也指出，专业的发展不仅包含实践技能，而且包括实践技能所依据的专业知识，这种知识形式是超越当下的实践情境的，具有普遍性的知识。因此，一个专业的领域不仅包括对一类科学的应用，也包括这一类科学的理论结构和原理，进而，一个理想的专业人员就是超越技能意义的技术专家。① 20 世纪 90 年代以来，在经历了之前的澳大利亚教师教育的单轨制后，教师教育逐渐成为综合性大学专业教育的组成部分，在这样的背景下，澳大利亚教师教育的发展方向如同美国的经验一样，也是按照结构功能主义的专业观来规划和设计的，其基调就是设置具有更高水平和技术含量的教师教育课程，使师范生通过理论学习和学术训练，成为符合专业标准的专业人员；② 同时，专业标准的界定大体表现在六方面。一个成熟的专业领域必须具备一套严谨的知识体系作为指导实践的基础；要经过专门培训方可掌握技术或技能；要有专业服务的精神；专业行为要有高度的自治和自律意识；要设立专门标准来规范专业组织的成员；专业的准入要经过组织化和程序化的过程。这一理论给教师教育带来的直接影响主要体现在以下几方面。

第一，前文所述的这一阶段的教师教育专业标准化运动，正是教师教育领域内结构功能主义的专业观在追随实证科学的精神下，抽取类似医生、律师等成熟专业领域内的一系列专业特质，使这些接近中立和客观的内容成为教师专业化的知识基础，也就是建立一系列教师专业标准。几乎同一时期美国在这方面的工作成了被借鉴的对象，澳大利亚一系列教师或教学专业标准的出台都标明了他国经验是文本参考的一个重要来源。

第二，视教学为一种专门职业，并构建教学专业的等级制度，进而构成教师的专业等级。例如，将教师的专业发展划分为初任教师、能力教师、成就教师和领导教师等阶段，这一划分为教师资格的认定和高级资格的认定工作打下了基础。

---

① 刘静：《20 世纪美国教师教育思想的历史分析》，博士学位论文，北京师范大学，2008。

② 刘静：《20 世纪美国教师教育思想的历史分析》，博士学位论文，北京师范大学，2008。

第三，国家通过教师和教学专业标准覆盖教师教育课程的结构和内容，试图提高毕业生的专业水平和教师教育的质量。结构功能主义的专业观认为教师教育课程应该包括文理教育、学科专业教育、专业教育和专业实习四个主要的部分，特别强调专业教育和专业实习的重要性。例如，要求师范生除了具备学科专业知识外，一定要掌握学习者的思维和学习特点，熟悉有关成长的知识；懂得选择和使用适当的教学策略和材料；能够观察和辨别学习者的需要和困难；赞同在实际情景下开展教学实习等。这就为专业标准型课程的实践提供了理论上的支持，这一影响可以在后文介绍和分析中得到一定的体现。

二、实施教师教育政策的影响

这一阶段有关教师教育政策的实施都指向或推进了教师教育的标准化进程，它是教师教育专业标准型课程实践的推动力量。

整个20世纪90年代，直至21世纪，澳大利亚出台的一系列教育报告都是在道金斯和新成立的一些委员会的主导下完成的。这些报告的核心议题就是追求教育质量。研究者从三方面讨论追求教育质量的问题。第一，教师教育；第二，职业和薪金问题。第三，学校和课堂内改进。研究者提出改革的实质在于以下三方面。第一，要吸引适合教学工作的人进入教学职业中。第二，教师教育必须作用于教育质量和教育结果两部分，必须注重教学法和教学实践两个环节。第三，只有通过教师雇用方、高等教育机构、学校、教师和政府部门的共同努力和统一的教学专业的发展，改革才能够实现。① 同时，这一阶段由政府主导的相关教育改革更加注重教育质量，更加注重各级教学的专业化，要求上述提及的相关者和各方都必须保持统一认识和合作的态度使教学专业化的发展能够在专业组织的引领下进行。这些改革，最关键的发展方向是建立和完善有关教师和教学的专业标准，建立和完善教师教育的课程标准，从而在标准化进程中提高教师质量。那么，这一系列来自政策实施的重要推动力可以简要概括为"两个报告和两个工程"。

---

① Michael Dyson, "Teacher Education: Reviewed to the Eyeballs but what is the Evidence of Significant and Meaningful Change?" NZARE/AARE Joint Conference Auckland, 2003.

(一)"艾柏克报告"(The Ebbeck Report)的导向作用

1990年出台的由澳大利亚教育委员会负责的"艾柏克报告"被看作进一步努力"从统一的国家高等教育体系向统一的教师教育体系迈进"[①]的报告。报告强调,这一阶段的教师教育面临着一系列重要的问题,这些问题都是澳大利亚教师教育曾经面临过的问题,但是在这一阶段尤为突出并深刻影响了教师教育的发展,这些问题具体如下所述。

师资的质量与数量问题;教学职业的结构问题;教学实践准备、指导、在职继续教育的明显缺乏;高等教育的结构改革和急需资金投入政策的状态;持续增长的对国家级教学专业认可的需求;澳大利亚学校结构、课程和管理的大范围的变化。[②]

可以看出,"艾柏克报告"关注的教师教育的主要问题集中在一点上,即教师的质量。这一关注点并非新鲜,自第二次世界大战以后特别是联邦政府开始投资高等教育以来的各教育报告中,无一不是围绕着这个核心问题而展开的,但是"艾柏克报告"直接指向了教师教育课程,报告指出了当下教师教育的一系列困境,强调要对职前教师教育的课程进行设计,从而达到学术性和实际教学经验的有效结合,就此,报告给出的建议如下。

澳大利亚教育委员会应采取的政策是使所有的职前教师教育都要通过三方合作的形式完成,此三方包括高等教育机构、教师雇用学校和教师。[③]

可以说,这一报告重点指出了改善大学的教师教育课程的问题,为教师教育课程的专业标准的覆盖趋势打下了政策方向上的基础。

---

① John Knight, Bob Lingard, et al., "Reforming Teacher Education Policy under Labour Governments in Australia 1983—93," British Sociology of Education, 1994(4), pp. 451-466.

② John Knight, Bob Lingard, et al., "Reforming Teacher Education Policy under Labour Governments in Australia 1983—93," British Sociology of Education, 1994(4), pp. 451-466.

③ Australia Education Council Working, *Teacher Education in Australia*: *A Report to the Australian Education Council*, Canberra, Australian Govt. Pub. Service, 1990.

(二)"冉穆瑟报告"的跟进作用

为了跟进"艾柏克报告",1990 年联邦政府继续发布了题为"教师教育形态"(The Shape of Teacher Education)的报告即"冉穆瑟报告"。这个报告包含两大重要改革目标。第一,试图从课程内容和实习入手,赋予教师雇用方(即学校)更多在教师教育过程中发挥作用的权力。第二,呼吁建立澳大利亚国家级教师注册和教师专业标准机构。当然,延续"艾柏克报告"的精神,此报告最后呼吁以上改革目标要通过高等(教师)教育机构、教师雇用方以及各个行政层次(联邦、州、地方)的教师共同合作和参与才能完成。

这种建立国家教师注册和专业标准化机构的改革,从教师教育权利的角度来看,可以说是政府将权力让渡给教师雇用方。尽管在研究者奈特看来,道金斯在这一阶段的改革,是想通过随后的教学质量国家工程(National Project on the Quality of Teaching and Learning,NPQTL)等改革行动代表澳大利亚教师委员会、全国教师联合会等教师专业团体的利益和诉求,以体现教师教育权力的让渡,但实际上,由于澳大利亚的教师教育还是更多地依靠联邦的资助,因此这种权力仍然主要掌握在联邦政府的手中。联邦政府在教师教育领域的角色正如奈特在下文的描述。

由于联邦政府提供资金,因此(澳大利亚)教师教育发展的目的在于在公共利益的要求下变革教师教育,使培养出的教师能够在(当前这个)以工商业为主的社会里培养具有多元技术和能力的劳动力资源、能够更有效地开展自己的教学和学校组织工作、能够教授有明确(国家)教育目的的国家课程。[1]

但是,"冉穆瑟报告"倡导的教师教育改革的精神在政策层面还是得到了大力的推广,改革的进程和途径主要体现在 1993 年出台的题为"教学的价值"(Teaching Counts)的贝斯利政策(Beazley Policy)上,这一教育政策的主要内容包含两方面。第一,通过制定国家(教师)专业发展计划[National Professional Development Program,NPDP(1993—1996)]为全国教师提供实质性专业发展的资金;第二,成立澳大利亚教学专业委员会(Australia Teaching Council,ATC)、全国学校联席会(National Schools Network,NSN),以及

---

[1] John Knight, Bob Lingard, et al., "Reforming Teacher Education Policy under Labour Governments in Australia 1983—93," British Sociology of Education, 1994(4), pp. 451-466.

相关的教育创新改革论坛。这一系列在20世纪90年代中期的革新内容基本上都是由教师、教师工会、大学和教师雇用方组成的推动团体,基本上是向贝斯利政策所期待的方向开展革新的。奈特对此总结如下。

(这一政策)支持多样和高质量的教师教育项目,包括学校与大学之间的友好合作关系;(教师教育)理论与实践的联系;强化(教师教育的)知识基础;使简单的(教师教育的)理论与实践相"混合"发展成为更加灵活的按需结合;与大学的密切联系;大学、教师和教师教育者通过教师教育课程(建设)而结成的紧密关系,这些课程要更加贴近和反映出教师专业化和专业化发展的需求;大学(在教师教育领域里)对教师雇用方的需求所做的认可与充分的反映。[1]

从理念上来说贝斯利政策强调了教师教育发展的两个理念:权衡和共识。这一教改政策在理论与实践的权衡、坚实的知识基础、专业精神、合作关系以及教师教育课程的专业性、灵活性等方面,都对这一阶段教师教育课程标准化的革新做出了贡献。但遗憾的是,国家层面执政党从工党向自由党的更迭,使这一改革势头随之减弱,这也再一次证明,由联邦掌控教育体系的弊端体现在政党的更替使当下教育政策的实施减速或流产,但是,这一改革使教师教育专业标准化以及教师教育课程标准化的理念开始真正发挥作用。

(三)教学质量国家工程的促动作用

教学质量国家工程的实施进一步强化了教学的专业化和教师教育的标准化。为了促进教学和教师质量的提高而成立了一个全国工作组——国家专业准备与职业发展工作组(The National Working Party on Professional Preparation and Career Development)。这个工作组主要致力于解决一些与教学行业及与教师专业相关的问题,包括不同地区、不同学校系统内教师流动的问题以及与教师的地位和与权利相关的问题。1991年,NPQTL对教师进行考核和提供专业发展的咨询。这个工作组的工作精神主要集中在三个问题上。

---

[1] John Knight, Bob Lingard, et al., "Reforming Teacher Education Policy under Labour Governments in Australia 1983—93," British Sociology of Education, 1994(4), pp. 451-466.

第一，教学工作是否可以在一个国家能力标准的框架下进行？第二，如果可以的话这个能力是怎样的标准？第三，实施这一框架的目的和收益的情况是怎样的？①

虽然工作组的意图是建立一个关于教师的国家级能力标准，但是经过一番努力，最终只建立了一系列初任教师的能力框架。

尽管如此，这一工作还是为1994—1996年的大学与中小学教师专业发展的创新联接项目(Innovative Links Project，ILP)以及1993—1996年的NPDP打下了基础，并为1998年的NSGITE做了铺垫。

首先，对ILP(1994—1996)的影响在于，这项工作使ILP对教师的工作做了更深入的研究讨论。项目报告指出研究教师的目的在于"阐明教师是怎样的专业人员；学校与大学共同合作并相互包容地建立起合作改革议程的需要；这一改革议程在适应当前经济、政治文化和技术发展的背景下解决问题的需要；最终它提出了对合格课程和教师注册国家体系的需要"。②

其次，对NPDP(1993—1996)的影响在于，它促进了联邦教育部倡导并承担经费，由教师、教师工会、高校和教师雇用学校共同开展针对全国教师专业发展的计划。该计划注重教师教育课程的多样化与质量，提倡中小学校和高校间的合作。此外，此计划还主张将理论联系实践，注重根据教师工作的实际需要而改变理论与实践相结合的教师专业发展形式。联邦教育部认为高校、教师与教师教育工作者的联系应当更为紧密，这样才能让教师教育课程的设置更加接近并符合教师专业发展的需求。此外，项目还提倡让大学去认可及回应雇用师资的校方的需求。③

最后，这一报告也为NSGITE(1998)做了铺垫。NSGITE是在ACDE的组织下，由阿迪(Adey)教授主持制定的一套职前教师教育国家标准和指导方针，旨在"制定职前教师教育的标准和指导方针；使指导方针支持高质量的教师教育而使教师能够在全国范围内承担教学工作；确保培养教师教育合作关

---

① National Working Party on Professional Preparation and Career Development. "National Project on the Quality of Teaching and Learning,"Canberra, 1992.

② W. A. Murdoch, " Emerging Issues in Teacher Education", Innovative Links project for the Commonwealth of Australia, 1995, p. 5.

③ 俞婷婕：《澳大利亚政府优质教师计划研究》，博士学文论文，北京师范大学，2011。

系的适当方式"①。这一工作的主要目的在于建立起在教学上统一的全国标准和指导方针,并制定出在全国范围内适用的初任教师的基本质量要求,报告明确提出:"要保证澳大利亚师资力量的质量就必须发展和保持教师教育强大的、以专业化为基础的建构工作"②。

可以说,这一工程实施的重要影响在于促进了联邦以及各州对教师教育标准和指导方针框架工作的研究和实施兴趣。例如,新南威尔士州通过发展新南威尔士教师学会(NSW Institute of Teachers)建立了自己的标准;维多利亚州从1998年开始,在1997年教学专业法标准委员会(Standards Council of the Teaching Profession Act of 1997)的指导下,通过VTI评估出本州的职前教师教育课程和专业标准,等等。

(四)澳大利亚政府优质教师工程的强化作用

1999年澳大利亚联邦政府发起了一项题为"21世纪的教师——制造差异"(以下简称"21世纪的教师")的教育行动计划,从2000年实施至2003年。时任联邦教育部部长的戴维·肯普(David Kemp)指出,这一行动计划的目的是提高和改善教师的素质,使越来越多的学校朝着高效化的方向发展,从而尽可能地提高学生的学业成绩。在这一计划中"推动教师的专业发展以及提升中小学教师的专业水准,以提高澳大利亚学校的教学质量"③是此行动的宗旨之一,而这其中"继续深化教师专业标准的发展"④是达到行动宗旨的重要路径之一。

澳大利亚政府优质教师工程(Australian Government Quality Teacher

---

① K. C. Adey., "Preparing a Professional Report of the National Standards and a Guidelines for Initial Teacher Education Project," Canberra, Australian Council of Deans of Education, 1998.

② K. C. Adey., "Preparing a Professional Report of the National Standards and a Guidelines for Initial Teacher Education Project", Canberra, Australian Council of Deans of Education, 1998.

③ Australia Department of Education, Training and Youth Affairs, Teachers for 21st Century: Making the Difference, Canberra, A Commonwealth Government Quality Teacher Initiative, 2000.

④ Australia Department of Education, Training and Youth Affairs, *Teachers for 21st Century: Making the Difference*, Canberra, A Commonwealth Government Quality Teacher Initiative, 2000, p.15-17.

Program，AGQTP，简称"优质教师工程")①是作为"21世纪的教师"行动计划的下设政策推出的，从2000年开始实施。它是联邦政府的战略性政策，被视为迄今为止澳大利亚联邦政府所推出的累计投入经费最多、实施时间最长、内容覆盖面最系统、影响波及范围最广泛的教师专业发展政策。这一行动计划并不是一项单一的政策，而是包括了大量与教师专业发展相关的实践、调查研究和行动举措建议的政策群，可被视为一项国家级的教师专业发展工程。这一工程的实施推动了教师专业发展活动在澳大利亚各州和地区的广泛开展，并取得了较好的成效。② 事实上，在1998年，联邦议会就发布了一个题为"教室行动"(A Class Act)的调查报告，这既是一个针对教学专业化的调研，也是一项政府推进的行动计划。调研报告指出，由于教学工作的地位不高，因此教师有职业危机感，就此委员会做出了论断：必须把教学作为一个专业来对待。为了树立这个信念，教师要对教学专业标准负责任，同时政府要从人员、设施等方面予以大力支持。③ 这一计划对实施"优质教师工程"起着支持性的作用。

澳大利政府优质教师工程对全面推进教师专业化、教学专业化起到了强化作用，从国家政策及资金的层面支持教师和教学的专业化发展，同时推进了有关教师和教学的标准化建设。以下从这一工程实施的三大要素来看其强化和推进作用。

第一，工程实施的第一个要素：州和地区的专业学习项目。这一部分工作面向的是广大基层中小学教师，为澳大利亚的教师提供了数以万计的专业学习机会。其核心目的在于提高在职教师的专业素质，其并没有直接影响职前教师教育课程的发展。

---

① 这一政策由于澳大利亚联邦政府政务的更迭名称几经变更，计划刚出台之时的全称为优质教师工程(Quality Teacher Program)，2003年改为联邦优质教师工程(Commonwealth Quality Teacher Program)，2004年，联邦教育部又将其名称调整为澳大利亚政府优质教师工程并一直沿用至今。为了避免混淆，本文采用当前名称：澳大利亚政府优质教师工程(Australian Government Quality Teacher Program，AGQTP)，简称"优质教师工程"。

② 俞婷婕：《澳大利亚政府优质教师计划研究》，博士学位论文，北京师范大学，2011。

③ Crowley, Rosemary, "A Class Act: Inquiry into the State of the Teaching Profession," The Senate Employment, Workplace Relations, Small Business and Education reference Committee, Canberra, 1998.

第二，工程实施的第二个要素：全国性的战略举措。这一部分工作涉及的多为一些以研究和沟通交流性质为主的活动与实践。基于全国性的战略视角，通过对一些有关教师专业发展的问题进行研究与调查，试图发现可以用于基层推广的最佳实践路径。以2005年的工作报告为例，工程支持并全额资助了教师专业标准专题研讨会、专业教学标准的全国项目、教师标准参照组的会议、教师标准和质量与专业化的全国论坛等，其中有涉及全国教师专业标准开发的具体工作，如表5-25所示。这些工作直接强化了国家级教师专业标准的出台，并推进了教师教育标准化工作的开展。

表5-25 AGQTP全国性战略举措中涉及全国教师专业标准开发的项目①

项目名称	项目工作内容
教师专业标准专题研讨会	各教师专业协会的成员参与该专题研讨会，探索与教师专业标准制定事宜相关的关键问题
专业教学标准全国研讨会	该项目由两部分组成： 由学校领导和教师专业标准制定领域的专家参与的专题研讨会； 在教师标准制定方面有经验的资深教师参与的专题研讨会
教师标准参照组会议	该会议主要讨论与教学行业相关的全国性报告所带来的影响与成效

第三，工程实施的第三个要素：AITSL开展的工作。AITSL自2005年成立以来，专注于提升澳大利亚全国中小学教师的专业地位，为开发和试验全国教师专业标准做出了不可替代的贡献。该学会与超过20个以上的全国性专业协会合作从而推动教师专业标准的开发，并制定了一个专业范围的模型，这个模型提供将不同领域的专业标准进行连接的连贯性框架，该模型由三部分组成。第一，澳大利亚教学行业的宪章，提供了教师的核心价值和义务的相关说明。第二，一系列基本能力，主要由教师应具备的高水平的知识和技能的个别组成部分建构而成。第三，教学造诣的具体描述，涉及具体学科领域可观察到的成

---

① Department of Education, Science and Training, "An Evaluation of the Australian Government Quality Teacher Program 1999 to 2004," Canberra, Department of Education, Science and Training, 2005.

功教学实践的详细描述。①②这部分工作直接促成了澳大利亚最新国家教师专业标准(2010)的出台,并间接促进了教师教育的标准化建设。

同时,尽管这项工程的基础工作和建议是面向全国范围的,但是也为各州意在发展各自的教师专业标准、教学标准,以及教师教育的课程标准提供了参考,从而推动了教师教育标准化时代的到来和教师教育专业标准型课程在全国范围内的实践。

以上"两个报告和两个工程"的教师教育政策实施的影响,如图5-3所示。

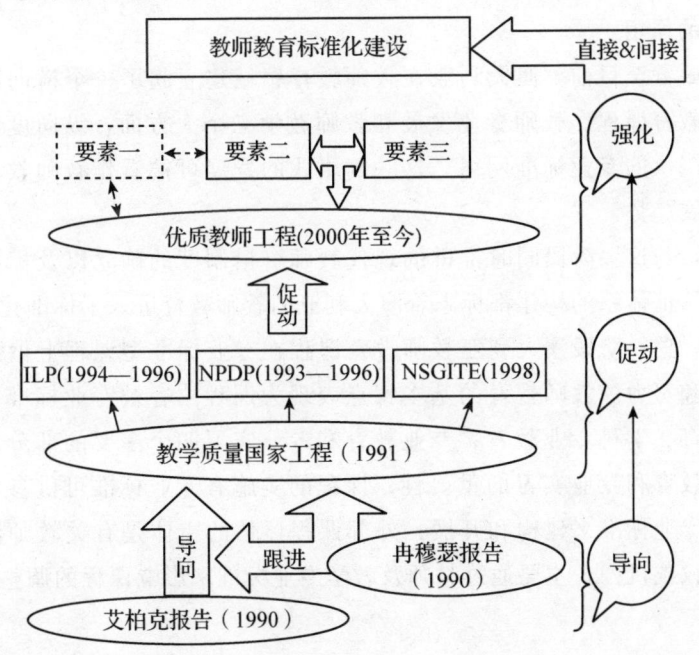

图5-3 "两个报告和两个工程"教师教育政策对教师教育标准化建设影响图

本章小结

自20世纪90年代以来,澳大利亚的教师教育领域展开了一系列的专业

---

① 参见俞婷婕:《"澳大利亚政府优质教师计划"解读——基于教师专业素质提升的视角》,载《清华大学教育研究》,2012(5)。

② 参见俞婷婕、肖甦:《推动中小学教师专业发展的一项新举措——评述澳大利亚政府优秀教师计划及其进展》,载《外国中小学教育》,2007(9)。

标准化运动，这同结构功能主义的专业观在这一阶段的理论影响有着密切的关系，教师教育课程也开始具有专业标准型的实践特点，教师教育发展的主要特点和课程实践的趋势表现在以下四方面。

第一，政府向教师专业团体以及教师雇用方做出权力上的让渡，由来自学校、教育行政部门、社区和其他相关社群的人员组成的教师与教学专业权威机构，将教师和教学专业化的发展方向作为工作的核心，使教师与教学专业权威机构在专业标准的制定、教师资格认证和教师教育课程认证等方面发挥着重要的作用。

第二，截至目前，澳大利亚在教师教育领域建立起了一个横向度内容上包括教师教育课程、教师专业发展和教师教学三个大方面，纵向度国家和地区级双重层次的专业标准网络。这一网络式的发展可被看作教师教育标准化运动的发展趋势。

第三，与这一阶段同时推进的现代教师资格制度的确立以及标准化教师教育课程认证体系的构建都标志着澳大利亚的教师教育进入了标准化时代。

第四，这一阶段澳大利亚教师教育课程在专业标准型课程上做出了实践性的尝试和努力。教师教育的基本特点表现为课程内容被专业标准覆盖，包括文理教育、学科专业教育、专业教育和专业实习四个主要的部分。特别强调，专业教育和专业实习的重要性；课程的实施有专业标准可供参考；课程评估依据专业标准来建构和开展；外部课程评估的主体是有关教师注册和资格认定的权威机构，主要通过教师及教学专业标准来影响课程的调整和实施。

第六章 结 语

我国职前教师教育的发展处于一个重要的历史转型阶段，了解他国教师教育发展的历史轨迹，特别是职前教师教育课程的变革特征，分析其发展变革的影响因素，总结发展中的共性经验，对于处于教育国际化的背景下的我国的教师教育及职前教师教育课程的发展、变革有着积极的借鉴意义。澳大利亚的教师教育经历了150多年的发展，特别是在20世纪80年代末完成了在单轨制高等教育中的一元化之后，进入了标准化时代。尽管这一变革被称为世界教师教育"后起之秀"的典型，但是在本书看来，这些发展和变革绝非是没有历史根基的"大跃进"，而是经历了百年辗转地、缓慢地"量"的积累，终在国际化的大背景下积极地回应了教师教育专业化和标准化的大趋势。而这其中有关"积累"的特点和变革的"切入点"，即澳大利亚教师教育发展的历史轨迹和当代教师教育课程变革的基本特征和趋势，正是本书试图找寻的答案。

本书认为，首先，自19世纪早、中期以来澳大利亚的教师教育历经了四个重要的阶段性的发展，这反映了明显的时代特征。其次，每一阶段的教师教育的课程在目标、结构与内容、实施和评价等方面都有着实践性的变革，呈现出不同的课程发展方向或价值取向。最后，分析变革的动力和影响因素，每个阶段宏观的教育思想乃至教师教育思想的影响和中观的政策实施的影响是其变革的最直接的动力。

一、澳大利亚职前教师教育发展及其课程变革的影响因素

纵观澳大利亚教师教育的发展，影响其发展和课程变革的主要因素有宏观的教师教育思想和中观的教师教育政策两个层面。

(一)教师教育思想的影响

1. 保守主义的肇端

第一阶段，严格地说还没有系统、成熟和专门的教师教育思想，但是有关教育和学校工作的一些思考和理论已发挥了一定的作用，而这些思考和理论都源自殖民地统治阶层的西方保守主义的政治心态和价值取向在殖民地延续西方社会的传统、历史和经验。保守主义以维持现状、反对激烈的社会变革和恪守传统的精华为显著特性，以维持社会秩序和教育秩序为初衷，以谨慎、稳妥地革新而非激进地改革为旨趣，这恰恰迎合了大英帝国的殖民心态和政治需要。因此，不仅整个殖民地教育和教师教育政策的实施是以保守主义的取向为指导的，即借鉴和照搬宗主国的经验、继承和发扬宗主国的文化与传统，而且这一阶段对殖民地教育和教师教育产生重要影响的人物的思想和理念也具有保守主义的特质，代表性人物是葛莱德曼。葛莱德曼以保守主义的态度，强调了保守主义在教育领域的核心价值取向——以知识传授和心智训练为任务，坚持教师在教育过程中的权威和主导地位，注重学校教育的纪律约束，旨在促进学生的道德和精神力量的发展等，这些都直接影响了殖民地教师教育的发展，如以维多利亚为代表的教师培训学校的基本培训原则等。

2. 新教育运动和进步主义的登陆

第二阶段，新教育运动和进步主义思潮登陆了澳大利亚，其对澳大利亚的影响表现为学校教育中教学法的转变，教学法的转变影响了对教师的培养和要求。新教育运动和进步主义思潮及其影响下的实用主义对澳大利亚这一阶段教师教育的课程内容和结构产生了直接的影响：对培养教师的技术、技能部分给予了更多的重视；在以学生和实践为中心的教学指导下，要求教师能够了解和掌握一定的心理学和教育学的知识和技能，进而增加了心理学、教育学和教育史学的内容；增加了更多博雅教育的内容，从而在课程发展上体现了以实用导向为特点的教师教育职业实用型课程的初步构成。

3. 技术理性主义和教育批判主义的联手

在第三阶段，特别是第二次世界大战以后，对教师教育思想的影响主要

来自技术理性主义和教育批判主义思潮。

受技术理性主义影响的教师教育思想强调教学是一种专业，相信教育科学能够为教学提供专业的知识基础，教师教育就是使未来的教师掌握教学专业的知识和技能，把教师培养成专业人员。这一思想的发展表现在教师教育的内容上就是强调"教育基础"的课程，认为那些宽厚的"文化"和充分的"学科知识"必须作为教师教育的"学术"准备，师范生要学习一门或多门社会学课程，以便正确地认识教育在社会中的性质；要学习一门心理学课程，以便将教育理解为个体发展的过程；要开设和重视初等教育和中等教育的历史、教育原则、教学方法，以及学校的组织和管理、学校卫生学等，这些课程都要尽可能源自常规的大学课程，这一点最终也成为推动澳大利亚教师教育完全进入高等教育领域并在高等教育领域完成单轨制的重要动因之一。同时，在教学实习的态度上，理性主义也选择了"实验室立场"，即摒弃师范学校注重训练教师掌握教学技术的即时性目的，而提倡以"实验"和探索的形式使师范生发展出专业的水平以取代学徒式的技术培训。技术理性主义将这些理念从可操作性的层面进行了阐释和发展，以"专业化、科学化、标准化、界定性"的标准来应用理论和实施技术，对教师教育的专业知识进行了划分和规定，认为专业学院（教师教育机构）在进入或升级为大学的过程中要遵循大学的知识认识论逻辑，视教育为一门应用型科学，其对专业知识有着明确的划分，因此将具体的教师教育课程划分为基础课程、教学法课程、实践课程。其中，基础课程知识包括哲学、心理学、社会学和历史学等学科；随即将这些基础学科应用到实践中的知识，即教学法的知识；实践成为教师这一专业人员的环节则是实践性知识的获取。教师教育课程的发展具备三个特点。第一，课程目标首先是提升教师职业的专业性，通过可操作性的（教师教育）专业知识的应用以及（教师教育）专业技术的实施而达到，并使教师具备从业能力。第二，课程的结构和内容以教师专业知识的结构和内容为基准来设计，体现了本专业领域知识获得的范围和层次，并参与实践活动使获得的基础知识和教学法知识转化为个人在专业领域内的能力。第三，课程实施过程强调技术操作的特性并体现了专业能力获得和发展的标准化趋势。

同时，这一时期的教育批判主义思潮也发挥了不可忽视的作用。教育批判主义通过对组织化学校弊端的抨击，对学生实施自我教育、自我学习责任的培养，树立更宽阔、更丰富的网络式的教育理想，鼓励和帮助学生获得自我判断和批判性思维的精神等，深刻影响了教师教育课程中的教学模式和内容。

这些主要体现在以师生关系的变革为核心的教学模式的发展上，使其具有了更多样化、学生自主、重视学校和生活文化体验、重视交流和对话等的辅导和学习方式，并开创和巩固了有益于个人发展和专业发展的教育教学活动。

4. 结构功能主义的时代舞台

第四阶段，结构功能主义的专业观登上了澳大利亚教师教育的时代舞台，并深刻影响了20世纪90年代以来澳大利亚教师教育标准化的进程以及专业标准型课程的实践。

结构功能主义认为，专业化过程就是探寻某一职业发展过程中具有情感中立的、自我定向特点的那部分内容，将其以标准或准则的形式呈现出来，用以规范和促进这一领域在社会运行中发挥的功能；专业的发展不仅包含实践技能，而且也包括实践技能所依据的"专业知识"，这种知识形式是超越当下的实践情境的，它是具有普遍性质的知识。因此，专业领域不仅包括对一类科学的应用，而且包括这一类科学的理论结构和原理，进而，一个理想的专业人员就是超越技能意义的技术专家。20世纪90年代以来，澳大利亚教师教育逐渐成为综合性大学中专业教育的组成部分，教师教育的发展方向都是按照结构功能主义的专业观来规划和设计的，其基调就是设置具有更高水平和更高技术含量的教师教育课程，使师范生通过理论学习和学术训练成为符合专业标准的专业人员；同时，结构功能主义关于专业标准的界定直接影响了教师教育的发展和课程变革的趋势，通过建立起一系列教师专业标准，进而形成教师的专业等级，并通过教师和教学专业标准覆盖教师教育课程的结构和内容，从而提高毕业生的专业水平和教师教育的质量。

（二）教师教育政策的影响

1. 教师培训移植政策的奠基作用

在第一阶段，所谓的教师教育政策，主要指殖民当局对殖民地教育的殖民政策与法案中涉及教师和教师教育的部分。教师教育政策的核心是教师培训的宗主国移植政策。这一方面体现在1862年《普通学校法》的颁布，这个法案促使学校对于小导生的雇用更加谨慎并开始注重小导生的水平，由此也引起了相关部门对小导生制度的调整，不少小导生选择到培训机构接受进一步的培训，培训的课程增加了语言学习、数学、基础科学的内容。另一方面体现在殖民地的基础教育引进了宗主国1862年的"教育改进法案"，实施"薪金与成绩挂钩"的政策。随后又引进了在英格兰基础教育领域发展起来的督导制。督导制的积极影响是对小导生培训的外部监督和考核，而弊端在于限制了对基础课程大纲的超越，对教师教育发展和课程的影响就体现在强化机械学习和机械性教学。

2. 巩固国家公立教育体系与支持教师学院政策的发展的作用

在第二阶段，深层次的政策背景是联邦成立前后经济、政治的发展，各州和地区展开了一系列教育政策的革新，其主要指向巩固和完善国家公立教育体系，并在此基础上为提高师资质量而支持教师学院的发展。总体上来看，这个阶段教师教育受国家教育政策方面的影响，体现在三方面。第一，国家教育体系内的考试。尽管在海外教育理念的影响下，基础教育领域有实验教育改革的热情和一定的尝试，并因此影响了教师教育课程的发展，但是主体的教育内容和形式仍然是中央集权式的国家教育体系，这时国家教育体系的重要目标是让学生接受标准模式下的学校教育，其评价形式就是从小学阶段升中学阶段的考试，这种国家考试的标准就成了当时教师教育内容的主要参考。第二，国家教育体系内的学校督导制度。由于督学报告的一个重要部分就是教师的质量，因此这就决定了学校录取新任教师的政策，同时也间接地巩固了当时职前教师的培养必然是以当时政府对学校的督学标准为培养参考的客观事实。第三，国家相关教育法案支持教师学院成为教师教育的主体机构和主要力量，并要求所有教师在任职之前都要经过教师学院或多或少的培训，这就使教师学院的教师教育课程能够辐射到更宽泛的教师培养的工作中。

3. 高等教育单轨制与教师教育专业化政策的里程碑作用

在第三阶段，由政府推动的国家高等教育单轨制运动是影响教师教育发展及课程变革的里程碑。这个阶段的高等教育一体化政策提高了教师教育的地位，使教师教育在大学的体系里实现了从重视职业训练导向的课程向重视理论和研究为基础的专业课程模式转换。同时，为了提高教学质量，不再将教学实习的意义局限于教学技术上的培训，而是通过实习的形式培养教学专业人员的理性思考和判断能力，从而将教育理论和实践结合起来，促进教师教育的专业化。

4. 教师教育标准化政策的导向作用

在第四阶段，教师教育政策的实施都指向或推进了教师教育标准化的进程，这是影响教师教育专业标准化课程实践的推动力量。20世纪90年代以来，澳大利亚出台了一系列教育政策，以前文提及的"两个报告和两个工程"为例，其核心议题就是"追求教育质量"，因此，教师教育政策更加注重"教学的专业化"和"教师的专业化"。

二、澳大利亚职前教师教育发展的历史轨迹及其课程变革的基本特征

纵观澳大利亚职前教师教育的发展,其历史轨迹及课程变革呈现出以下三个特征。

(一)从职业化走向专业化的发展方向

从 150 多年的发展史来看,澳大利亚职前教师教育在课程实施的价值取向上体现了从职业化向专业化的转变,最终使教师的教育和教师的发展都指向了专业化。这一发展过程可概括梳理如下文。①②

1. 职前教师教育的奠基与职业指导型课程

澳大利亚早期的教师教育自 19 世纪早、中期发端,从模仿宗主国的模式开始,在保守主义政治心态和社会价值观以及殖民地教师培训移植推广政策的影响下,以移植和借鉴的方式确定了以师徒制为基础的小导生制和以培训学校为代表的早期职业指导型教师的培训模式,从而奠定了澳大利亚百年教师教育体系的基石。

以这两种方式为主的早期教师培训课程的核心思想认为教师的职业就是教学,教学能力可以通过模仿和接受指导性的训练而提高;在内容和结构上呈现出普通教育课程、教学指导性课程、实践课程和个性培养的结构;在实施过程中以职业模仿、具体指导教学和强化指导教学为主要方式。

从澳大利亚早期教师教育的发展来看,以葛莱德曼为首的保守主义态度直接影响了课程的特点。保守主义在教育领域的核心价值取向以知识传授和心智训练为任务,坚持教师在教育过程中的权威和主导地位,注重学校教育的纪律约束,旨在促进学生的道德和精神力量的发展等,并以在当时有影响的裴斯泰洛奇、赫尔巴特以及福禄贝尔的理念为依据。而他本人的著作和培训理念支持长期建立的有信誉的教育,这一点也深刻体现了保守主义思潮的观点:积累有实际意义的知识、巩固教师在教学过程中的中心地位、基于心

---

① Tania Aspland,"Changing Patterns of Teacher Education in Australia",Education Research and Perspectives,2006(2),pp. 145-148.

② Anne Jasman,"Initial Teacher Education:Changing Curriculum, Pedagogies and Assessment,"Change:Transformations in Education,2003(2),pp. 3、7、10.

理学的实际意义完成教学过程等。这一阶段教师培训机构在本土的第一手经验虽然发挥了重要的作用,但还是不够的,特别是在对待培养对象的观念上还需要进步,需要将他们视为未来的教师从业者并予以一定的尊重,而非作为完成国家(殖民地政府)教育任务的工具。总体来看,这一阶段在澳大利亚殖民地通过教育理论来关照教师的培养、为教师教育提供理论上的支持,涵盖面是很小的。尽管早期的培训机构是有进步的,但是其基本任务还是具体指导学生完成这一职业的具体工作,以知识为基础的、有限的教学仅为学生提供了类似于中等教育水平的普通教育内容,而很难为学生提供充足的专门化课程。

2. 职前教师教育的巩固、发展与职业实用型课程

19世纪90年代到20世纪20年代是澳大利亚教师教育发展的一个重要时期。在国家教育体系得到发展和进步主义、新教育运动等理念的影响下,教师教育在学校教育内容和方法变革的前提下得到了巩固和发展。

这一阶段澳大利亚的基础教育的学校教学得到了启蒙和发展。新教育运动和进步主义思潮深刻影响了学校教育的教学内容和教学法。在教育当局比较支持的背景下,教师教育的内容和方法也受到了影响,从早期职业指导型的特点向职业实用型的特点过渡。这一阶段教师教育课程已形成了通识知识课程、学科知识课程、教学知识课程和实践性教学四大部分组成的基本框架,其中教学知识课程通过早期的社会心理学知识来影响教师的课堂管理和教学效果。这种课程结构的雏形开始将澳大利亚的教师教育引入教师教育专业化的进程,体现了教师教育向专业化发展的早期阶段,即向职业实用型阶段的过渡。教师教育专业化的发展方向必然使教师教育机构在这一阶段出现大的分化和发展,师徒制的培训模式明显地减弱或者瓦解,大学开始成为教师教育的参与者,其间经历了教师培训学校的兴起和教师学院培训模式的形成。从教师教育培养的层次来看,这一阶段开始有了较明显的分化,由于中学教育在国家教育体系内有了一定的发展和扩大,因此在中学教师培养方面有了新的发展时,学位证书型的教师教育模式开始出现,这就成为澳大利亚教师教育双轨制历史的重要发端。

3. 职前教师教育单轨制与专业能力型课程

从20世纪30年代到20世纪80年代,澳大利亚的教师教育实现了在高等教育领域中的单轨制,并向着专业能力型课程的方向推进。

第二次世界大战后,随着澳大利亚公立教育系统的快速发展,国家对学校教育、教学有了新的重视点。"马丁报告"等一系列报告,显示出国家开始将学校教学作为一种专业，进而指明了教师教育专业化的发展方向。尽管这一阶段相关的教育报告还在使用"培训"一词来描述教师的培养工作，但是这些报告却倾向于建立完整的教师教育体系，并且确定了教师作为专业人员的身份以及教师培养过程中理论与实践结合的专业化；同时，国家也开始关注"专业"的基准，关注教师教育中技术性能力的适当成分，关注如何将教师教育中的技艺部分和专业部分结合起来，以及如何认识理论和实践这两部分，特别提出了"教师教育是个人与其专业发展的持续过程"的重要理念。从教师教育课程发展的理念来看，在以技术理性主义、教育批判思潮为代表的理念的影响下，这一阶段开始体现出了更宽泛的"教师教育"的意义，更加注重满足个体学生能力发展的需要，从职业实用型课程向专业能力型课程过渡，其特点主要表现为课程的结构和内容以教师专业知识的结构和内容为基准来设计，体现出此专业领域知识获得的范围和层次，并通过实践活动使获得的基础知识和教学法知识转化为个人在专业领域的能力；在教学实践性课程的实施过程中，对一贯以来澳大利亚教师教育所重视的"教学实践"的内容进行了充实和拓展，更加强调学生具有整体性的"学校经验"的重要性和意义，强调在这一过程中学生"能力"的增长，这一能力既包括教学能力，也包括个人发展的能力；在课程实施方面，更加注重满足个体学生发展的需要等。

4. 职前教师教育标准化与专业标准型课程

澳大利亚的教师教育在经过了高等教育单轨制及课程专业化的发展后，教师教育的政策更加注重教师专业化和教师教育标准化带来的教师质量的提高。同时，在结构功能主义专业观的影响下，更加注重由多方面成员构成的教师和教学专业权威机构在教师教育标准化工作中发挥的作用。因此，以教师与教学权威机构的发展、教师教育标准化运动、现代教师资格认证制度的建立、标准化教师教育课程认证体系的构建为标志，澳大利亚的教师教育自20世纪90年代发展以来进入了一个标准化时代。

（二）从二元体系走向一元体系大学化的高质量体系建设

在澳大利亚教师教育的历史中，大学早在20世纪初就参与了教师教育，在其随后同教师学院针对培养对象的分权、协作等相互作用的过程中，特别是在教师教育的大学学位课程教育的发展过程中逐渐形成了澳大利亚职前教师教育的二元体系。中学教师的培养以在大学教育学院中的学位教育为主，小学及其以下层级的教师培养以在教师学院（及随后的高等教育学院）的文凭教育为主，这一体系几乎贯穿于第二和第三阶段的发展。在20世纪80年代，澳大利亚经历了对教育带来长远影响的重大政治变革，即高等教育的单轨制运动。① 这一运动的实质是经济理性主义主导下高等教育的重大变革，是在政府政策激励下教育、市场行销和大学改革的大汇合，最终的表现形式是澳大利亚统一了国家高等教育系统，完成了高等教育的单轨制。②

从高等教育自身来看，道金斯的这一改革，将市场化和现代化一起作用于大学，表现为合并高等教育学院和19家当时的大学而成立了多所大学；引进高等教育供款计划（Higher Education Contribution Scheme），要求所有修学大学课程的本土学生在有经济能力的时候向联邦政府缴纳统一的费用以完成修习；由于基金的缩减，因而鼓励大学逐步实现财政自治。③

从教师教育的角度来看，这一改革带来了重要的变革，具体表现在以下两方面。

首先，促使教师教育大学化。随着教师学院合并、提升为高等教育学院以及高等教育学院并入大学，教师教育二元体系最终实现一元化，其成了在大学内培养全部教师的学位教育兼部分文凭教育的体系，这就使澳大利亚的职前教师教育呈现出了大学化的发展趋势。到目前，澳大利亚的职前教师教育已经实现了大学化，由澳大利亚48所大学来提供各级职前教师教育的课程。④

其次，促使教师教育课程朝着建设高质量体系的方向发展。这一变革对被纳入大学体系里的教师来说，极大地改变了澳大利亚高等教育的形态，促使澳大利亚的教师教育在高等教育领域重新定位，使教师教育课程向高质量的体系建设发展。当今澳大利亚大学里所有的教师教育课程都是1988年统一的国家高等教育体系建立后的产物。以昆士兰州为例，布里斯班高等教育学院的一部分和昆士兰理工学院一起构建了昆士兰理工大学的主体，一部分归入格里菲斯大

---

① John Knight, Bob Lingard, et al., "Reforming Teacher Education Policy under Labour Governments in Australia 1983—93,"British Journal of Sociology of Education, 1994(4), pp. 451-466.

② Michael Dyson, "Australian Teacher Education: Although Reviewed to the Eyeballs is there Evidence of Significant Change and Where to Now?"Australian Journal of Teacher Education, 2005(1), pp. 43-46.

③ [澳]西蒙·马金森、马克·康西丹：《澳大利亚企业型大学的权利结构、管理模式与再创造方式》，23~34页，周心红译，杭州，浙江大学出版社，2007。

④ 这48所大学的分布是新南威尔士州16所、维多利亚州13所、昆士兰州9所、西澳大利亚州5所、北部地区4所、塔斯马尼亚州1所。

学的教育学院。这些大学里的教育学院要重新设计教师教育课程，主要包括四个标准：严格的大学认定过程、官方的教师注册管理、教师专业的需求和不断增长的教师教育研究成果。① 同时，教师教育课程也具备了较完善的评估体系，这一体系包含内部评价和外部评估的体系。评估体系不仅依据已有的专业标准来建构和开展，而且还使一些重要的教师教育课程的评估参数得到了发展，这些参数包括以下内容。

第一，教师教育的课程是围绕着培养的预期结果建构的，这些预期包括培养对象的"专业特性"，这一点决定了教师教育的性质、教师的实践活动和学生的学习。第二，教师教育课程要将理论和实践强有力地结合在一起。当前大学里的教师教育课程要反映一线教师和教育工作者的需要，同时既是国家化的，又是国际化的。第三，当前的教师教育课程反映了不断增长的多样化的学生群体的多样性需求。第四，教师教育课程现在不仅在大学的场所里进行，也在大量的多样化的教育场所、工作场所和社区场所里进行。第五，教师教育正在被积极的和重要的利益相关者合作完成。第六，一线经验、实践、实习和联合培养教师计划等是教师教育课程的核心部分。第七，教师教育课程正在培养基于实习的真正的学习批判和反思思想。第八，教师教育课程围绕着各学科教学的发展而展开。第九，不少教师教育课程使用包括通过问题提出和探寻解决途径的学习方式和积极的教学法的融汇的方式来促进师范生主动学习。第十，师范生被要求做出一些持续性的自我分析以评价自身当前正在参与的学习的成果以及培养目标的开展情况。②

以上这一教师教育从二元体系向一元体系大学化的高质量体系建设的变革特征仍然是当前澳大利亚教师教育发展的重要特点。③④

---

① Tania Aspland, "Changing Patterns of Teacher Education in Australia," Education Research and Perspectives, 2006(2), pp. 151-154.

② Tania Aspland, " Changing Patterns of Teacher Education in Australia ", Education Research and Perspectives, 2006(2), pp. 158-159.

③ Kevin Harris, "Transformations: Tale of Education, Teacher Education and a Journal,"Change: Transformations in Education, 1989(1), pp. 8-12.

④ Michael Dyson, "Australian Teacher Education: Although Reviewed to the Eyeballs is there Evidence of Significant Change and Where to Now?"Australian Journal of Teacher Education, 2005(1), pp. 45-46、50-51.

(三)新时代标准化的发展路径选择

从澳大利亚职前教师教育及其课程的变革历史来看,其变革是从职业化导向逐步转为专业化导向的过程,也就是说,使教师的劳动从普通劳动的性质向专业劳动的性质发展和转换。通过上文的总结可以看出,在20世纪90年代以前澳大利亚教师教育专业化的发展主要源自高等教育向单轨制发展的过程中对教师及教师教育专业化的要求和动力,而自20世纪90年代以来,在高等教育的框架体系内,教师教育主要依托"标准化"运动来深化教师教育的专业化发展。这一标准化的发展包括教师与教学权威机构的发展、教师教育标准化运动、现代教师资格认证制度的建立和标准化教师教育课程认证体系的构建等四个主要路径。其中,教师教育标准化运动主要表现在从联邦到各州和地区,有关教师教育课程、教师专业发展、教师教学及教学能力的一系列专业标准的制定与实施。

事实上,不只澳大利亚采取了这一标准化的发展路径,世界其他发达国家也都具有这样的发展特点和趋势。①②③④⑤⑥⑦⑧可以说,标准化发展不仅巩固了教师及教师教育专业化的初步成果,而且为专业化的深入发展探索了一条重要的路径。

---

① 汪霞、钱小龙:《英国教师教育课程标准的改革》,载《比较教育研究》,2011(11)。
② Les Bell, "Critical Dialogue Chronicles of Wasted Time? Initial Teacher Education in England: 1960-1999", Australian Journal of Education, 1999(2), pp. 186-214.
③ 郭宝仙:《新西兰教师资格与专业标准及其启示》,载《外国中小学教育》,2008(9)。
④ 施克灿:《国际教师专业标准的三种模式及启示》,载《比较教育研究》,2004(12)。
⑤ V. Robert Bullough, D. Cecil Clark, et al., "Getting in Step: Accountability, accreditation and the standardization of teacher education in the United States", Journal of Education for Teaching: International Research and Pedagogy, 2003(1), pp. 35-51.
⑥ E. Landon Beyer, "The Politics of Standardization: Teacher Education in the USA," Journal f Education for Teaching: International Research and Pedagogy, 2002(3), pp. 239-245.
⑦ S. Thomas Popkewitz, *Changing Patterns of Power: Social Regulation and Teacher Education Reform*, New York, State University of New York Press, 1993, pp. 45-60.
⑧ Dave Donahue, Jennifer Stuart, "Working towards Balance: Arts Integration in Pre-service Teacher Education in an Era of Standardization," Teaching and Teacher Education, 2008(2), pp. 343-355.

三、对我国教师教育及职前教师教育课程发展的启示

进入 21 世纪以来,面对社会经济、政治、文化的变革以及由此导致的教育的变革,我国的教师教育应如何面对这样的挑战是探讨教师教育发展走向的实际问题。前文梳理总结了澳大利亚教师教育发展的历程,及 21 世纪以来其呈现出的体现国际发展趋势的特点。在这一基础上,我们可对我国的教师教育历程和发展趋势做出比较性的思考和分析,找寻可资借鉴的意义。

思考澳大利亚教师教育的发展及其课程变革对我国教师教育发展的借鉴意义时,不禁让人想起 100 多年前比较教育学家萨德勒(Sadler)的一段经典讲演:"我们不能随意地漫步在世界教育制度之林中,就像小孩逛花园时从一堆灌木丛中摘一朵花,再从另一堆中采一些叶子,然后指望将这些采集的东西移植到自家的土壤中便会拥有一个有生命的植物。一个民族的教育制度是一种活生生的东西,是以往的斗争和艰难以及'久远以前战斗'的结果,其中隐含着民族生活中的一些隐秘的作用。"① 毫无疑问,通过这段演讲,萨德勒在警示比较教育的研究者,思考教育借鉴的问题时要把握两个维度,一是他国的经验和国际教师教育的发展趋势;二是立足本国实际,其中包括回顾本国的经历和经验。

我国的教师教育自 19 世纪末盛宣怀首创"南洋公学"至今,已走过了逾百年的风雨历程,为满足我国如此庞大的基础教育的需求做出了历史性的贡献。② 这一发展历程,也经历了向西方国家学习、借鉴,最终形成独立教师教育体系,并进一步走向开放化、大学化、一体化的方向的过程。③④⑤ 学者们对这一历程从不同的视角进行了阶段性的划分和分析,从教师教育体系发

---

① 王承绪:《比较教育学史》,66 页,北京,人民教育出版社,1999。
② 参见马啸风:《中国师范教育史 1897~2000》,1~76 页,北京,首都师范大学出版社,2003。
③ 参见管培俊:《我国教师教育改革开放三十年的历程、成就与基本经验》,载《中国高教研究》,2009(2)。
④ 参见刘捷、谢维和:《栅栏内外:中国高等师范教育百年省思》,319~344 页,北京,北京师范大学出版社,2002。
⑤ 参见梅新林:《聚焦中国教师教育》,9~85 页,北京,中国社会科学出版社,2008。

展的角度来看,中国百年师范教育大致经历了四个发展阶段。第一阶段,自1897年发端,主要参照德国和日本的教育制度,初步形成以独立设置师范院校为主体、单一定向的师范教育体系;1904年"癸卯学制"和1912年《师范教育令》的发布,确立了师范教育在学制中的独立地位;设初级及优级师范学堂,到1921年在全国六个高等师范学区分设六所高师学校。第二阶段,1922—1948年,主要参照美国的教育制度,形成独立设置的师范院校和综合大学师范学院并存的开放模式的师范教育体系。第三阶段,1949—1993年,主要经历了学习苏联教育体系,进行大力度的院系调整,教师教育从大学中独立出来,形成了独立、封闭的师范教育体系。第四阶段,以1993年颁布的《中国教育改革和发展纲要》为标志,借鉴世界教师教育发展的经验,我国的教师教育体系逐步从独立、封闭的状态走向多元和开放的状态。我国教师教育进入了一个重要的转型阶段。一则,体系上从封闭走向开放,师范院校和综合性大学共同参与教师的培养。二则,培养层次从"旧三级"向"新二级"转变。三则,培养模式也呈现出多元化的趋势,从四年制本科专业来看分为双专业(学科专业、教育专业)交叉培养模式、双专业分阶段培养模式、双专业双学位培养模式和单专业教育学位培养模式等。四则,教师教育的课程在上述三个方面转型过程中,随着教育部2011年《幼儿园教师专业标准(试行)》《小学教师专业标准(试行)》《中学教师专业标准(试行)》的意见征求的颁布进入了新一轮的革新。

由此,可以看到中、澳两国在教师教育发展过程中具有宏观显著的共性。第一,教师教育的发展有着阶段性的特点,早期阶段都经历了借鉴和本土化的发展过程。第二,后期发展的趋势都呈现出教师教育的大学化、多元化和标准化的特点。第三,当前的发展重点在于推进教师专业化和教师教育的标准化发展。根据各自的发展经历和共性,可以得到以下启示。

(一)标准化是教师教育及课程专业化发展的重要路径

结合上文对澳大利亚职前教师教育在新时代对标准化发展路径的选择这一特点的分析,本书认为我国教师教育有必要采取标准化的发展路径。从我国教师及教师教育专业化的发展情况来看,近20年来这一主题在研究领域比较活跃[1],也

---

[1] 参见朱旭东:《教师专业发展理论研究》,前言,北京,北京师范大学出版社,2011。

取得了一些研究成绩①,但是有关专业化内涵思辨性的研究居多②,而对路径和方法性的研究不足;在实践领域,以标准来促进专业化的发展还处于初级的阶段。例如,澳大利亚国家级的教师教育课程标准出台于1998年,比我国2011年出台的第一个国家级教师教育课程标准早13年。因此,我们有必要研究和借鉴澳大利亚这十多年来在教师教育发展的标准化运动的路径,从而提高我国教师及教师教育专业化的发展水平。澳大利亚教师教育标准化路径,经过20多年的探索显示出注重四方面的发展和完善,包括教师与教学专业权威机构,教师专业发展标准、教师教学标准和教师教育课程标准,现代教师资格认证制度,标准化的教师教育课程认证体系,这也给我们带来了启示,我们有必要专注于这四方面的标准化工作。

(二)我国职前教师教育课程体系通过标准化的发展路径得以完善

针对以上启示具体来看,2011年我国出台的关于教师教育的文件是我国教师教育课程向标准化迈进的一个重要标志,是我国教师教育课程发展的大事件。但是,适应性的验证和确认是不可或缺的工作,制定、使用或服务标准的各个方面(政府行政机构、专业团体、教师教育研究机构、教师教育实施机构、师范生、一线教师等)有责任思考和实践当下的标准,坚持遵循标准并对其加以正确地运用。两国当前国家级职前教师教育课程标准的比较,如表6-1所示。

表6-1 澳、中两国当前国家级职前教师教育课程标准比较

	课程体系与框架维度	课程设置的目标领域
澳③	课程目标、课时、课程开发、课程机构与内容、课程准入、合作伙伴关系、课程资源、课程评估	专业知识、专业实践、专业价值观、专业关系
中④	课程目标、课程(内容)设置	教育信念与责任、教育知识与能力、教育实践与体验

---

① 参见朱旭东、周钧:《教师专业发展研究述评》,载《中国教育学刊》,2007(1)。

② 吴永军:《我国教师专业化研究:成绩、局限、展望》,载《课程·教材·教法》,2007(10)。

③ 参照澳大利亚自1998年至2010年两次业经联邦政府联合教师与教学专业权威机构出台的国家级教师教育课程标准 NSGITE & NSAPTEP。

④ 参照我国教育部2011年10月颁布的《教师教育课程标准(试行)》。

通过对两国国家级职前教师教育课程标准的比较，我们可初步得到如下启示。

第一，有必要建立和修订体系更完整、层级更分明的标准框架维度，从而促进课程体系的建设。

澳大利亚教师教育课程标准涵盖面广，已建立了体系较完整、层级较分明的框架维度。我国的标准框架主要集中在课程目标和课程设置两方面，那么有关课程的准入、课程资源和课程评估的标准问题，是我们下一步需要在标准框架内努力完善的部分。同时，完善标准框架以推动整个课程体系的建设和完善。

第二，有必要在试行的基础上修订标准的目标领域，使其内容更丰富和有可操作性。

从两国课程设置的目标领域来看，内容上大同小异，但是我们有必要在试行的基础上修订标准的目标领域，使内容更丰富和有可操作性。例如，澳大利亚更加注重"专业关系"的内容，即考量到教师必然会遇到具有多元社群背景的学生，要在同所有层次的社群建立专业关系的过程中迎接一切挑战，进而，修订标准要求教师要在这样的背景下积极地使其他专业成员或社群成员参与针对个体学生和小组学生的学习设计和组织活动，要认识并重视与学校、家庭、社区的紧密合作对发展学生的社会性和聪明才智的重要意义，要认同并培养自己同学生之间建立在信任、尊重和信心之上的批判性的师生关系。这一点显然也来自澳大利亚多元文化、种族、族群的移民国家教育实践的经验。我国的社会文化发展也日趋丰富，同时随着社会经济的发展与变革，社群背景也更加多元。尽管在教师教育课程标准中的"教育实践与体验"部分包含了"获得与家庭、社区联系的经验"的内容，但是同与多元化的学生家庭、社群背景建立起专业关系这一要求还有一定距离，因此澳大利亚有关"专业关系"的目标领域对我们有借鉴意义。

参考文献

1. B. 霍尔姆斯,M. 麦克莱恩. 比较课程论[M]. 张文军,译. 北京:教育科学出版社,2001.
2. 陈时见. 教育研究方法[M]. 北京:高等教育出版社,2007.
3. 陈向明. 质的研究方法与社会科学研究[M]. 北京:教育科学出版社,2000.
4. 陈永明. 现代教师论[M]. 上海:上海教育出版社,1999.
5. 成有信. 十国师范教育和教师[M]. 北京:人民教育出版社,1990.
6. 杜学增. 澳大利亚语言与文化[M]. 北京:外语教学与研究出版社,2000.
7. 高京. 澳大利亚[M]. 北京:世界知识出版社,1997.
8. 顾明远. 教育大辞典[M]. 上海:上海教育出版社,1998.
9. 黄崴. 教师教育体制:国际比较研究[M]. 广州:广东高等教育出版社,2003.
10. 教育部师范教育司. 教师专业化的理论与实践[M]. 北京:人民教育出版社,2003.
11. 雷晓春. 澳大利亚师范教育[M]. 广州:广东高等教育出版社,1991.
12. 李其龙,陈永明. 教师教育课程的国际比较[M]. 北京:教育科学出版社,2002.
13. 李琼. 教师专业发展的知识基础—教学专长研究[M]. 北京:北京师范大学出版社,2009.
14. 吕达,周满生. 当代外国教育改革著名文献(日本、澳大利亚卷)[M].北京:人民教育出版社,2004.
15. 马云鹏. 教育科学研究方法[M]. 长春:东北师范大学出版社,2001.
16. 潘慧玲. 教育研究的取径:概念与应用[M]. 上海:华东师范大学出版社,2005.

17. 施良方. 课程理论:课程的基础、原理与问题[M]. 北京:教育科学出版社,1996.
18. 唐爱民. 当代西方教育思潮[M]. 济南:山东人民出版社,2010.
19. 王斌华. 澳大利亚教育[M]. 上海:华东师范大学出版社,1996.
20. 王宇博. 澳大利亚:在移植中再造[M]. 成都:四川人民出版社,2000.
21. 王宇博. 渐进中的转型:联邦运动与澳大利亚民族国家的形成[M]. 北京:商务印书馆,2010.
22. 王泽龙,曹慧英. 中外教师教育课程设置比较研究[M]. 北京:高等教育出版社,2003.
23. 西蒙·马金森. 澳大利亚教育与公共政策[M]. 严慧仙,洪森,译. 杭州:浙江大学出版社,2007.
24. 张红霞. 教育科学研究方法[M]. 北京:教育科学出版社,2009.
25. 张焕庭. 教育辞典[M]. 南京:江苏教育出版社,1989.
26. 钟秉林. 教师教育转型研究[M]. 北京:北京师范大学出版社,2009.
27. 周钧. 美国教师教育认可标准的变革与发展[M]. 北京:北京师范大学出版社,2009.
28. 朱旭东. 教师专业发展理论研究[M]. 北京:北京师范大学出版社,2011.
29. 朱旭东. 新比较教育[M]. 北京:高等教育出版社,2008.
30. 安妮·黑克琳·胡森. 多元文化教育和后殖民取向[J]. 张家勇,摘译. 比较教育研究,2003(1).
31. 大卫·菲利普斯. 比较教育中的教育政策借鉴理论[J]. 钟周,译. 清华大学教育研究,2006(2).
32. 代林利. 大学内部学术质量保障体系的系统建构——以悉尼大学为例[J]. 比较教育研究,2006(3).
33. 邓丹. 澳大利亚教师教育标准化的新发展——"职前教师教育课程国家认证系统"的构建[J]. 比较教育研究,2011(8).
34. 谷贤林. 九十年代澳大利亚师范教育的变革[J]. 首都师范大学学报(社会科学版),2001(2).
35. 海桦. 教师专业化:内涵与途径[J]. 当代教育科学,2003(10).
36. 郝文武. 教师教育课程建构的价值追求[J]. 当代教师教育,2009(3).
37. 贺国庆,张薇. 英国大学教育学院的课程及教学特征——以伦敦大学教育学院为例[J]. 比较教育研究,2002(11).
38. 黄甫全. 关于教学、课程等几个术语含义的中外比较辨析[J]. 课程·教材·教法,1993(7).
39. 李大琪,蓝云,等. 中美师范教育课程设置的比较[J]. 上海高教研究,1997(4).
40. 刘红. 澳大利亚教师专业发展述评[J]. 外国中小学教育,2004(2).
41. 刘辉. 澳大利亚中小学教师专业发展机制述评——以新南威尔士州为例[J]. 外国教育研究,2004(10).
42. 刘旭东. 论师范大学教师教育课程体系的构建[J]. 高教探索,2009(4).
43. P. 莫蒂默尔. 面向21世纪的英国师范教育改革——伦敦大学教育学院结构改革实践[J]. 石伟平,译. 华东师范大学学报:教育科学版,1996(3).

44. 潘海燕,李其国. 澳大利亚昆士兰科技大学师资培训课程设置及管理改革[J]. 培训与研究——湖北教育学院学报,1997,(2).

45. 汪霞,钱小龙. 英国教师教育课程标准的改革[J]. 比较教育研究,2011(11).

46. 王金秀. 澳大利亚师范教育考察之思考[J]. 贵州师范大学学报(社会科学版),1997(2).

47. 吴琳玉,谌启标. 从教育实习到专业体验:澳大利亚教师教育改革及启示[J]. 当代教育科学,2009(11).

48. 吴永军. 我国教师专业化研究:成绩、局限、展望[J]. 课程·教材·教法,2007(10).

49. 俞婷婕,肖甦. 推动中小学教师专业发展的一项新举措——评述澳大利亚政府优秀教师计划及其进展[J]. 外国中小学教育,2007(9).

50. 袁丽,黄运红,等. 澳大利亚维多利亚州基于e5教学模式下的教师教学专业发展标准述评[J]. 比较教育研究,2011(8).

51. 张人杰. 教师专业化:亟需更深入研究的若干问题[J]. 比较教育研究,2005(9).

52. 钟玉林. 澳大利亚中学科学教师的培养[J]. 比较教育研究,1996(5).

53. 朱水萍. 澳大利亚教师教育实践课程述评与启示——拉筹伯大学教育学院的教学实习考察[J]. 南通大学学报(教育科学版),2006(4).

54. 朱旭. 澳大利亚高等教育质量保证体系述议[J]. 理工高教研究,2005(1).

55. 朱旭东. 国外教师教育模式的转型研究[J]. 外国教育研究,2001(5).

56. 朱旭东,周钧. 教师专业发展研究述评[J]. 中国教育学刊,2007(1).

57. 鲍文丽. 我国教师教育课程存在的问题及对策研究[D]. 长春:东北师范大学,2007.

58. 戴伟芬. 20世纪80年代以来美国教师教育课程思想研究[D]. 北京:北京师范大学,2010.

59. 王晓宇. 英国师范教育机构的转型:历史视野与个案研究[D]. 上海:华东师范大学,2008.

60. 徐慧兰. 英美教师职前教育课程设置比较研究[D]. 重庆:西南大学,2007.

61. 杨荣昌. 教师继续教育课程体系研究[D]. 上海:华东师范大学,2006.

62. ALAN BARCAN. A History of Australia Education[M]. Oxford:Oxford University Press,1980.

63. ALAN BARCAN. Sociological Theory and Educational Reality:Education and Society in Australia since 1949[M]. Sydney:New South Wales University Press,1993.

64. ANGUS,ROBERTSON. Sources in the History of Australian Education,1788-1970[M]. Sydney:Sydney Press,1975.

65. B. K. HYAMS. Teacher Preparation in Australia:a History of its Development from 1850 to 1950[M]. Hawthorne:Australia Council for Educational Research,1979.

66. E. BOYER. Scholarship Reconsidered[M]. San Francisco:The Carnegie Foundation for Advancement Teaching,1990.

67. DAVID HACKET FISHCER. Historians' Fallacies: Towards Logic of Historical Thought [M]. New York: Harper & Row, 1970.
68. R. DAVID KRATHWOHL. Methods of Educational Social Science Research: An Integrated Approach[M]. Longman Press, 1997.
69. GORNITZKA ÅSE, MAURICE, KORGAN, et al. Reform and Change in Higher Education. Analyzing Policy Implementation[M]. Dordrecht: Springer, 2005.
70. HEATHER EGGINS. Globalization and Reform in Higher Education[M]. Society for Research into Higher Education & Open University Press, 2003.
71. MARILYN COCHRAN-SMITH, SHARON FEIMAN-NEMSER, et al. . Handbook of Research on Teach: Education Enduring Questions in Changing Contexts[M]. Washington: Taylor & Francis Group and the Association of Teacher Educators, 2008.
72. R. PATRICE LEBLANC, NANCY P. GALLAVAN. Affective Teacher Education: Exploring Connections among Knowledge, Skills and Dispositions[M]. Lanham, Md. ; Rowman & Littlefield Education, 2009.
73. F. RICHARD ELMORE. School Reform from the Inside Out: Policy, Practice and Performance[M]. Cambridge: Harvard Education Press, 2004.
74. L. ROBERT MILLER, JOHN D. BREWER. The A-Z of Social Research[M]. London: SAGE Publications, 2003.
75. TURNEY, CLIFFORD, et al. His Life and Work: a Saga of Nineteenth-Century Education [M]. Sydney: Hale & Iremonger, 1992.
76. YIN CHEONG CHENG, KING WAI CHOW, et al. Reform of Teacher Education Asia-Pacific in the New Millennium: Trends and Challenges[M]. Manchester: Kluwer Academic Publishers, 2004.
77. ALAN BARCAN. Attempts to Reform Australian State School 1979—1996[J]. Education Research and Perspectives, 1996, 23(1).
78. ALAN BARCAN. Social, Cultural and Ideological Influences on the Training of Australian Teachers, 1870—1970[J]. Education Research and Perspectives, 1989, 16(1).
79. B. K. HYAMS. Teacher Education Policy in Transition: The Role of the Queensland Course Assessment Committee 1972—80[J]. Education Research and Perspectives, 1993, 20(1).
80. B. K. HYAMS. Towards Teacher Education Autonomy: The Interaction of Vested Interestsin Victoria, 1964—1972[J]. History of Education Review, 1992, 21(2).
81. CRAING CAMPBELL, GEOFFREY SHERINGTON. The History of Education[J]. Change: Transformations in Education, 2002, 5(1).
82. GREGORY LEE, HOWARD LEE. Teacher Education in New Zealand, 1920—1980: Cur-

riculum, Location and Control[J]. Education Research and Perspectives,2001,28(1).
83. KAYE TULLY, CLIVE WHITEHEAD. Staking out the Territory: The University of Western Australia, The Diploma in Education and Teacher[J]. Australian Journal of Teacher Education,2003,28(1).
84. KEVIN HARRIS. Transformations: Tale of Education, Teacher Education and a Journal [J]. Change: Transformations in Education, 1989,1(1).
85. LAWRENCE INGVARSON. Building a Learning Profession[J]. Policy Briefs,2003(3).
86. LAWRENCE INGVARSON,ELIZABETH KLEINHENZ. A Review of Standards of Practice for Beginning Teaching[J]. ACER Policy Briefs,2003(4).
87. LINDA DARLING-HAMMOND. Teacher Education: Rethinking Practice and Policy[J]. Unicorn, 1999,25(1).
88. MALCOLM VICK. Building "Professionalism" and "Character" in the Single-purpose Teachers College,1900—1950[J]. Australian Journal of Teacher Education,2003,28(1).
89. MARTIN SULLIVAN. Mr. Mackie's War[J]. History of Education Review, 1997,26(2).
90. MORIA HULME. Histories of Scottish Teacher Education: Sources for Research[J]. Scottish Educational Review. 2011,43(1).
91. PAULA SIMEONE. "Learning for the Future" and Teacher Training Curriculum Resource Centres[J]. Access 1995,9(1).
92. RALPH BLUNDEN. The Practicum in TAFE Teacher Education: The Challenge of Contextual Diversity[J]. Australian Journal of Teacher Education,1995,20(2).
93. ROBERT CARNEY. Teacher Education in the Northwest Territories: cultural inclusion, cultural imperialism and teacher autonomy[J]. History of Education Review,,1988,17(1).
94. V. ROBERT BULLOUGH, D. CECIL CLARK, et al. Getting in Step: Accountability, Accreditation and the Standardization of Teacher Education in the United States[J]. Journal of Education for Teaching: International Research and Pedagogy,2003,29(1).
95. WENDY MICHALES. One Hundred Years of Education in Australia-A Social History[J]. Classroom, 2002,22(1).
96. ANDERSON, NORMAN REID. A History of Teacher Training in Queensland[D]. Brisbane:Univ. of Queenland,1960.
97. K. C. Adey Preparing a Profession Report of the National Standards and a Guidelines for Initial Teacher Education Project[R]. Canberra: Australian Council of Deans of Education, 1998.
98. B. K. HYAMS. Teacher Preparation in Australia: A History of Its Development from 1850 to 1950[R]. Australian Council for Educational Research, 1979.
99. MICHAEL DYSON. Teacher Education:Reviewed to the Eyeballs but Where is the Evidence of Significant and Meaningful Change? [R]. Auckland:NZARE/AARE Joint Conference,2003.

附录一 NSGITE

《职前教师教育项目的国家标准与指导》
(Preparing a Profession, Report of the National Standards and Guidelines for Initial Teacher Education Project, NSGITE)

1998年,澳大利亚教育学院院长委员会(ACDE)在联邦就业、教育培训和青年事务部的资助下,为培育出高质量的教师特制定了针对澳大利亚基础教育领域教师教育的标准和指导纲要。这一标准和纲要是这一阶段澳大利亚教师教育标准化的产物,是国家层面上教师教育的里程碑,它的影响主要有两个方面。一是为在其以后出台的各国家级和州一级的各项有关教师专业发展标准、教学标准和教师教育课程标准打下了参考的基础。二是深刻地影响了澳大利亚教师教育课程的内容和设计。

这一标准文本从三个方面制定了教师及教师教育的标准,这三个部分的主要内容如表1所示。

表1 NSGITE 主要内容

结构	标准内容
第一部分:师范毕业生的培养标准和指导纲要	基本的专业特性标准;对学生的关注、健康、安全的责任标准;对学生的了解及与其交流的标准;针对土著文化、社区、学生的教育标准;掌握教学内容的标准;实施课程能力的标准;读写能力标准;算术能力标准;教学与学习能力标准;与学习者的关系及行为管理标准;技术能力标准;考核与评价能力标准;与他人合作的能力标准;在学校及其他系统中工作的能力标准

续表

结构	标准内容
第二部分:培养项目的标准和指导纲要	项目开展、实施、监督的程序与标准;项目人员;项目的物质条件及其他设施要求;学生的选拔与入学标准;课程;持续时间;项目的结构与实施程序;教学与学习方式;评价
第三部分:项目管理的标准和指导纲要	培养项目实施的主要机构;合作的(大学的)学院、系;合作的教学实习学校

标准的具体内容:

1. 师范毕业生的培养标准和指导纲要

1.1 基本的专业特性标准

1.1.1 毕业生要有进入教师职业领域的意愿,认识到这个职业的社会价值及承担的责任和挑战。

1.1.2 毕业生要理解并愿意承担延续这一职业的高度专业化和道德标准的任务。

1.1.3 毕业生要有成为专业人士的意识,这种专业人士能够将个人的贡献(知识与理解力、社会性及体能、价值观与处事能力)有效地作用于初任教师的工作中,并表现出职业责任。他们要能够对自己在具体环境下的能力做出判断,并知道何时、如何寻求帮助。

1.1.4 无论将要就职的学校是否提供继续的专业指导和职业教育,毕业生都要将他们接受的职前教师教育视为继续专业学习的第一个阶段,他们要致力于并有能力进行终身学习。

1.1.5 毕业生要对由于自己的(社会、文化、经济、受教育、地理、宗教)背景而形成的教育教学过程有批判性的认识。他们要对自己的价值观有清醒的认识,并理解教学实践活动、课程和学校组织的任务价值。

1.1.6 毕业生要能够有效和适当地以初任教师的身份与学生、同事、学校管理者、家长及其他人等沟通。

1.1.7 毕业生要敏感地意识到自己是教育研究群体的一部分,他们要使实践性的研究成为普通教学活动的一部分。他们要能够叙述和分析自己的教学。他们要能够审核、评价通过研究得到的发现并将其吸收利用到自己的工作中。他们要能够积极地以正式或非正当的形式与从事教学或研究工作的同事合作开展研究活动,包括研究设计、实施、成果展示、评价、交流与应用。他们要熟悉主要的教育研究的传统,要能够批判性地检验研究者与教育政策制定和实施者之间的联系,要能够接受研究发现的矛盾和不确定性。

1.1.8 毕业生要不断提高个人的才智和增加对教学活动的兴趣,培养批判和反思的能力、审美的敏感以及创造性和体能。他们应接纳多元化的人类经验和表达方式,应强化理解和应对挑战的能力。

1.2 对学生的关注、健康、安全的责任标准

1.2.1 毕业生要对自己应具备的关注意识做好准备,包括与此相关的澳大利亚各地的各项法定要求。他们要具有鉴别是否对学生滥用指示的能力,要能够联合其他相关部门一起恰当和敏感地处理被发现有问题的学生的相关事宜。他们要具有处理这些事宜的理解力、自信和责任感,当自己无法处理时要具有咨询的意识和能力。

1.2.2 毕业生要有对学校健康和安全原则的理解和责任感,要能够保证这些原则的实施以及向学生、同事等做宣传。

1.3 对学生的了解及与其交流的标准

1.3.1 毕业生要视所有学生为有学习能力的人,要平等地对待所有的学生。

1.3.2 毕业生要获得所有不同方面的有关人类成长和发展的知识。这些知识包括人的全部年龄段,但是要重点突出其教学对象的年龄段。这些知识还包括人类学习的各种方法以及这些知识对政策和课程发展、课业计划、实施、评价等带来的影响。他们要对这一领域的知识和研究具有批判性接受的态度,包括这一领域的知识和研究是如何发展的以及当代主要探究的问题。

1.3.3 毕业生要能够理解多样的伦理问题,要能够理解每个学生的个性特点以及遇到的具体情况。他们要能够接受每个群体对自己认识的补充,包括一些不成功的经验。他们要理解这些多样化的课程发展、教学法以及其他专业工作的意义,包括对学生的看护及与家长和社区其他人员的交流。这些多样化的内容包括学习者及其社群所属的文化和语言,有学习困难和障碍的学生,超常或天才儿童,性别问题,以及不同类型的学校或偏远、受隔离地区的学校等。毕业生要有丰富的、专门的能力对英语非母语的学生以及任何被当地确定为特殊群体的学生开展教学活动。

1.4 针对土著文化、社区、学生的教育标准

1.4.1 毕业生应能有效教授土著学生知识,并向全体学生教授有关土著文化的内容。

1.4.2 毕业生要能够在所教的课程领域里具有从土著文化的角度来思考的能力,要能够推进和实施校本的土著学习项目和相关的学校政策和实践,要

能够在工作中有效地回应越来越受重视的同澳大利亚土著相关的内容。

1.4.3 毕业生要认同从土著社群中得到适当咨询的必要性，并且有技巧地得到这样的咨询结果。

1.4.4 毕业生要认同使用土著语言的人将英语作为第二语言，并接受土著英语使用者将英语作为第二方言的方式。

1.5 掌握教学内容的标准

1.5.1 毕业生需要接受广博的普通教育，以便批判性地提高对所学学科领域的理解力，提高对新领域学习的能力，以为其专业工作的有效开展打下基础。

1.5.2 毕业生要达到高等教育的水平并能够从事所学学科的教学工作，包括这一知识领域的历史发展、核心概念和表达方式、相关知识内容、能力、结构与特性模式等。毕业生要能够对这一知识领域展开批判性的思考，所有这些都要结合毕业生所要教授的学生所处的年龄段的学习特点以及所要教授的课程的领域而开展。

1.5.3 毕业生要深刻理解所教的内容和教学法，以使自己能够完成针对不同特点的学生、课程和教学环境的教学传授活动。他们要具有将"教学内容知识"完全同其他知识和能力结合在一起的能力。

1.6 实施课程能力的标准

1.6.1 毕业生要准备好为不同年级或不同年龄段的学生，在专门的课程领域内提供教学服务，这些准备工作要包括以下三方面。

- 学校当局认为教师应该掌握的学生的特点、人数以及各种特殊情况；
- 相关的学生录取和注册标准及任何个别情况；
- 教师的供需情况。

1.6.2 毕业生还要熟悉以下情况。

- 对其他发育阶段或年龄段的学生应使用的教学方式；
- 其他(特别是与师范生将要从事的教学课程领域相关的)课程领域。

1.6.3 毕业生要适当了解早期儿童教育和小学教育、小学教育和中学教育、中学教育和中学后教育之间的课程、教育持续方式等的不同之处。他们需要了解中等学校教育的发展以及对不同年龄段的学生开展教育的其他路径。毕业生需要了解普通教育和特殊教育教师间的不同与相同之处；要了解通过不同的方式建立不同学科内容领域间的联系。

1.6.4 对于将要在中等学校从事教学工作的毕业生来说，要广泛了解义务教育阶段后的学校教育，包括将职业教育引入高级课程的能力，了解学校之间的联系、学校后教育、培训、工业、社群等。

1.6.5 毕业生要了解相关的课程文件和资源，要具有对这些文件进行批判性评价的能力，要有自己的理由和观点；要具有制定短期和长期课程计划的能力；要具有将课程大纲和工作计划转变为日常教育教学实践工作的能力；要有安排适当的课程序列的能力。毕业生要充分了解受雇用学校的领导实施课程框架的哲学基础。

1.7 读写能力的标准

1.7.1 毕业生必须具有在任何学校从事任何学科领域的教学工作都必须具备的读写能力，同时达到个人所从事的专门教学领域的读写能力的要求。

1.7.2 毕业生需认识到以下方面的内容。

· 有效的读写能力包括阅读、理解和使用书写的、口语的、听觉的以及使用其他的文本书写和说话的能力，并且以各种不同的目的，在各种不同的背景下，针对不同的对象恰当地交流，并使用适当的语言的水平；

· 读写能力关乎所有领域课程的学习，并促进所有个体的理解力的提升；

· 儿童与成年人使用和发展语言及读写能力的路径是多元的，主要通过其接受的学校教育以及各种不同的课程领域；

· 读写能力与第一语言和第二语言的关系；

· 读写能力与技术的关系；

· 语言结构的发展如何提高学生的交流和学习能力，以及语言系统是如何发挥作用的；

· 语言和读写能力是如何在个体及群体的判断和价值观的形成过程中发挥作用的；

· 学校教育在不同阶段的读写能力成绩标准的制定基准。

1.7.3 毕业生本人必须具有高水平的读写能力和语言意识，具体包括以下方面的内容。

· 有效地处理所在的教学领域的读写问题；

· 熟悉一定的读写教学方式和干预策略，并能够从中选择和实施那些在特定情境下针对特定学生的教学方式；

· 能够将监督、评价和报告学生的语言和读写能力的发展作为促进学生读写能力完全发展的一个部分来完成；

· 愿意把自己对语言、读写能力以及相关教学法的理解作为促进工作持续进行反思批判、研究和实验的路径之一。

1.8 算术能力标准

1.8.1 毕业生要有效地促进学生的算术能力的发展。毕业生自信于自己的算术能力，要认识到算术能力是所有课程当中学习、呈现、论述和批判的基本构成部分，要特别认识到这一点在其所从事的专门教学领域中的意义。毕业生要把算术能力同其他能力的运用结合起来以促进学生的发展，主要包括以下内容。

• 各学科(算术、空间学、图形、统计学、代数学)中的基础数学概念和技能；
• 数学思考与策略；
• 普通思考技能；
• 了解基本背景情况。

1.8.2 毕业生要了解算术能力不仅是一种解决问题的能力，而且也是解释、争论和得出结论的工具，这一过程不仅用于正式的教育环境中，而且也贯穿在日常生活当中。基于本身算术能力及专门学科对这一能力的要求，毕业生要对个体学生的算术能力的发展要求做出判断和回应，特别是那些因为算术能力较弱而使学习产生障碍的学生。

1.9 教学与学习能力标准

1.9.1 毕业生要充分和出色地掌握学习过程和教学意义方面的知识。

1.9.2 毕业生要认识到教师即所谓的理论建构者要能够明确地、批判地进行思考，并修正教学过程中的理论。他们要把教学视为一种智力工作并具有在教学中的认知和元认知技能。他们要能够将研究和新的方法引入教学当中，要能够在教学中体现出灵活和积极的反应性。

1.9.3 毕业生对于他们将要从事的工作要有适当的教学能力，包括以下内容。

• 有效地与学习者沟通；
• 使用(并知道在何时使用)各种教学模式，教学中能够使用针对全体学生、部分学生和个体学生的一定的技术方式，能够在教室、远程教学模式的"虚拟教室"、实习学校或学院、广泛的社区环境中进行教学活动；
• 能够识别并使用学生的经验和已有的知识开展教学；
• 培养学生独立地和合作性地学习；
• 能够使学生积极地发展知识和能力；
• 培养学生的终身学习能力；

•能够通过全体学生的有效学习促进他们的能力发展。

1.9.4 毕业生要能够根据学生的不同个性和需要因材施教，这就需要毕业生诊断出每个学生的学习需要并使用适合学生的教学方式和内容，其中还要考虑学生的性别、年龄、能力、学习方式、行为方式、社会及地理环境、语言和文化背景。他们要懂得通过专业人员的支持、特殊教具和技术对有特殊需要的学生实施特殊教育、满足将英语作为第二语言的学生的需要。

1.9.5 毕业生要熟悉那些非传统的和表象的文化现象，在学校层面的教育中实施机制化的教学模式并且未来有能力发展新的教学方式和适应新的环境。

1.10 与学习者的关系及行为管理标准

1.10.1 毕业生要与学生建立起积极的相互关系，鼓励学生的促进学习的行为表现。他们要有适当的知识与能力实施有效的理念和课堂管理的实践活动，这些实践活动包括课堂里的日常工作、组织活动、行为管理和课堂活动档案和文本的管理。他们需要理解课堂管理实践同整个学校的文化、教育政策和实践活动的关系。

1.10.2 初任教师（特别是以从事短期教学活动为入职工作的教师）在对学生的行为管理上会遇到一些困难，需要得到一定的策略上的指导和支持。

1.11 技术能力标准

1.11.1 毕业生要能够在教学中使用一定的技术，特别是信息技术，包括以下内容。

•帮助学习的技术；

•帮助记录和管理的技术；

•专业的交互式技术。

1.11.2 毕业生需要对新的学习方式、信息、交流技术等在他们所从事的具体课程领域和层面如何使用有全面的了解，包括如何促进人与人之间的相互作用，组织和使用信息及理念的资源等。他们要能够评价教学软件、能够使用新技术以提高课堂管理的策略。他们要熟悉当前的信息和检索系统及技术，并具有使用和发展这些系统和技术的能力。

1.12 考核与评价能力标准

1.12.1 毕业生要具有一定的对学生进行考核和对课程进行评价的知识和能力，包括具有建构和实施针对学习者的有信度和效度的考核。他们要具有实施公平和公正考核和评价的能力。

1.12.2 毕业生的认识到以下内容。

- 毕业生要认识到评价、课程、学习、义务之间的相互关系；
- 毕业生要认识到考核与评价活动依据的哲学基础和活动的目的性；
- 毕业生要认识到收集和使用考核数据的相关伦理和法律问题。

1.12.3 毕业生需完成的考核评价具体工作

- 毕业生要做到设计有效的考核任务，并使用公正的方式对全体学生进行考核；
- 毕业生要做到使用专门的标准对学生的成绩进行有信度的评价；
- 毕业生要做到使用通过评价得到的信息对学生的表现做出诊断并督查学生的进步；
- 毕业生要做到对学生的进步做出报告和记录；
- 毕业生要做到鼓励并支持自己以及同行对学生进行考核；
- 毕业生要做到保持学生获得的成绩和其他的记录工作，要知道不同的学校和体系使用不同的考核评价方式；
- 毕业生要做到在合适的时间使用合适的方式与学生、家长、同事、其他教育管理部门或教职工的雇用方等沟通考核学生的结果。

1.13 与他人合作的能力标准

1.13.1 毕业生要有同专业伙伴有效合作的个人技巧，并成为教学专业群体中的一员，同专业资源领域内的个人和中介团体一起工作，能够获得他人的支持或志愿者支持或间接工作资源支持等活动。这些工作技巧也包括参与团队合作的能力。

1.13.2 毕业生要有信心和能力参与同行评价和自我评价并将其作为日常专业教学活动的一部分。

1.13.3 毕业生要对家长（或其他监护人）在学校教育中的角色有发展性的认识，既要满足共同教育孩子的需要，又要通过学校、地区、国家级的相关代表组织监督孩子与家长的关系。毕业生要在家长理解教师的基础上建立起与家长的伙伴关系模式，要理解家长参与模式的工作结构，并提高自己合作工作的能力。毕业生有义务和能力培养自己与学生的家庭、社区建立起积极的合作关系，要能够强化学校与学生家庭之间的亲密合作的伙伴关系，从而使自己获得使学生家庭和社区的提高文化程度的经验和实践，并能够调整自己在学校里的教学实践以优化学生的学习。

1.14 在学校及其他系统中工作的能力标准

1.14.1 毕业生要能够在澳大利亚的任何地方以及国际化的情况下（在学校当

局的适当指导和支持下)有效地从事教学活动,同时要针对具体的情况(具体的州、地区,学校系统,学校类型,学生人数及或地理位置等)做更细致的准备。

1.14.2 毕业生要对课堂内、外教师的任务角色有所了解,并知晓其内部的相互关系,如初任教师与有经验的教师之间的关系。

1.14.3 毕业生要认识不同的教职雇用关系(特别是近期普遍的短期雇用关系),并知晓辅助教学的任务、责任以及业界环境。

1.14.4 毕业生要熟知针对初任教师的支持体系,包括支持中心、专业和业界协会,也包括学校内部的支持体系。

1.14.5 毕业生要了解学校的组织和管理,并了解学校与社区的关系;要乐于同其他社会组织合作。

1.14.6 毕业生要有建设性地参与学校一级决策制定的意识和能力,这一要求目前在学校的不同部门都有体现,并处于发展当中。毕业生要在学校的组织和管理工作中通过不同的方式发挥有效的作用;要能够灵活、开放地在学校层面的决策制定中发挥作用;要能够发挥激活作用,如能够在新理论和研究的教师专业发展活动过程中基于自己在职前教师教育课程学习中打下的基础发挥引领作用。

1.14.7 毕业生要能够在教师专业责任、教师(个体及集体)自治、学校当局的责任等的关系发展之间发挥一定的张力和建设性力量。他们要有积极的态度和能力在有效地支持和改变教育机构和系统的活动中发挥作用。

1.14.8 毕业生要了解当前的联邦、州或地区的法律条文,了解法律规定的有关教师、教育机构和教育权威部门的责任。

1.14.9 毕业生要广泛了解澳大利亚学校资金的支持结构、管理和发展;了解联邦、州/地区政府、非政府权威部门、法律部门、其他顾问或管理机构、教师和家长的主要代表机构的责任和角色。

2. 培养项目的标准和指导纲要

2.1 项目开展、实施、监督的程序与标准

2.1.1 项目开展和监督的基本目的是从师范生、雇用学校、教学专业、大学和其他重要相关者的角度确保高质量的教育结果。项目的进行还要确保职前教师教育提供者、投资者和公众的利益。

2.1.2 职前教师教育项目的开展和监督必须通过广泛协商制定框架,这一协商工作包括以下几方面的参与者

• 教师和其他相关教育领域的代表;

- 学校权威部门和其他教育权威部门；
- 教师组织；
- 专业机构，如当前的教师注册权威机构；
- 内部的和外部的学术群体成员；
- 师范生；
- 项目（或类似相关项目）的毕业生；
- 家长组织和当前学校学生的家长；
- 本土化机构的代表；
- 来自师范生的生源地和毕业生工作去向地（特别是该项目毕业生的输送地）的社区的代表；
- 普通社区有相关意见和对此感兴趣的代表。

2.1.3 在项目开展、实施、监督的过程中，必须有专门的咨询机构介入有关教育本土化的部分，如研究所、本土化教育中心以及州或地区本土化教育咨询小组等。

2.1.4 项目课程发展的部分需要保证以下几方面内容。

- 课程的连贯性；利用课程（包括实习的部分）提高学习效率的路径；从概念性和实验性两个方面推进对已有课程的实践；
- 具体的课程研究，要有充足的交叉课程的研究支持（如有关语言和读写的研究或课程本土化的研究视角）；
- 课程要反映出学校和社会的发展，以及如何改变教师的角色任务；
- 相关的研究成果、当前的政策（如有关学校权威部门和教师组织的政策等）、教育报告等要批判地、适当地反映在课程当中；

2.1.5 要有表述明确的、有效的针对课程监督和职前教师教育项目有效性评价的规定，同时要便于做出适当的调整。

2.1.6 要建立起教学专业组织、学校权威部门和个体学校间的合作伙伴关系，这一合作关系要认同和尊重彼此的权力、责任、专业权威、视角以及利益。这一伙伴关系必须围绕职前教师教育的所有要务展开合作，其中一些要务可能需要更细致化，如增强学生的实践经验的问题。

2.1.7 必须综合关照影响项目要素的学校和社区的包容性合作关系，特别是要重视学校与师范生生源地和毕业生可能的就业地的社区之间的关系。

2.1.8 学生实践经验的积累必须与以学校为实践基地的人事部门紧密合作，经过策划、实施和评价来完成，并要在通过组织、合作建立起来的整体课程框架下得到发展。培养师范生实践能力的全体参与者包括师范生本身必须得到明确地确认，最好是通过一个或多个职前教师教育提供者、学校权威部门、具体的学校群(特别是一定地理区域内的学校群或者有共同特点的学校群)通力合作以确保培养工作最具效益并最大限度地使学校参与进来，最终使多方受益最大化。

2.2 项目人员

2.2.1 项目的实施必须由当前专业的和适当的人员来负责课程内容的教授。

2.2.2 负责项目学术部分的人员要具有较高的教学水准，这一部分人员要承担起一定的混合性研究工作，同学校权威部门、教学专业组织和其他类型的专业组织合作，成功地确保项目能够满足本文本设定的任何标准。

2.2.3 项目全体人员要有充足和适当的使用信息技术和新媒体的经验，不仅要满足直接教学的需要，而且要使这些有效的技术能力满足日常工作任务的需要。

2.2.4 要有针对项目校本人员的选择、专业发展、支持、合作工作的机制。项目中的其他人员，包括实习导师(大学教师)、指导教师(实习学校的教师)、学校里其他合作的教师等都要具有一定的专业经验(包括教学、指导实习生、指导成年的学习者)。项目负责人要确保这些学校里的合作者(指导教师和其他合作的教师)对自己的角色人物有清晰的认识，并接受在职前教师教育项目中要承担的责任。项目负责人要确认学校里的合作者在项目中的作用得到了发挥，并寻求使学校的权威部门在学校和整个项目体系的层次上达成共识的方法。

2.2.5 当项目外部的人员(如来自专业协会的人员、有经验的教师、本地社群的人员等)参与大学课堂的教学、对师范生的指导或课程的发展工作中时，要给予他们足够的支持和有关项目的信息。这些外部人员要能够高质量地完成项目赋予的任务，要能够得到大学里学术人员的认可。

2.3 项目的物质条件及其他设施要求

2.3.1 要让学生和项目人员有充足、安全、舒适的学习和工作环境。

2.3.2 要有充分的信息技术和相关资源以满足项目的需要，具体包括以下内容。

- 支持项目实施的需要；
- 可使用的信息和教材；

·满足学生、项目人员、学校和其他人员之间的交流；

·使学生能够通过信息技术和其他新媒体学习；

·使学生能够把对这些资源的使用融入整体的专业准备和体验当中。

2.3.3 要有充足的、可使用的、不断更新的教学资源，包括课程材料，这样就可以保证师范生熟知当下学校使用的教学材料并能够有效地在自己的教学中开展经验性的活动。

2.4 学生的选拔与入学标准

2.4.1 选拔学生的标准和程序要反映出项目的合理性和客观性，要符合社会公正和平等的原则。

2.4.2 入选的学生要满足有可能胜任的教学工作和高等教育的标准两部分的基本需要。

2.4.3 学生的招收活动及标准和程序要便于招收来自大学内的机构和来自教学专业组织内的个人、志愿在艰苦地区工作的个人、愿意学习冷门专业的个人，或者有特殊生活经验的个人，并且要提供所需的学术支持和其他支持。

2.4.4 学生的选拔和入学的标准、程序要包括对学生学习经验和学分转换的确认，如对其早期或在其他专业领域内获得的海外教学经验和资格的确认；对其在相关职业领域内的经验和资格的确认；对其在相关学术研究领域内的经验和资格的确认等。

2.4.5 要有一个确认机制，来确认项目入选者的第一学位或同等学位是否为传统的适合本项目的"学科内容学习"（或其他相关内容的学习）。

2.5 课程

2.5.1 项目的课程要明确指向提高本文件第一部分确定的有关学生对教学工作的认识，除非这一部分已经在入选者的其他课程（如第一学位、同等学位、双学位或其他可以转换的学分等）中全部或部分地完成了。

2.5.2 要认可学生出色的学习并给以荣誉或其他类型的奖励。

2.5.3 如有需要，要为学生提供一些补习、补缺类型的课程，这些课程要包括学生在第一学位或同等学位的学科课程当中学习不充分的部分（如数学专业中不包括统计的部分等）。

2.6 持续时间

2.6.1 要达到本文件规定的毕业标准，内容如下。

·职前教师教育项目通常需要至少四个高等教育学年（或同等时间）的学习；

- 通常需要至少两个学年的专业学习，这一专业学习要涵盖对教育理论性和实践性地学习，包括专业实践活动，但是不包括师范生预备从事的教学领域的学科知识的学习(尽管有些大学的学科学习和专业学习有重叠的部分)，也不包括普通高等教育的部分；这两个学年或同等学年也可能并非两个自然年，当课程是压缩状态并充分利用了时间，或者已包括对学生学习经验的认证。
- 通常需要至少100天的实践经验，和接受不少于80天的校内指导的教学实习。（这一部分同时是为了使学生能够对教师的责任有更广泛地体验。）

2.7 项目的结构与实施程序

2.7.1 要将项目框架的理念和对学生培养结果的期待、课程、实践经验和评价统一起来；要有理论和实践的结合，使学生的实习活动完全和项目的其他部分融合。

2.7.2 学生实习活动的特点、目的和过程要经过精心的策划以确保其对整个项目的贡献。实习活动可通过多种形式在多种场合进行。

2.7.3 实习活动的设计要能够确保师范生专业性和个性的共同发展，确保他们能够适应对实习目的、过程、成果的批判性反思。一般来说，针对性极强的调研活动是实习工作的一部分。

2.7.4 师范生的实习对象一般是根据师范生学习的程度和课程的领域来安排，需要的话会根据师范生预备就职的学校类型来安排。但这一安排工作也要考虑到让师范生积累多种经验，如实习对象男女学生共同存在、不同的年龄段、能力高下、不同的社会和文化环境等。另外，学生通常还要有在不同类型学校体验的经历，包括具有较好的教育政策和实践工作能够满足不同社群和不同类型学生需要的学校、偏远的混合年级和班级的小学校，或者是与师范生所熟悉的学校类型不同的学校。

2.7.5 实习活动要能够让师范生经历教学全过程(包括教学准备、教学、评价和报告)；另外，师范生还要参与作为初任教师要担负的全部工作责任；他们还要体验课堂内外的团队合作。

2.7.6 通常要让师范生在教师教育项目的早期阶段就有参与学校工作的机会，以便他们能够评价自己对于教学工作的适应性。

2.7.7 教师教育项目的最后一年要有一个更详细的学校体验过程，包括师范生在导师或有经验的教师的指导下计划、实施和评价一个完整的教学单元，或者大量的教学活动。这些扩展性内容的实施使师范生充分了解了学校教育教学的结构性。这样详细的学校体验活动通常要和相关的学校、学校的社区组织、学校权威部门、教师组织及师范生等进行周密的协商后进行。

2.7.8 有可能为师范生提供一些基础教育或相关职业（如青少年工作）的合作性的工作或活动，这就要求师范生有跨领域的知识背景和视角，并具有不同领域的专业经验以促进随后的专业工作。

2.8 教学与学习方式

2.8.1 教学与学习方式的标准包括以下内容。

• 坚持在高等教育背景下进行成人教育的最佳理念，并形成将学生培养成专业人士的教学模式；

• 坚持同教学效果优秀的学校开展合作；

• 鼓励师范生在自己的学习和专业发展活动中发挥积极主动的作用，不仅在职前教师教育阶段，而且还要表现在成为初任教师的阶段，并贯穿整个职业生涯；

• 要能够看到学生和教职员本身具有的多元文化、经验和资源，认识到其存在的价值并加以利用。

2.8.2 灵活教学的条件包括以下内容。

• 学生的学习（时间、学习的地点和节奏、切入点和结束点、评价方式）；

• 教学形式（合作的形式、多种媒介和技术的使用）；

• 内容；

• 确认先前的学习、学分转换和衔接工作。

2.8.3 无论使用怎样的教学模式，都必须要为师范生提供充足的机会使其与自己的同学和教职员进行互动，并且使其在这一过程中充分受益。

2.9 评价

2.9.1 负责任的评价工作对于接受职前教师教育的师范生、学校权威部门、教学专业组和社会来说有实质性的意义。

2.9.2 师范生毕业所依据的终结性评价必须明确体现出这一培养项目的实施机构对毕业生是否能胜任教学工作和是否具有教学的潜质做出评价。学生只有达到了本文件第一部分规定的标准后方可毕业。培养项目的实施机构还可提出其他要求。

2.9.3 评价必须结合高等教育的标准和项目规定的学年程度。评估的标准要涵盖专业教学准备工作的贡献，无论形成性评估还是终结性评估，其实施过程都要符合评估的意义和目的。

2.9.4 师范生本身要参与同行合议评估和自我评估活动。

2.9.5 要有一定的机制能够确保师范生在实习过程中不会有任何能力上的不足或者不会有任何给所教学生带来危险的行为和态度。

2.9.6 对于师范生在教学实践中的评价必须由教师教育项目的实施方和来自实习学校的指导教师合作完成。评价工作必须要在框架所规定的由教师教育项目实施方全权负责的情况下进行，以清晰的过程解决任何争议。

3. 项目管理的标准和指导纲要

3.1 培养项目实施的主要机构

3.1.1 项目实施的主要机构作为一个整体必须保证项目的开展是基于澳大利亚高等教育普遍接受的学术标准的。

3.1.2 主要机构必须具有以下特点，这些特点必须也同样体现在负责职前教师教育项目的大学的学院或者其他组织单位的工作中。教育学院如不包括这些特点则必须具有以下相关的特点。

● 有关政府及管理：

·是对政策和资源负责的管理机构代表；

·坚持本文件主要价值的责任声明；

·清楚公正的组织和管理框架以及程序，并同时支持本文件规定的其他特点；

·保持同社区组织、专业团体、产业界以及其他相关部门在研究、教学和其他活动方面的联系；

·具有对经济、社会、政治、文化、技术发展等变化有及时和适当反应的机制；

·具有开放和民主的批判和改进的路径；

·积极鼓励并支持机构工作（包括学生的学业）的推进；

·具有充分的资金支持，以确保此文件规定的各项标准和指导纲要的持续实施。

● 有关教职员工：

·负责学术部分的教员要具有相应的资格，其专业述评要能够持续满足高等教育的要求，同时还要积极参与研究和专业群体的活动；

·要适当地为所有教职员工提供专业发展的支持，包括使用当前信息技术和新媒介的发展和教育本土化的发展。

● 有关项目：

·项目的发展要更加具有创新性、反思性和批判性，能够有独立的判断，涵盖更多价值，理解基本理论并实践终身学习的理念；

·项目的实施和发展应同专业和职业的要求、技术以及其他领域的发展保持一致；

·项目的实施和发展一定要建立在出色的研究的基础之上，这一研究明确而紧密地将教学项目和已有的研究实证联系在一起，并且融合了对学生的研究和对教师教学研究的成果。

●有关学生：

·要对学生的多元性及其社群背景的多元性和价值予以认同认可，并把这些作为适当的教育资源；

·给予学生适当的支持性服务，如对本土学生文化敏感性的服务。

●有关教学设施：

·能够提供专业教育项目要求的一定标准的物质设施、图书馆、学习资源及其他资源；

·有满足学生和教职员要求的设施和资源。

3.2 合作的(大学的)学院、系

3.2.1 负责职前教师教育项目的大学的学院或者其他组织单位要具有以下特点。

●要有相互受益的项目和活动：

·职前教师教育(或其他专业或准专业的教育项目、普通本科教育类课程)；

·继续专业教育(奖励性或非奖励性的为教师或其他专业或准专业人员，如学校委员会中的家长或社区成员等开展继续专业教育)；

·教育类的研究型高级学位项目(或专业高等学位)；

·为学术教职员设立的研究和奖学金项目；

·为教学职业、教育产业和更广泛的社群开展的社区活动和咨询活动。

●合作组织(增加或合并与本标准和纲要有联系的部分)：

·同其他学院(或同等组织机构)保持研究和教学上的联系，如保持学科学习与教学法及课程学习的联系；

·同其他教师教育提供者(并咨询学校权威和专业部门)一起确保提供适当的融合性的专业化服务和经验(如在偏远学校提供教育实习)，满足特定师范生的就业需要，满足学校及其他教育产业领域的师资需要。

·同学校、学校权威部门、教师组织等一起建立正式的或非正式的，有关研究、教师专业发展、研究生水平的学习、学生实习以及其他职前教师教育方面的合作联系。

3.3 合作的教学实习学校

3.3.1 教师教育项目的组织者不能控制为师范生提供实习的项目合作学校（或其他外部的组织）。但是，学生高质量的学习是职前教师教育的重要部分，在不同地点获得实习经验也是职前教师教育组织工作的一部分。

3.3.2 通过发展同学校权威部门、教学专业组织和具体学校的有效合作伙伴关系，职前教师教育提供者要确保参与项目的合作学校（或其他外部的组织）具有一定的资源基础（人力、物质、财物等）且承诺为师范生提供优良的实习环境。

附录二 ANFPST

《国家教学专业标准》

(A National Framework for Professional Standards for Teaching, ANFPST)

2003 年出台的《国家教学专业标准》(A National Framework for Professional Standards for Teaching, ANFPST)旨在继续促进学校教学质量和教师能力的提高。

一、背景介绍

整个 20 世纪八九十年代，在教师教育领域开始了关于对教师"以能力发展为基础"的研究和发展导向。20 世纪 90 年代末开始，在英国、美国以及澳大利亚，对教师教育的研究开始"从能力转向标准"。

1999 年 MCEETYA 发布了"21 世纪学校教育的国家目标"(又称"阿德莱德宣言")，此宣言旨在在国家协作的框架下改进澳大利亚的学校教育，以期达到以下目标。

第一，使学校成为教师、学生、家庭同工商业和社群合作的学习社区。

第二，提高教学专业的质量和地位。

第三，持续的发展课程以及相关的评价和评估体系，以确保教学质量的提高并在全国范围内被认同。

第四，明确促进学生学业水平提高的教育标准，从而增加公众对学校教育的信心。

在以上这些重要的教育发展背景的推动下，MCEETYA 于 2001 年成立了 TQELT，旨在对以下工作做出研究并提出建议。

第一，提高职前教师教育和教师的继续教育的教学质量和标准。

第二，教师与学校领导的专业标准，包括进入标准和满足学生持续发展的需要。

基于以上教育发展背景和工作使命，MCEETYA 出台了这一标准，并强调此标准同前一阶段讨论的有关教师能力的标准的不同在于这一标准包括有关价值、态度等因素，并更加重视教师的教育过程、目标和努力，而非只重视教育结果本身。

可以说，这一标准的出台正是对自 20 世纪 80 年代以来教学专业化以及教师教育标准化趋势的体现和呼应。

二、标准制定的理论基础

（一）高质量的教学

本标准的制定首先基于对高质量教学的认可和研究。首先，国际范围内的研究证明，教师的质量是影响学生学业表现的重要因素之一；高质量的教学是学校系统发展和学校有效发展中最核心的部分，其中教师和学生之间建立起批判性的教学关系将有助于教学工作的良性发展。其次，对教学效果好的教师的知识、做法和价值观进行分析和确认，将会促进其被广泛认同和推广，进而巩固教师工作的专业化地位。最后，知晓如何获得这些知识、做法和价值观是制定国家级教学标准的核心工作。

因此，工作小组在参考了这一时期大量的国际范围内的相关标准后制定了此标准的核心标准，即专业知识、专业实践、专业价值观和专业关系。

（二）职业理想和成就

首先，制定教学专业标准一定要基于教学职业的实际状况和对此职业新理念的了解。研究表明，21 世纪的职业发展趋势更具有灵活性和组合性，劳动力资源的发展特点是在职业生涯中能够在多个机构内从事多种类型的工作。因此，教师的培养也要使教师能够在这样的大背景下适应更加灵活的职业生涯。而教师的专业学习过程就是促进教师的专业发展和通过标准来支持教师职业发展的核心阶段。其次，教师的专业学习是一个持续的过程，包括职前的学习和在职的专业发展。以知识为本的教学生涯要求教师能够终身学习。而专业标准的价值对于教师来说，在于使教师自己直接掌握和控制专业学习的方向和策略，同时还能够有效地帮助教师计划和接受持续不断的专业学习。

因此，把握教师职业的整体状态是制定本标准的关键，同样，工作小组在参考了这一时期国际范围内的相关文本后，将教师的教学生涯发展维度划分为新手水平、能手水平、成就水平和领导力水平。

(三)国家层面工作的重要性、关系和预期目标

之所以将这一标准的制定工作上升到国家层面，主要基于以下五个原因。第一，制定国家级教学专业标准，明确澳大利亚教师为促进学生学业而必备的知识、理解力、技能和价值观，将有助于实现国家学校教育的目标。第二，国家级的工作是协调和平衡来自联邦、州和各地区的资助，从而将教师质量的提高作为优先发展的部分。第三，教育的国际化要求澳大利亚从国家层面出发保障国家范围内的教育质量，从而提高教育的国际竞争力。第四，教师、学生和家长的(高)流动性要求国家确保教师以及教学的质量具有稳定性。第五，基于学生、家庭和社区的利益，国家有必要要求所有教师都能够达到一个最低的标准，同时家长也需要国家层面的努力以保障对孩子教育的投资有高质量的学业产出。

这一工作需要州和地区的支持，只有这样才能反映出教师、教师组织、专业团体、教师教育者、教师雇用方以及其他相关人士和部门的真实意见和状况。

因此，这一工作的预期目标有六个。第一，提供教师需要知晓和参照的国家级认可标准以支持和促进学生的学习。第二，描述教师可以期待达到的不同层次的教学水平，并确保教师拥有达到这些国家级水平的发展机会。第三，为建立国家级教学质量认可标准打下基础。第四，为建立国家统一的教师教育课程毕业生标准打下基础。第五，加强职前教师教育并确保教师继续教育的有效性。第六，为联邦、州和地区持续支持教师的专业学习打下基础。

三、标准的框架和主要内容

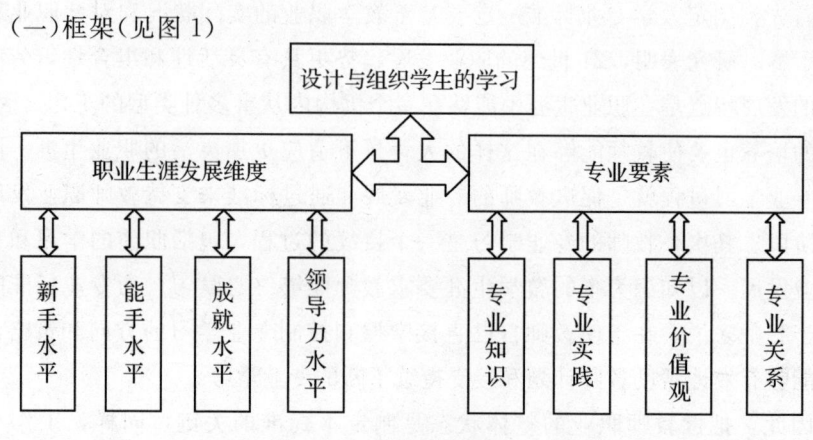

(一)框架(见图1)

图1 ANFPST框架

(二)主要内容

1. 职业生涯发展维度

(1)新手水平

处于这一水平阶段的教师要有准备、有技巧地进行持续的专业学习；他们要能够明确自己的专业发展需要，能够从同事那里寻求支持和帮助；他们对自己的专业学习和学生的学习表现有较高的期待；他们对学生和学生学业的责任表现在愿意帮助学生取得有可能取得的最好的教育结果；他们要具有责任心、热情和个人技巧以完成自己在学校和更广泛的社群环境中的专业工作，并为学校的运转和发展做出贡献。

(2)能手水平

处于能手阶段的教师要具有成功的教学经验，能够有效地监督、评价和计划学生的学习，并且能够针对班级中不同的个体学生和小组学生而因材施教；专业能手阶段的教师要有有效的和持续的专业学习的记录和积累；他们能够同别人开展协同工作，以加强专业实践，并在合作中对确定和解决自己的学习需要具有高度的责任心；他们是学校及更广泛的社群工作中的重要成员，并在相关群体中发挥重要作用。

(3)成就水平

成就水平阶段的教师能得到同行的敬重，他们有高度专业和成功的实践经验，在具有深度学科知识和教学法方面受到其他教师的认可；他们始终跟随专业学习的发展进度并做出自己的贡献，同时还能够帮助他人的专业学习；他们是专业领域和学校的中坚力量；他们能够有效地与不同的对象交流并在群体中起到促进专业互动的作用。

(4)领导力水平

领导力水平阶段的教师有出色的教学经验，有提高教学和学习质量的责任心；他们是对学生、同行、专业群体和更广泛的群体负责任的教育者；他们通晓最先进的教学法并能够把这些教学法运用到学生身上；他们拥有出色的人际关系和领导力技巧，坚持公平、有同情心、廉政和平等的原则；他们尊重他人的聪明才智，帮助和鼓励他人发挥潜能；他们将批判的分析能力和解决问题的能力运用于处理教育问题中，并且参与持续的专业学习，帮助和支持他人专业学习的需要；他们同其他相关群体有效地沟通以确保学校的发展和学生学习能力的提高。

2. 专业要素

(1) 专业知识

通常情况下，教师需要知晓指导教学的基础理念、原理和结构；教师要了解教育与其他学科领域的联系并能够整合知识领域间和跨知识领域的学习；教师知道如何有效地教授知识内容，知道学生在学习过程中会遇到的问题和障碍。教学效果好的教师要能够细致地了解年轻人的学习特点以及自己如何帮助他们学习；教师要知晓并能够阐明一系列学习理论；教师要知晓并能够将多元的社会、文化和特殊学习的需要与学生的状况联系起来；教师要能够把上述这些不同的因素运用于建构学生的学习中。

(2) 专业实践

教师要能够有效地与学生交流并制定清晰的学习目标；教师能够实施一定的技术和教学策略，并能够运用一系列的工具、活动和资源使学生参与到学习活动中；教师能够依据一定的逻辑、结构选择和组织内容达到既定的学习目标；教师要善于处理课堂上的一系列行为和情况，要能够建构起良好的学习氛围；教师要创建安全和支持性强的学习环境，并且要承担起保护学生安全和福利的责任。教师要制定学习计划，使用一系列形成性和总结性评价技术反馈学习效果并调整学习计划；教师要理解教学评价的意义，理解给予学生正式和非正式的学习反馈是激励学生学习的方式。

(3) 专业价值观

教师要对自己的发展以及持续分析、评价和加强专业实践负责；教师要理解自己工作的环境是不断变化的，因此需要适应并对这些变化做出反应；教师要认识到自己需要和家长以及关心教育的人士打交道，因此对学生的教育工作是一项共担事业。教师要对自己的工作以及他人的工作持有高度的专业道德水准，尊重学生、尊重学生的多元性；教师要在与学生、同事以及社群中的成员打交道的过程中，时刻保持专业性。

(4) 专业关系

教师会遇到具有多元社群背景的学生，要在同所有层次的社群建立专业关系的过程中迎接一切挑战；教师要在这样的背景下积极地使其他专业成员或社群成员参与针对个体学生和小组学生的学习设计和组织活动；教师要认识到同学校、家庭、社区的紧密合作对发展学生的社会性和聪明才智的重要意义；教师要认同并培养自己与学生之间建立在信任、尊重和信心基础之上的批判性的师生关系。

附录三 专业标准型课程实践阶段不同类型教师教育课程的结构与内容

本附录选取了澳大利亚专业标准型课程实践阶段[①]的六所大学中三种主要的职前教师教育课程类型[②]，通过表格方式展现其主要结构和内容。

表1 艾迪斯科文大学职前教师教育小学和中学教育专业 B. Ed 课程结构与内容

学年	学期	学习单元	学校专业经验
1	1	1. 教师职业导论 2. 学习与发展1 3. 学习的社会背景 4. 生活中的科学与数学	见习阶段：一学年共19日见习，包括第二学期的2周连续见习
1	2	1. 儿童与其家庭的社会生态学 2. 学习与发展2 3. 依靠技术的学习 4. 语言学导论	
2	3	1. 管理学习的环境 2. 语言与文学1 3. 音乐的教与学 4. 健康与卫生教育(K-7)	实习阶段1：2周
2	4	1. 作为学习过程的教育戏剧 2. 数学与计算1 3. 科学教育 4. 社会与环境	实习阶段2：2周

---

① 以2004年以后的课程为主。
② 分别是有典型性的 B. Ed 课程、研究生学位课程、双学位课程。

续表

学年	学期	学习单元	学校专业经验
3	5	1. 学习的评价与评估 2. 语言与文学2 3. 数学与计算2 4. 技术与教育	
	6	1. 教育当中的视觉艺术 2. 教学的诊断与多元文化中的儿童 3. 对有特殊需要儿童的教育	实习阶段1：4周
4	7	1. 教学计划、实施、评价的过程 2. 教育价值	助理教师阶段1：8周
	8	1. 实践的困境 2. 英语作为非母语的教学	助理教师阶段2：8周

注：学生必须完成33个学习单元和两个助理教师的实践。

表2　塔斯马尼亚大学职前教师教育小学和学前教育专业 B. Ed 课程结构与内容

学年	学习单元	学校专业经验
1	1. 通识知识课程(学期1&2)(50%) 2. 课程学习1(学期1&2) 3. 教育学1(学期1&2) 4. 学校专业经验(学期1&2)	10个连续日：观察教师的教学和小组学生的学习；为是否进入教师职业领域获得基本信息
2	1. 通识知识课程(25%) 2. 课程学习2A：英语、数学、非语言的第二语言学习(学期1) 3. 课程学习2B：科学与技术(学期1&2) 4. 课程学习2C：救助与健康教育、体育(学期1&2) 5. 课程学习2D：艺术教育(学期1&2) 6. 教育学2(学期1&2) 7. 学校的专业经验(1&2学期)	15个连续日：在指导教师的监督下独立完成小组教学和全班教学任务；完成对学生的行为管理的任务；完成非教学性的教师工作

续表

学年	学习单元	学校专业经验
3	1. 课程学习 3A：英语、数学（学期 1） 2. 当代课程发展研究 A（学期 1） 3. 课程开发 A（学期 2 或暑假课程） 4. 课程模式研究 A（学期 2） 5. 教育学 3（学期 1&2） 6. 学校专业经验（学期 1&2）	在学校实习 35 天，分为两个部分，在第一学期结束前完成：提高教师的责任水平，在接受指导的前提下完成全职教师的 80% 的工作内容
4	1. 课程学习 4A：英语、数学（学期 1） 2. 当代课程发展研究 B（学期 1） 3. 课程开发 B（学期 1） 4. 课程模式研究 B（学期 2） 5. 教育学 4（学期 1&2） 6. 教育学 5（学期 1&2） 学校专业经验（学期 1&2）	35 天（包括 25 天的助理教师实践）：提高教师的责任水平，独立承担全职教师 80% 的工作；其中包括非教学部分的工作；可分为三个阶段完成：阶段一是承担为教师教学做准备的工作，阶段二是在大学导师的指导下开展实践工作，阶段三是独立工作

注：学生的通识知识课程在外院、系上课；学生可在全球范围内接受一学期的交换生学习。

表 3　塔斯马尼亚大学职前教师教育小学和中学教育专业研究生学位课程结构与内容

学年	学习单元	学校专业经验
1	1. 专业课学习（学期 1&2，15 周） 2. 课程和方法课学习 A（学期 1&2） 3. 交叉课程学习：多元文学 4. 课程和方法课学习 B（学期 1&2） 5. 学校专业经验 1&2	学校实习 1(8 个单独下校日和 10 天全天连续实习）：教学的初级经验和培训，实习主要重在观察和建立起初步的理论联系实际的经验；学校实习 2(20 天全天连续实习）：提高教师的责任水平，设计专门的教学内容和课程，承担一项完整的教学
2	1. 专业课学习（学期 1&2，13 周） （三个课程模块：学生与学习；课程、评价与教学；教学的实践） 2. 课程和方法课学习 A（学期 1&2） 3. 课程和方法课学习 B（学期 1&2） 4. 学校专业经验 3（学期 1&2） 5. 学校专业经验 4（助理教师实习）	学校实习 3(20 天全天连续实习）：设计专门的教学内容并实施全班教学，承担 80% 的教学任务；学校实习 4(45 天助理教师实习）：完全承担教学任务。此实习阶段结束后要开展一个实习讨论会活动

表4　昆士兰科技大学职前教师教育中学教育专业研究生学位课程的结构和内容

学年	学期	学习单元	学校专业经验
1	1	1. 人类的发展与教育 2. 中学专业实践1：课堂管理 3. 学习的网络 4. 教育学的研究：新时代的教学	10个独立的下校日
1	2	1. 教与学的心理学 2. 中学专业实践2：课程的决策 3. 课程学习1A 4. 课程学习1B	20天在中学的实习
1	可选择的暑期	1. 教育研究选修课 2. 教育研究选修 3. 课程研究选修课 4. 中学专业实践3：全纳性的课程	20天在中学的实习
2	3	1. 理解教育实践活动 2. 中学专业实践4：初任教师 3. 课程学习2A 4. 课程学习2B	30天在中学的实习

表5　悉尼大学职前教师教育小学和中学教育专业研究生学位课程的结构和内容

学年	学段	学习主题	学习单元和课程	学校专业经验
1	1(6周)	教与学的导论	1. 教与学的导论1 2. 教育信息技术 3. 健康教育与体育 4. 选修课	见习5天
1	2(10周)	为初级阶段的实习做准备	1. 教与学的导论1 2. 分科的课程领域 3. 教育信息技术 4. 健康教育与体育 5. 选修课	
1	3(4周)	为初级阶段的实习做准备	1. 教师与学生——学校与社群 2. 分科的课程领域 3. 教育信息技术 4. 健康教育与体育 5. 选修课	预备实习3天
1	实习1：(4~5周)			实习4~5周

续表

学年	学段	学习主题	学习单元和课程	学校专业经验
1	4(6周)	实习后的总结与进步	1. 教师与学生——学校与社群 2. 分科的课程领域 3. 教育信息技术 4. 健康教育与体育 5. 选修课	
2	5(6周)	为教学实习做准备	1. 社群中的学校 2. 分科的课程领域 3. 特殊教育：全纳的学校 4. 选修课	
2	实习2：(4周)	教学实习		教学实习2周
2	6(6周)	教学实习后的总结；为助理教师做准备	1. 教育评价与测量 2. 分科的课程领域 3. 专题学习	
2	助理教师(10周)	助理教师		助理教师10周
2	助理教师研讨会(2天)	研讨会	助理教师阶段总结；为入职做准备	

注：助理教师阶段之前的课程学习占3个学期，助理教师阶段占1个学期。

表6 莫纳什大学职前教师教育中学教育专业双学位课程的结构和内容

学年	学期	学习单元	学校专业经验
1	1	1. 学习的理论 2. 第一年通识课程A 3. 第一年通识课程B 4. 第一年通识课程C	实习5天
1	2	1. 教学的理论 2. 第一年通识课程A 3. 第一年通识课程B 4. 第一年通识课程C	实习5天

233

续表

学年	学期	学习单元	学校专业经验
2	3	1. 教室之外的教育 2. 第二年通识课程 A 3. 第二年通识课程 B 4. 第二年通识课程 C	实习 5 天
	4	1. 教师的世界 2. 第二年通识课程 A 3. 第二年通识课程 B 4. 第二年通识课程 C	实习 5 天
3	5	1. 评价学习 2. 语言与文学 3. 第三年通识课程 C 4. 第三年通识课程 C♯	实习 5 天
	6	1. 课程与教学法 2. 儿童成长过程 3. 第三年通识课程 C 4. 第三年通识课程 C♯	实习 5 天
4	7	1. 教学方法与实践 1A 2. 教学方法与实践 2A 3. 专业问题研究：专注于课堂 4. 教育学选修课	实习 25 天
	8	1. 教学方法与实践 1B 2. 教学方法与实践 2B 3. 专业问题研究：专注于课堂 4. 教育学选修课	实习 25 天

注：

1. 课程 A：选修其他专业领域的教学法课程；

2. 课程 B：任何一门人类学、行为学研究、戏剧、英语、地理、历史、犹太人研究、语言学、政治学、心理学、社会学；

3. 课程 C：任何一门古代史、人类学、行为学研究、戏剧、英语、地理、历史、犹太人研究、英语非母语的第二语言教学研究、音乐、语言学、政治学、心理学、社会学。

4. 本课程适用于全日制学生和非全日制学习学生。

附录四 文中部分缩写检索

AARE：澳大利亚教育研究协会（Australian Association for Research in Education）

ACARA：澳大利亚课程评价和报告机构（Australian Curriculum Assessment and Reporting Authority）

ACDE：澳大利亚教育学院院长委员会（Australian Council of Deans of Education）

ACHPER：澳大利亚健康、体育和休闲委员会（Australian Council for Health, Physical Education and Recreation）

AGQTP：澳大利亚政府优质教师工程（Australian Government Quality Teacher Program）

AFTRAA：澳大利亚教师注册与认证机构评议会（Australasian Forum of Teacher Registration and Accreditation Authorities）

AITSL：澳大利亚教学与学校领导协会（Australian Institute for Teaching and School Leadership）

ANFPST（2003）：国家教学专业标准（A National Framework for Professional Standards for Teaching）

ATC：澳大利亚教学专业委员会（Australia Teaching Council）

ATRA：澳大利亚教师管理局（Australasian Teacher Regulatory Authorities）

AUQA：澳大利亚大学质量机构（Australian University Quality Agency）

B. Ed：教育学学士学位（Degree of Bachelor of Education）

BTR：(昆士兰州)教师注册委员会(Board of Teacher Registration)

CAE：高等教育学院(Colleges of Advanced Education)

CTEC：联邦高等教育委员会(Commonwealth Tertiary Education Commission)

EGP：有适当的教学技能和经历、符合被授予教学准入的条件的人(eligible to be granted permission)

ESA：澳大利亚教育服务组织(Education Services Australia)

ILP(1994—1996)：创新联接项目(Innovative Links Project)

MCEECDYA：澳大利亚教育与学前儿童发展及青年事务部部长理事会(Ministerial Council for Education, Early Childhood Development and Youth Affairs)

MCEETYA：联邦政府的教育、就业培训和青年事务部(Ministerial Council on Education, Employment Training and Youth Affairs)

NBEET：(澳大利亚)国家就业、教育和培训委员会(National Board of Employment Education and Training)

NITE：国家教师教育调查报告(National Inquiry into Teacher Education)

NPST(2011)：国家教师专业标准(National Professional Standards for Teachers)

NPDP(1993-1996)：国家(教师)专业发展计划(National Professional Development Program)

NSGITE (1998)：职前教师教育项目的国家标准与指导(Preparing a Profession, Report of the National Standards and Guidelines for Initial Teacher Education Project)

NSAPTEP (2010)：职前教师教育课程国家认证系统报告(National System for the Accreditation of Pre-service Teacher Education Programs)

NSN：全国学校联席会(National Schools Network)

PEC：专业教育委员会(Board's Professional Education Committee)

QRT：有资格注册为教师的人(qualified to be registered as a teacher)

TAA：(新南威尔士州)教师(资格)鉴定权威(Teacher Accreditation Authority)

TEQSA：高等教育质量和标准机构(Tertiary Education Quality and Standards Agency)

TQELT：教师质量和教育领导工作小组(Teacher Quality and Educational Leadership Taskforce)

TSTC：中学教师培养课程(Trained Secondary Teachers' Certificate)

VTI：维多利亚教学协会(Victorian Teaching Institute)

WCOTP：世界教师专业联合会(World Confederation of Teaching Profession)

图书在版编目（CIP）数据

澳大利亚教师教育变革研究/袁丽著. —北京：北京师范大学出版社，2019.11
（京师教师教育论丛）
ISBN 978-7-303-24709-7

Ⅰ.①澳… Ⅱ.①袁… Ⅲ.①师资培养－教育改革－研究－澳大利亚 Ⅳ.①G561.15

中国版本图书馆 CIP 数据核字（2019）第 090808 号

营 销 中 心 电 话 010-57654738 57654736
北师大出版社高等教育与学术著作分社 http://xueda.bnup.com

AODALIYA JIAOSHI JIAOYU BIANGE YANJIU

出版发行：北京师范大学出版社 www.bnup.com
北京市西城区新街口外大街 12-3 号
邮政编码：100088

印	刷：三河市兴达印务有限公司
经	销：全国新华书店
开	本：730 mm×980 mm 1/16
印	张：15.25
字	数：275 千字
版	次：2019 年 11 月第 1 版
印	次：2019 年 11 月第 1 次印刷
定	价：68.00 元

策划编辑：陈红艳 鲍红玉	责任编辑：马力敏 温玉婷
美术编辑：李向昕	装帧设计：王齐云
责任校对：康 悦	责任印制：马 洁

版权所有 侵权必究
反盗版、侵权举报电话：010-57654750
北京读者服务部电话：010-58808104
外埠邮购电话：010-57654738
本书如有印装质量问题，请与印制管理部联系调换。
印制管理部电话：010-57654758